에 · 스 · 라 · 강 · 해

하나님 백성의 기쁨

| 지용수 지음 |

쿰란출판사

머리말

이 세상의 모든 광산은 신비롭습니다. 금, 은, 동을 비롯한 갖가지 귀한 보석들과 인간 생활에 없어서는 아니 될 소중한 것들을 광산에서 캐냅니다. 참으로 놀라운 것이 광산입니다.

하나님께서 우리에게 주신 성경은 이 지구촌의 모든 광산보다 더 놀랍고 신비로우며, 더 값지고 복된 것을 우리에게 제공해 줍니다. 세상의 광산들과 비교할 수 없을 만큼 복이 되는 놀라운 광산이라 할 수 있습니다.

우리는 성경이라는 축복의 놀라운 광산에서 영생, 평화, 사랑, 기쁨, 소망, 위로, 행복, 번영, 성공, 능력, 승리 등을 날마다 캐낼 수 있으며, 우리가 천국으로 이사 갈 때까지 만나고 겪게 되는 천 가지 만 가지의 모든 문제를 해결할 수 있는 열쇠와 같은 진리들을 얻게 됩니다.

《하나님 백성의 기쁨》이라는 제목으로 금번에 새롭게 출간되는 에스라 말씀도 언제나 필자의 말씀 사역을 위해 기도의 불길을 활활 태우시는 양곡교회 성도님들과 저를 위해 간절히 기도해 주셨던, 얼마 전 천국으로 이사 가신 어머님과 지금도 저를 위해 기도하고 있는 아내와 가족들, 그리고 저의 말씀 사역을 위해

  뜨겁게 후원해 주시는 모든 귀한 분들과 제가 힘을 합하여 하나님 앞에 엎드려 기도함으로 발굴해 낸, 아니 하나님께서 선물로 주신 보석과 같은 말씀들이라고 감히 말씀드릴 수 있습니다.

  아무쪼록 이 책을 접하시는 모든 분이 이 책에 수록된 말씀들을 읽을 때 성령님께서 밝히 조명해 주심으로 갖가지 진귀하고 소중한 보석들을 발굴하게 되시기를 기원합니다. 그리하여 항상 감사와 기쁨과 행복이 넘쳐흐르는 승리의 삶을 영위하게 되시기를 바랍니다. 더 나아가 날마다 만나는 모든 분에게 그리스도의 생명의 복음을 전함으로써 멸망으로 치닫고 있는 이 땅의 허다한 영혼들이 구원을 받고, 민족 복음화와 세계 복음화가 앞당겨지기를 소망합니다.

2018년 10월

지 용 수

(양곡교회)

목차

머리말 · · · · · · · · · · · · · 02

1. 놀라우신 하나님(에스라 1:1-4) · · · · · · · 08
2. 하나님께 감동을 받은 사람들(에스라 1:5-11) · · · · 23
3. 생명책(에스라 2:1-67) · · · · · · · 37
4. 하나님의 전(에스라 2:68-70) · · · · · · · 57
5. 그들의 본성(本城)(에스라 2:70-3:7) · · · · · · 69
6. 백성의 기쁨(에스라 3:8-13) · · · · · · · 84
7. 하나님의 백성들과 그 대적들(에스라 4:1-24) · · · 101
8. 하나님의 돌보심(에스라 5:1-5) · · · · · · · 117
9. 이스라엘의 하나님, 나의 하나님(에스라 5:6-17) · · 132
10. 하나님의 전 봉헌식(에스라 6:1-18) · · · · · · 146
11. 어떻게 유월절을 지킬까(에스라 6:19-22) · · · · 162

12. 에스라를 통해 주시는 교훈(에스라 7:1-10) · · · · **177**
13. 하나님의 손(에스라 7:11-28) · · · · · · · · · **193**
14. 은혜의 기회(에스라 8:1-14) · · · · · · · · · **211**
15. 레위 사람들을 통해 주시는 교훈(에스라 8:15-20) · **226**
16. 평탄의 길(에스라 8:21-23) · · · · · · · · · **240**
17. 그리스도인의 경제생활(에스라 8:24-34) · · · · · **254**
18. 예배와 예물(에스라 8:35-36) · · · · · · · · **265**
19. 결혼의 중요성(에스라 9:1-7) · · · · · · · · **278**
20. 하나님과 이스라엘(에스라 9:8-15) · · · · · · · **293**
21. 그 백성의 회개(에스라 10:1-17) · · · · · · · **313**
22. 명부의 교훈(에스라 10:18-44) · · · · · · · · **328**

하나님 백성의 기쁨

건축자가 여호와의 성전의 기초를 놓을 때에 제사장들은 예복을 입고 나팔을 들고 아삽 자손 레위 사람들은 제금을 들고 서서 이스라엘 왕 다윗의 규례대로 여호와를 찬송하되 찬양으로 화답하며 여호와께 감사하여 이르되 주는 지극히 선하시므로 그의 인자하심이 이스라엘에게 영원하시도다 하니 모든 백성이 여호와의 성전 기초가 놓임을 보고 여호와를 찬송하며 큰 소리로 즐거이 부르며
(에스라 3:10-11)

1
놀라우신 하나님

에스라 1:1-4

바사 왕 고레스 원년에 여호와께서 예레미야의 입을 통하여 하신 말씀을 이루게 하시려고 바사 왕 고레스의 마음을 감동시키시매 그가 온 나라에 공포도 하고 조서도 내려 이르되 바사 왕 고레스는 말하노니 하늘의 하나님 여호와께서 세상 모든 나라를 내게 주셨고 나에게 명령하사 유다 예루살렘에 성전을 건축하라 하셨나니 이스라엘의 하나님은 참 신이시라 너희 중에 그의 백성 된 자는 다 유다 예루살렘으로 올라가서 이스라엘의 하나님 여호와의 성전을 건축하라 그는 예루살렘에 계신 하나님이시라 그 남아 있는 백성이 어느 곳에 머물러 살든지 그곳 사람들이 마땅히 은과 금과 그 밖의 물건과 짐승으로 도와주고 그 외에도 예루살렘에 세울 하나님의 성전을 위하여 예물을 기쁘게 드릴지니라 하였더라 어제 사진을 찾다가 저희 아이들의 어릴 때 사진을 보았습니다. 생후 7~8개월 무렵의 사진, 돌 때 찍은 사진들을 보니 가슴이 뭉클하고 눈에 넣어도 아프지 않을 그 귀여운 모습이 떠올랐습니다. 자식은 어릴 때도 귀하고 다 자라도 귀합니다.

자식의 소중함은 그 자식을 잃어버렸을 때 더 절감하게 됩니다. 지금도 어린이대공원처럼 사람들이 많이 모이는 곳에서 아이들을 잃어버렸다가 찾는 부모들이 있습니다. 더러는 부모가 영영 찾지 못해 고아원에서 자라는 아이들도 있습니다.

나이 어린 자녀를 데리고 여행하는 경우에는 혹 아이를 잃어버렸을 때 누가 보고 찾아줄 수 있도록 아이의 이름과 주소와 전화번호를 적어서 손목에 묶거나 목에 걸어 주시기 바랍니다. 이 지구촌에서 자식을 잃어버리고 애통해하는 사람이 한두 명이 아닙니다.

미국의 어느 부인은 비행기를 타고 친척집에 가다가 터미널에서 작은아들을 잃어버렸습니다. 수십 년 동안 어둡고 슬프게 살다가 어느 날 바로 이웃집에서 살고 있는 아들을 발견했습니다. 부인은 기뻐서 어쩔 줄 몰랐습니다. 그러나 문제가 발생했습니다. 그 아들을 기른 이웃집에서 아들을 내줄 수 없다는 것이었습니다. 그래서 재판을 하여 그 아들을 잠시 집에 데리고 왔는데, 수십 년 만에 찾은 아들을 부모가 애지중지하니 큰아들의 질투가 너무 심해 또 어려움을 겪었습니다. 여러분의 가정에서는 자녀를 잃어버리는 일이 없기를 바랍니다.

부모를 잃어버린 한 아이가 구걸을 하며 살았습니다. 하루는 어떤 신사에게 "한 푼만 주세요. 한 푼만 도와주세요"라고 구걸하는데, 그 신사가 소스라치게 놀라는 것이었습니다.

"아니! 이게 누구냐? 내 아들이 아니냐?"

신사가 그 아이를 끌어안고 말했습니다.

"한 푼만 달라니, 내 것이 다 네 것인데 한 푼만 달라니 그게 무슨 소리냐?"

신사는 아이를 으리으리한 저택으로 데리고 가서 낡은 옷을 벗기고 목욕을 시킨 다음 가장 좋은 옷과 좋은 신발을 사 입히고 신겼습니다. 그 으리으리한 저택이 바로 아이의 집이었던 것입니다. 아이는 꿈꾸는 것 같았을 것입니다.

예수님을 믿는 저와 여러분은 그 아이보다 더 꿈꾸는 것 같은 복을 누리고 있습니다. 우리가 육신의 부모는 알았을지라도 영혼의 부모는 몰랐습니다. 어디서 왔다가 어디로 가는지 모르고 사는 우리를 하나님께서 찾으시고 "너는 내 아들이다. 너는 내 딸이다"라고 하신 것입니다. 그 증거로 우리에게 성령을 부어 주셨습니다. 성령으로 인쳐 주셨습니다. 그리고 우리의 더러운 옷을 주님의 피로 씻어 주시고, 성령의 세마포를 입혀 주시고, 복음의 신을 신겨 주십니다. 의의 흉배를 붙여 주시고, 죄가 많아도 의롭다 하시며 우리의 약한 머리에 구원의 투구를 씌워 주셔서 언제나 우리를 보호해 주십니다. 그리고 영광의 하늘나라가 우리의 것이고 천사들이 우리를 수종 듭니다. 얼마나 감사합니까? 정말 꿈꾸는 것 같습니다.

거지 소년이 자기 아버지가 억만장자인 것을 알게 되어도 꿈꾸는 것 같은데, 우리는 우주의 주인이신 놀라우신 하나님을 아버지로 모시고 살게 되었으니 얼마나 가슴 벅찬 일입니까?

약속을 이루시는 하나님

　오늘 본문에는 하나님이 얼마나 놀라우신 분인가를 구약시대 성도들이 가슴 벅차게 깨닫는 한 사건이 기록되어 있습니다.
　하나님께서는 직접 말씀하신 것과 선지자를 통해 말씀하신 것을 포함해 모든 예언을 아주 정확하게 반드시 이루시는 분입니다. 그런데 이스라엘 백성이 하나님과 맺은 언약을 자꾸만 파기합니다. 계약은 언제나 쌍방이 맺습니다. 그러므로 계약은 한쪽만 지켜서는 안 되고, 양쪽이 다 지켜야 되는 것입니다. 그래서 하나님께서는 이스라엘 백성과 맺은 계약을 지키시는데, 이스라엘 백성이 일방적으로 계속해서 계약을 어깁니다.
　그러니 하나님께서 바벨론을 세우셔서 이스라엘을 치십니다. 하나님께서는 하나님의 백성이 그릇 행할 때 죽음의 천사를 보내어 벌하시는 경우도 있습니다. 하지만 대개는 주변 국가를 강하게 만들어 하나님의 백성을 치게 하십니다.
　그래서 우리 민족이 죄를 많이 지으면 일본이나 중국이 우리나라를 칠 수 있는 것입니다. 하나님께서 그렇게 하시는 것입니다. 독도 문제 하나만으로도 일본이 우리나라를 칠 수 있습니다. 지금은 서로 조심하고 있지만 만일 일본이 독도가 자기 나라 땅이라고 우기면서 군함을 몰고 오면 어떻게 하겠습니까? 미래는 아무도 알 수가 없습니다. 일본이 무서운 적이 될지, 중국이 무서운 적이 될지 모르는 것입니다. 그러나 우리가 의로우면 하나님께서 우리나라를 강하게 하셔서 주변 국가가 우리를 엿보지 못하게 하실 것입니다.
　이스라엘 백성이 자꾸 계약을 어기며 죄를 지으니 하나님께서 그 당시 최고 강대국인 바벨론을 이스라엘로 보내십니다. 그래서 바벨론이 이스라엘을 황폐화시킵니다. 성전도 허물어뜨리고 그 안에 있던 모든 것을 빼앗아 가고, 이스라엘 백성들을 포로로 끌고 갑니다.

그런데 하나님께서는 미래를 보시기 때문에 이스라엘 백성들이 포로로 끌려가기 전에 예레미야를 통해 예언하십니다. 예레미야 25장 11절에 바벨론으로 끌려가지만 70년 후에는 돌아오게 하실 것이라고, 포로생활을 70년 동안만 하고 돌아오게 하실 것이라고 예언하였습니다.

그러나 이스라엘 백성이 바벨론에서 포로생활을 할 때는 전혀 희망이 보이지 않았습니다. 그 거대한 나라의 한가운데에 갇혀 있는 전쟁포로들에게 무슨 희망이 있고, 무슨 고향으로 돌아갈 소망이 있겠습니까? 그래서 버드나무 가지에 자기들의 악기를 걸어놓고 노래를 잊었습니다. '이제는 끝났다' 생각하며 실의에 빠져 있었습니다.

그런데 하나님께서는 약속대로 행하십니다. 이스라엘 백성이 포로생활을 한 지 70년이 되자 아무도 건드릴 수 없는 거대한 나라였던 바벨론을 페르시아 고레스 왕을 통해 정복하게 하십니다. 그것이 바로 주전 539년 10월의 일입니다.

고레스 왕은 신사였습니다. 정복한 나라의 백성들을 포로로 잡아가지 않고 그 나라에 그냥 두었습니다. 그리고 지역 주민을 지도자로 세워 그 나라를 다스리도록 위임했습니다. 그런 고레스 왕에게 하나님께서 꿈으로 말씀하셨는지, 그 어떤 다른 방법으로 말씀하셨는지 모르지만 이렇게 명령하십니다.

"고레스야, 네가 이 큰 나라를 얻은 것이 너의 힘인 줄 아느냐? 내가 네게 주었느니라. 너희 나라에 전쟁포로로 있는 이스라엘 백성은 나의 백성이니 예루살렘으로 보내라. 그들이 내 성전을 지을 것이다. 너는 그 편의를 도모하라."

고레스 왕은 이스라엘 왕도 아니고 하나님도 알지 못하는데, 하늘의 신이 그렇게 명하시니 깜짝 놀라 바들바들 떱니다. 그래서 원년에 조서도 내리고 공포도 합니다.

"이 땅의 이스라엘 백성에게 자유를 주노니 다 예루살렘으로 올라가라. 가서 하나님의 성전을 지으라. 하나님께서 도와주시리라."

그리고 자기 백성에게 명령합니다.

"너희들은 이스라엘 백성들이 원하는 대로 금과 은과 모든 물건과 짐승들을 주어라. 그래서 하나님의 성전을 짓게 하고, 하나님의 성전에 필요한 예물들을 갖추게 하라."

그 후 포로생활을 하던 이스라엘 백성들이 주전 538년에 자기들의 고국 예루살렘으로 돌아갑니다. 스룹바벨이 지도자가 되어 성전을 지을 보물과 물건들을 짐승의 등에 가득 싣고 왕의 배려를 받으며 예루살렘으로 향합니다.

바벨론에 포로로 끌려왔던 5만 명이 자유로운 몸이 되어 금, 은, 보배를 가득 싣고 고국으로 돌아가니, 그들은 마치 꿈꾸는 것 같았을 것입니다.

일본에서 있었던 일입니다. 연어들이 떼를 지어 올라오던 깨끗한 강이 오염되어 연어들이 사라졌습니다. 그때 강 주변의 뜻있는 주민들이 강을 살리자는 운동을 벌였습니다. 주방에서 설거지할 때나 자동차 세차를 할 때 공해 없는 세제를 사용하고, 모든 공장에서도 폐수를 잘 처리하도록 했습니다. 그리고 주민들이 나와서 강을 청소했습니다. 강이 깨끗해졌을 때 연어를 풀어 부화시켰습니다. 2년이

1_ 놀라우신 하나님

지나자 반짝반짝 빛나는 은빛 찬란한 강이 되었습니다. 수년 만에 연어들이 떼를 지어 올라온 것입니다. 그것을 보고 주민들이 "야! 연어 떼가 온다!" 하며 흥분했습니다.

연어가 돌아와도 "야!" 하며 감격하는데, 포로로 끌려갔던 5만 명이 자유롭게 돌아오니 이것이 보통 일입니까? 그들이 감격하여 하나님을 이렇게 찬양합니다.

"여호와께서 시온의 포로를 돌려보내실 때에 우리는 꿈꾸는 것 같았도다 그때에 우리 입에는 웃음이 가득하고 우리 혀에는 찬양이 찼었도다 그때에 뭇 나라 가운데에서 말하기를 여호와께서 그들을 위하여 큰 일을 행하셨다 하였도다 여호와께서 우리를 위하여 큰 일을 행하셨으니 우리는 기쁘도다"(시 126:1-3).

포로생활에 희망이라고는 전혀 없었는데 70년이 되니 하나님께서 고레스 왕을 통해 자유를 주십니다. 예레미야를 통해 말씀하신 예언이 그대로 이루어진 것입니다. 그러니 이스라엘 백성들이 감격하여 "하나님은 정확하시구나. 예언대로 이루시는구나. 틀림없으시구나. 우리는 꿈꾸는 것 같구나" 하는 것입니다.

오늘 우리가 이렇게 예수님을 믿는 것도 꿈꾸는 것 같은 일입니다. 우리 양곡교회가 지어진 것도 꿈꾸는 것 같은 일입니다. 하나님께서 우리에게 하신 모든 일이 다 꿈꾸는 것 같습니다.

우리 주님께서 십자가에 달려 돌아가신 다음에 예언하신 대로 3일 만에 부활하셔서 제자들에게 나타나셨을 때 제자들은 꿈꾸는 것 같았습니다. 예수님께서 40일간 계시다가 승천하시는 모습을 보는 성도들도 꿈꾸는 것 같았을 것입니다. 오순절에 성령을 받고 가슴이 뜨거워지고 담대해지고 입에서 방언이 나올 때도 꿈꾸는 것 같았을 것입니다.

이제 우리 주님께서 구름을 타고 천군 천사들과 함께 내려오셔서 우리가 "아멘! 주 예수여, 어서 오시옵소서"라고 할 때도 꿈꾸는 것 같을 것입니다. 그런데 그것은 꿈이 아니라 현실입니다.

우리 하나님께서는 말씀하신 대로 이루십니다. 선지자를 통해 말씀하신 것도 그대로 이루십니다. 직접 말씀하신 것도 그대로 이루십니다.

"아브라함아, 동서남북을 바라보아라. 네가 바라보는 땅을 내가 너와 네 자손에게 주리라" 하셨고, 그대로 주셨습니다. 아브라함은 꿈꾸는 것 같았습니다.

후손들도 꿈꾸는 것 같습니다. '우리 조상 아브라함에게 약속하신 것을 우리에게 주셨구나'라고 생각하게 되었습니다.

"아브라함아! 네 씨로 천하 만민이 복을 얻으리라"고 말씀하신 대로 아브라함이 백 세에 아들을 낳았습니다. 팔십 세에 아들을 낳아도 꿈꾸는 것 같은데, 백 세에 아들을 낳았으니 정말 꿈꾸는 것 같았을 것입니다.

하나님께서는 말씀하신 대로 이루십니다. 언제나 하나님의 약속을 의심하지 말고 하나님 말씀을 붙잡고 그대로 나아가시기 바랍니다. 그러면 반드시 꿈꾸는 것 같은 현실을 보게 되는 것입니다.

모든 것을 마음대로 하시는 하나님

하나님께서는 그 마음의 원대로 다 이루시는 분입니다.

에베소서 1장 11-12절에 "모든 일을 그의 뜻의 결정대로 일하시는 이의 계획을 따라 우리가 예정을 입어 그 안에서 기업이 되었으니 이는 우리가 그리스도 안에서 전부터 바라던 그의 영광의 찬송이 되게 하려 하심이라"고 하였습니다.

기업이 되었다는 것은 자녀가 되었다는 뜻입니다. 시편 127편 3절에도 자식들은 여호와의 기업이라고 하였습니다.

하나님의 백성인 이스라엘 백성이 70년 만에 예루살렘으로 돌아올 때 그것은 찬송거리였습니다. 5만 명이 자유롭게 돌아올 때, 그들을 바라보는 사람들이 "어떻게 저런 일이 있을 수 있나?"라고 했을 것입니다. 그것은 찬송거리입니다.

하나님께서는 여러분과 제가 "아니, 저 사람이 어떻게 저런 일을 하나?"라는 말을 듣는 찬송거리가 되기를 원하십니다.

제 고향 아저씨가 텔레비전을 보시고, 또 우리 교회를 방문하시고 고향에 가셔서 어떤 분에게 "아이고! 형님, 우리 동네에서 그런 인물이 나다니, 믿기지 않습니다"라고 하셨답니다.

여러분은 저를 어떻게 생각할지 몰라도 제 고향 사람들은 저를 보면 제 고향에서 날 만한 인물이 넘는다고 생각하는 것입니다. 저를 보면 꿈꾸는 것 같은 것입니다. 제가 어릴 때 얼마나 어수룩했는지 별명이 '두두바리'였습니다. 그런데 제가 텔레비전에 나오니 "아, 저 두두바리가 어떻게 TV에 다 나오노?"라고 하는 것입니다. 하나님의 찬송거리가 되는 것입니다.

하나님께서는 우리를 찬송거리로 만드시기 위해 마음대로 하시는 분입니다. 하나님께서 고레스도 마음대로 하시니 하나님을 믿지도 않던 고레스가 마음을 바꿉니다. 아닥사스다 왕도 하나님 마음대로 바꾸시고, 다리오 왕도 마음대로 사용하십니다.

"왕의 마음이 여호와의 손에 있음이 마치 봇물과 같아서 그가 임의로 인도하시느니라"(잠 21:1).

하나님께서는 왕의 마음뿐만 아니라 공주의 마음도 마음대로 하십니다. 모든 사람의 마음을 마음대로 하십니다. 그래서 모세 아버지와 어머니의 마음에 담력을 주셔서 낳자마자 죽여야 할 모세를 3개월 동안 기르게 하십니다. 3개월이 되니 갈대 상자를 만들고 거기에 역청을 발라 모세를 넣어서 나일 강에 띄우게 하십니다. 나일 강에 띄울 때도 그냥 띄우는 것이 아니라 떠내려가지 않도록 갈대 사이에 놓게 하십니다.

그런 다음 공주의 마음을 감동시키셔서 낮에 강으로 목욕을 하러 가게 하십니다. 또 공주가 사람들의 눈에 띄지 않는 갈대밭 사이에 들어가 목욕을 할 때 아기가 울도록 하십니다. 그래서 공주가 아기의 울음소리가 나는 곳을 보니 아기가 있습니다. 노예의 아기라는 것을 공주가 압니다. 노예의 아기를 누가 거들떠보기나 하겠습니까? 그런데 공주가 그 아기를 보는 순간 '예쁘다!' 하는 마음이 듭니다. 그래서 자기 아들로 삼기 위해 그 아기를 궁궐로 데리고 갑니다. 하나님께서 공주의 마음을 그렇게 만드신 것입니다.

모세는 40년간 궁궐에서 교육을 받게 됩니다. 그것도 하나님께서 하신 일입니다. 하나님께서는 왕의 마음, 왕비의 마음, 공주의 마음, 신하의 마음, 평민의 마음을 마음대로 하시는 분입니다.

열왕기하 6장을 보면, 벤하닷 왕이 아람 군대를 친히 몰고 와서 사마리아를 에워쌉니다. 사마리아 안에 양식이 다 떨어져 너무 배가 고프니 평소에는 먹지도 않는 나귀 머리 하나에 80세겔이나 합니다. 심지어 친구끼리 "오늘은 네 아들을 삶아 먹고 내일은 내 아들을 삶아 먹자"라고 합니다. 그래서 한 사람의 아들을 삶아 먹고 나서 정신이 드니 다른 친구가 자기 아들을 안고 도망을 갑니다.

다 죽게 된 이런 상황에서 엘리사가 성을 향해 "내일 이맘때가 되면 양식을 풍부하게 먹을 수 있다"라고 예언합니다.

하나님께서 하시는 일이지만, 어떻게 그런 일이 있을 수 있습니까? 그런데 하나님께서 아람 군사들의 귀에 이상한 음성, 병거 소리와 수많은 말발굽 소리와 대군들이 밀려오는 소리가 들리게 하십니다. 그러자 아람 군사들이 "이스라엘 왕이 우리를 치려고 애굽과 헷 나라 왕에게 돈을 주고 군사들을 샀구나. 그 연합군이 쳐들어왔구나. 이대로 있다가는 우리가 다 죽게 되겠구나" 하며 장막과 나귀와 말과 양식 등 모든 것을 그대로 두고 '걸음아 날 살려라' 하고 도망을 갑니다. 그러니 모든 것이 남아 한 세겔로 밀가루 한 스아(7.3리터)를 사게 되고, 보리는 두 스아(14.6리터)를 살 수 있게 됩니다. 양식을 거저 갖게 된 것입니다. 이 모든 일을 하나님께서 하셨습니다. 하나님께서 하시면 만화 같은 일도 일어납니다.

한 아이가 길을 가다가 할머니 한 분이 쓰러져 있는 것을 발견했습니다. 할머니를 일으켜 세우고 부축해서 집까지 모셔다 드렸습니다. 할머니가 아이에게 말했습니다.

"애야, 고맙다. 너는 내 생명의 은인이다. 네 소원이 무엇이니?"

"할머니, 그런 말씀 마세요. 제가 소원을 말씀드리면 할머니께서는 놀라서 또 쓰러지실 거예요. 제 소원은 너무 크거든요."

"괜찮다. 말해 보아라. 네 소원이 무엇이든 들어줄 테니."

"정말 들어주시겠어요? 그러면 10억을 주세요."

"10억을? 그 많은 돈을 어디에 쓰려고?"

"하나님 교회를 짓게요. 목사님이 우리 교회는 10억이 있으면 짓는다고 자주 말씀하셨어요."

세상에! 어린아이가 '10억이 있으면 우리 교회를 지을 수 있는데…'라는 마음을 품고 있으니 할머니에게 10억을 달라고 한 것입니다. 그 할머니는 부자였고 재산을 물려줄 가족도 없었습니다. 그러니 예수님을 믿지 않았지만 10억을 주어 교회를 짓게 했답니다. 하나님께서 할머니의 마음을 그렇게 감동시키신 줄로 믿습니다.

하나님께서는 못하실 일이 없습니다. 하나님께서 여러분 거래처 사람들의 마음을 붙잡아서 여러분의 물건을 많이 사게 해주시기 바랍니다. 하나님께서 하시면 그렇게 될 수 있는 것입니다.

한 분이 창원에 이사를 와서 '어느 교회로 갈까?' 하고 있는데, 귀에 '지용수, 지용수' 하는 소리가 들리더랍니다. 그래서 사람들에게 지용수가 누구인지 물으니 "양곡교회 목사님"이라고 해서 우리 교회로 왔답니다. 참 희한한 일입니다. 그러나 주 안에서는 그런 일이 있을 수 있는 것입니다. 교회가 신비주의로 흐르면 안 되지만 교회에 신비는 있는 것입니다. 하나님께서는 모든 것을 마음대로 하십니다. 전능하신 하나님이십니다.

우리가 예배드리는 것을 가장 기뻐하시는 하나님

하나님께서는 성전을 짓게 하십니다.

"예루살렘으로 가서 여호와의 전을 건축하라. 성전을 짓는 데 필요한 모든 것을 배려해 주어라."

성전을 지어 놓으면 성전에서 예배를 드리기 때문입니다. 하나님께서는 우리가 예배드리는 것을 가장 기뻐하십니다. 예배드리는 자에게 복을 주십니다.

성전은 하나님께는 즐거움과 기쁨과 영광이, 우리에게는 축복이 되는 곳입니다. 그래서 하나님께서 성전을 지으라고 하신 것입니다. 성전에는 두 가지 뜻이 있습니다. 벽돌로 지은 예배당도 성전이요, 우리 몸도 성전입니다. 우리 몸이야말로 참 성전입니다. 교회는 예수님을 믿는 사람들의 공동체입니다. 교회를 세우려면 전도를 해야 됩니다. 벽돌을 많이 쌓으면 큰 교회가 되고, 적게 쌓으면 작은 교회가 됩니다. 이처럼 전도를 많이 하면 큰 교회가 되고, 전도를 적게 하면 작은 교회가 되는 것입니다.

우리 모두가 열심히 그리고 많이 전도해서 머지않아 10만 제단이 되기를 바랍니다. 10만 제단이 되면 그만큼 큰 일을 하게 됩니다.

약속한 것을 지키는 하나님의 자녀

여기에서 우리가 해야 될 일이 있습니다. 하나님께서는 예언하신 대로, 약속하신 대로 이루시는 분이고 우리는 그분의 자녀입니다.

그러므로 우리도 우리가 한 약속은 지켜야 하는 것입니다. 우리가 입으로 한 말은 지켜야 하는 것입니다.

"주의 장막에 머무를 자 누구오며 주의 성산에 사는 자 누구오니이까"(시 15:1).

"그의 마음에 서원한 것은 해로울지라도 변하지 아니하며"(시 15:4).

주의 성전에 머무를 자는 그의 마음에 서원한 것은 해로울지라도 변하지 아니하는 자라는 것입니다.

미국의 한 식당에서 영화배우와 사업가인 두 여자 친구가 저녁 식사를 하는데 영화배우의 얼굴이 어둡습니다. 사업가 친구가 영화배우인 친구에게 말합니다.

"얘, 네 얼굴이 왜 그래?"

"내가 실수했어. 몇 달 전에 한 남자를 만나 사랑에 빠졌는데 아기가 생겼어. 그래서 멀리 가서 아기를 낳고 고아원에 맡기고 올 거야."

"그러면 안 돼."

"그러면 어떻게 해?"

"내 남편이 세상을 떠난 지 몇 달 안 되니 내가 아기를 가졌다고 소문을 퍼뜨릴게. 너는 병원에 가서 아기를 낳아. 그러면 내가 그 아이를 내 아이로 삼아서 기를 테니 걱정하지 마."

두 사람이 그렇게 약속을 하고 영화배우인 친구가 멕시코로 가서 아기를 낳았습니다. 그런데 아기가 기형아였습니다. 병원에서는 아이를 집에서 기르는 것보다는 특별기관에 맡기는 것이 더 나을 것이라고 했습니다. 사업가 친구가 찾아왔을 때 영화배우가 말했습니다.

"아기가 기형아라 네가 기를 수 없어."

"아니야, 약속한 것은 지켜야지. 기형아라도 내 아들이야."

사업가는 그 아이를 자기 아들로 등록하고 아이를 치료하기 위해 병원을 찾아 프랑스로, 독일로, 세계를 누비고 다녔습니다. 그러다 더 이상 누빌 필요가 없게 되었습니다. 아이가 깨끗하게 나았기 때문입니다. 그 아기가 자라 미국 공군 장교가 되었습니다. 얼마나 아름다운 이야기입니까? 약속을 지킬 때 매력 있고 아름답습니다.

하나님께서는 말씀하신 대로 이루십니다. 우리도 약속한 것은 지켜야 합니다. 말한 것을 잊어버리고 약속을 지키지 않으면 안 됩니다. 우리가 말한 것은 최선을 다해 이루는 하나님의 아들딸이 되어야 합니다.

그리고 아무리 크고 답답한 문제가 있어도, 도저히 내 힘으로는 헤쳐 나가지 못할 그런 큰 문제가 있어도 하나님께서는 마음대로 하실 수 있으니 무엇이 필요할 때는 구해서 받고, 잃었을 때는 찾아서 얻고, 문이 열리지 않을 때는 두드려서 열리게 해야 하는 것입니다.

그리고 성전에 관심이 있으신 하나님을 우리가 알았으니 우리도 성전을 세우는 데 우리의 생애를 바쳐야 하는 것입니다. 그래서 놀라우신 하나님의 자녀답게 하나님을 찬양하고, 또 하나님의 찬송거리로 남는 인생을 살아갈 수 있기를 축원합니다.

2
하나님께 감동을 받은 사람들

(에스라 1:5-11)

이에 유다와 베냐민 족장들과 제사장들과 레위 사람들과 그 마음이 하나님께 감동을 받고 올라가서 예루살렘에 여호와의 성전을 건축하고자 하는 자가 다 일어나니 그 사면 사람들이 은 그릇과 금과 물품들과 짐승과 보물로 돕고 그 외에도 예물을 기쁘게 드렸더라 고레스 왕이 또 여호와의 성전 그릇을 꺼내니 옛적에 느부갓네살이 예루살렘에서 옮겨다가 자기 신들의 신당에 두었던 것이라 바사 왕 고레스가 창고지기 미드르닷에게 명령하여 그 그릇들을 꺼내어 세어서 유다 총독 세스바살에게 넘겨주니 그 수는 금 접시가 서른 개요 은 접시가 천 개요 칼이 스물아홉 개요 금 대접이 서른 개요 그보다 못한 은 대접이 사백열 개요 그 밖의 그릇이 천 개이니 금, 은 그릇이 모두 오천사백 개라 사로잡힌 자를 바벨론에서 예루살렘으로 데리고 갈 때에 세스바살이 그 그릇들을 다 가지고 갔더라 세상을 살다 보면 현실인데도 현실이 아닌 것 같은, 너무 놀랍고 경이로운 일을 만날 때 "아! 꿈같다. 꿈같은 일이다"라고 말합니다.

70년간 바벨론에서 전쟁포로로 사는 이스라엘 백성들은 자유가 없습니다. 인권을 존중받지 못합니다. 2등 시민, 3등 시민이 아니라 가장 밑바닥에서 천대받으며 전쟁포로로 70년간 살고 있는 그들, 당시 최대 강국인 바벨론의 포로로 있는 그들이 자유로운 몸이 되어 고국 예루살렘으로 돌아간다는 것은 기대할 수 없는, 누구도 꿈도 꾸지 못할 일입니다. 그런데 하나님께서 섭리하셔서 그렇게 만드셨습니다. 할렐루야!

저와 여러분의 지나온 발자취에도 하나님께서 행하신 꿈같은 일이 많았을 것입니다. 우리 앞길에도 하나님께서 꿈같은 일을 많이 이루어 주실 것입니다. 하나님을 아버지로, 예수 그리스도를 구세주로 모시고 살아가는 사람들의 앞길에는 사람이 할 수 없는, 하나님만이 하시는 꿈같은 일이 일어나는 것입니다. 교회도 마찬가지입니다. 과거에도 그랬고, 교회의 앞길에는 꿈같은 일이 일어나게 되어 있습니다.

복음의 축복을 누리지 못하는 사람들

이스라엘 백성에게도 참으로 깜짝 놀랄 일이 일어납니다.
천대받고 짓밟히고 인간 대접을 받지 못하던 그들이 지긋지긋한 전쟁포로생활에서 자유를 얻어 이제 예루살렘으로 올라가게 됩니다. 또 올라가서 하나님의 성전을 짓게 됩니다. 그리고 페르시아 제국의 왕이 금이든 은이든 짐승이든 어떤 보물이든 편의를 다 제공해 주는, 꿈같은 일이 일어납니다.

그런 꿈같은 일이 현실이 되었다면, 우리가 생각하기에 페르시아에, 바벨론에 묶여 있던 모든 전쟁포로인 이스라엘 백성들은 한 사람도 빠짐없이 일어나서 기뻐하며 열린 길로 가야 할 것입니다. 그러나 그들은 그렇게 하지 않습니다. 70년간 전쟁포로로 살던 그들이 "이제 자유다! 너희는 고국으로 돌아가라"는 꿈같은 복음을 들었으니 모두가 용수철처럼 튀어 올라 예루살렘으로 갈 것 같은데, 아니었습니다.

본문 5절을 보면, 유다와 베냐민 족장들과 제사장들과 레위 사람들과 하나님께서 그 마음을 감동해 주신 사람들만 일어나 예루살렘으로 갑니다. 역사 기록을 보면 그 수가 약 5만 명입니다. 그 땅에 많은 사람이 살았는데, 그들 중에서 5만 명만 일어나 "꿈같도다. 우리 입에는 찬송이 가득하고 웃음이 넘치는도다" 하면서 그 복음을, 그 즐거움을 만끽하며 자유를 얻어 예루살렘으로 돌아갑니다. 나머지 사람들은 바보처럼 그 땅에 남았습니다.

이것은 오늘의 현실과 똑같습니다. 우리에게는 태어나면서부터, 조상 때부터 내려오는 원죄가 있습니다. 우리가 죄를 짓지 않고 태어나도 우리 핏속에 아담의 죄가 흐르고 있습니다. 거기에 더하여 자범죄, 우리 스스로 짓는 죄가 한이 없습니다. 혹 우리의 행동으로 지은 죄가 적다고 할지라도 말로 지은 죄는 더 많고, 말로 지은 죄가 적다고 할지라도 마음으로 지은 죄는 한이 없습니다. 그 죄로 우리는 평생 죄악의 노예로, 마귀의 노예로 끌려다니며 살다가 영원한

2_ 하나님께 감동을 받은 사람들

불지옥에 들어가게 됩니다. 구더기도 죽지 않고, 영원히 불이 꺼지지 않는 멸망의 세계에 들어갈 수밖에 없습니다. 그런 우리를 얽매고 있는 세상의 모든 쇠사슬을, 모든 줄을 예수 그리스도의 십자가로 풀어주시고, 이제 "누구든지 예수를 믿으면 자유다. 그리고 하나님과 함께 사는 새 예루살렘에 들어가게 된다"라고 하십니다. 이것은 꿈에도 생각하지 못할 일인데 사실이 되었습니다.

죄인이 천국에 가는 것은 꿈에도 생각하지 못할 일인데, 예수 그리스도의 구원의 역사로 말미암아 십자가와 부활로 이것이 현실이 되었습니다. 예수님 우주선, 교회 우주선만 타면 누구든지 하늘나라 새 예루살렘, 거룩한 새 예루살렘에 들어가 영원무궁토록 복락을 누리게 되었습니다. 이것이 현실입니다.

고레스 왕이 바벨론 포로로 끌려와 페르시아에 사는 이스라엘 백성에게 자유와 귀환을 선포한 것처럼 오늘 하나님께서 신구약 성경을 통하여 선포하십니다.

"누구든지 예수만 믿으면 자유다. 죄 사함 받았다. 마귀에게서 자유를 얻었다. 심판에 이르지 않는다. 생명을 얻었다. 하늘나라가 그의 것이다."

누구든지 이것을 믿으면 다 그 나라에 들어가게 되는데, 오늘도 믿는 사람만 믿고 믿지 않는 사람은 복음의 축복을 누리지 못하고 있습니다. 왜입니까? 하나님께서 마음에 감동을 해주신 사람만 믿기 때문입니다. 여기에 구원의 큰 비밀이 있습니다.

사도행전 16장 11-15절을 보면, 사도 바울의 일행이 배를 타고 마게도냐 첫 성인 빌립보 지역에 도착합니다. 빌립보 성은 로마의 식민지로 유럽의 관문 같은 성입니다. 사도 바울 일행이 도착하자마자 그곳에는 성전이 없으니 기도할 장소를 찾습니다.

여러분! 어느 곳에 가든 술꾼은 술집을 찾고, 도박꾼은 도박할 곳을 찾습니다. 그러나 예수의 사람은 기도할 장소를 찾습니다. 그래서 조용한 장소만 보아도 '기도하고 갈까?' 하는 마음이 생깁니다. 좋은 나무 그늘만 있어도 '잠시 저기에 앉아 기도하고 갈까?', 안개 낀 산이나 구름 덮인 산을 보아도 '저 안개 속에, 저 구름 속에 들어가 기도드리고 갈까?' 하는 마음이 간절한 것입니다. 기도의 맛을 아는 사람, 기도의 사람은 어디에 가든 기도할 장소를 찾습니다.

사도 바울과 그 일행도 "조용하게 기도할 장소가 없나?" 하고 강 기슭의 조용한 곳을 찾아가는데, 가다 보니 강변에 여자들이 모여 있습니다. 사람들을 보니 전도하고 싶어서 복음을 전합니다. 거기에 많은 여인들이 모여 있었습니다. 결코 한두 사람이 아닙니다. 그룹으로 모여 있었습니다. 그런데 바울이 복음을 전하니 다른 여자들은 무슨 말인지를 알아듣지 못합니다. 새 예루살렘에 갈 수 있는, 천대받는 죄악의 노예에서 자유를 얻는 하나님의 아들딸이 될 수 있는 복음을 전했는데도 다른 여자들은 무슨 말인지 알아듣지 못했습니다. 오직 루디아만 알아듣고 예수님을 영접합니다.

그렇게 된 이유가 성경에 기록되어 있습니다.

"두아디라 시에 있는 자색 옷감 장사로서 하나님을 섬기는 루디아라 하는 한 여자가 말을 듣고 있을 때 주께서 그 마음을 열어 바울의 말을 따르게 하신지라"(행 16:14).

주님께서 그 여자의 마음을 열어 주셔서 믿게 된 것입니다. 그래서 루디아가 강청하여 바울 일행을 자기 집으로 모시고 갑니다. 루디아는 자색 비단 장사를 하는 사람으로 굉장한 부자라 집이 컸습니다. 그의 모든 식구가 복음을 듣고 마음을 열어 예수님을 믿고 세례를 받았습니다. 그리고 그 집이 교회가 되었습니다.

강변에 모여 있던 다른 여자들은 이름도 없이 사라지고 말았습니다. 루디아는 복된 여자가 되고, 자기 집을 구원하고, 그 집이 초대교회가 되었습니다. 하늘나라에 가면 루디아는 귀한 자리에 있을 것입니다. 루디아가 그런 귀한 복을 받은 것은 주님께서 그 마음을 감동해 주셨기 때문입니다.

성령의 감동으로 얻은 구원

사랑하는 여러분! 오늘 여러분과 제가 예수님을 믿게 된 것도 우리가 의로워서가 아닙니다. 열심이 특별해서가 아닙니다. 다른 사람들보다 잘나서도 아닙니다.

하나님께서 우리 마음을 감동해 주셔서입니다. 우리 마음을 열어 주셔서 우리가 믿게 된 것입니다. 저같이 부족한 사람이 설교해도 하나님께서 여러분의 마음 문을 열어 주시면 구원받고 은혜를 받습니다.

예수님께서 설교하셔도 마음의 문이 열리지 않은 바리새인들과 서기관들은 예수님을 믿지 않고 오히려 예수님께 돌을 던졌습니다. 가룟 유다는 3년간 예수님의 말씀을 친히 듣고 기적을 보아도 하나님께서 그 마음 문을 열어 주지 않으시니 멸망합니다.

"너희는 그 은혜에 의하여 믿음으로 말미암아 구원을 받았으니 이 것은 너희에게서 난 것이 아니요 하나님의 선물이라"(엡 2:8).

구원받은 사람은 그 누구도 '나의 공로로 구원받았다'라고 할 수 없습니다. 오직 은혜로 받은 것입니다. 그래서 '아무것도 아닌 나에게 구원을 주셨네' 하고 찬송을 부르는 것입니다.

1. 아 하나님의 은혜로 이 쓸데없는 자
   왜 구속하여 주는지 난 알 수 없도다
2. 왜 내게 굳센 믿음과 또 복음 주셔서
   내 맘이 항상 편한지 난 알 수 없도다
3. 왜 내게 성령 주셔서 내 마음 감동해
   주 예수 믿게 하는지 난 알 수 없도다
후렴. 내가 믿고 또 의지함은 내 모든 형편 아시는 주님
   늘 보호해 주실 것을 나는 확실히 아네(찬송가 310장)

우리가 예수님을 믿는다는 것은 성령께서 우리에게 오셨다는 증거입니다. 성령께서 감동시켜 주셨다는 증거입니다. 우리에게 성령을 주시고 마음을 감동해 주셔서 예수님을 믿게 하신 하나님! 얼마나 감사합니까?

여러분! 아무나 예수님을 믿는 것이 아닙니다. 하나님께서 그 마음을 열어 주시고 감동시켜 주시는 사람만 믿습니다. 우리는 늘 예수님을 믿게 된 것을 감사해야 합니다.

'참 나는 복 받은 사람이구나. 고레스의 복이 아니라 하늘의 복을

받았구나. 예루살렘의 복이 아니라 새 예루살렘의 복을 받았구나.'
이 구원의 감격을 누리며 찬송하고 만끽하며 살아가야 합니다.

기쁨으로 감당하는 봉사

하나님께서 감동시켜 주시면 하나님께 바치는 것이나 교회의 봉사를 즐겁게 하게 됩니다. 본문 6절을 보면, 이스라엘 백성들이 예루살렘으로 갈 때, 그 나라에 사는 사람들이 은 그릇을 아낌없이 내놓습니다. 은 그릇이 얼마나 귀합니까? 그렇게 귀한 은 그릇과 황금, 보물을 내놓습니다. 말, 나귀와 같은 짐승도 내놓습니다. 그뿐 아니라 성전에 필요한 보물도 내놓는데, 즐겁게 내놓습니다.

> "그 사면 사람들이 은 그릇과 금과 물품들과 짐승과 보물로 돕고 그 외에도 예물을 기쁘게 드렸더라"(스 1:6).

그들은 하나님의 백성도 아닌데 하나님께서 그들의 마음을 감동시키시니 기쁘게 내놓는 것입니다. 하나님께서 그들의 영혼을 구원해 주셔서 그들을 천국에 들이셨는지 아닌지는 하나님만 아십니다. 그러나 만일 그들을 천국에 들이지 않으셨어도 이 땅에 사는 동안에 그들에게 복을 주신 줄로 저는 믿습니다.

하나님은 선하신 분이십니다. 선하신 하나님이십니다. 그래서 하나님께서 즐겁게 바치도록 그 마음을 감동시켜 주신 사람들은 복 받은 사람들입니다.

역대상 29장 3-17절을 보면, 다윗이 먼저 자기 창고를 열어 하나님의 성전에 바치고, 그다음에 신복들이 바치고, 백성들이 바칩니다. 그들이 자기의 재산과 보화를 다 내놓으면서도 기뻐서 어쩔 줄 모릅니다. 지금 우리가 보는 개역개정 성경에는 "심히 기뻐하니라"라고 되어 있지만 전에 보던 개역한글 성경에는 "기쁨을 이기지 못하여 하니라"라고 되어 있습니다.

우리가 무엇을 바치는 것뿐만 아니라 무슨 일을 하든, 지저분한 곳을 청소하든 설거지를 하든 목회를 하든 성령의 감동을 받으면 기쁘게 합니다. 그러나 성령의 감동을 받지 못하면 봉사를 하면서도 불평할 수 있습니다. 하나님께서 우리 모두의 마음을 감동시켜 주시기를 바랍니다.

잃어버린 것을 회복하게 해주시는 하나님

하나님께서 감동시켜 주시면 잃어버린 것을 회복하게 됩니다.

본문 7-11절을 보면, 하나님께서 고레스로 하여금 명령하게 하시니 고레스 왕이 창고지기 미드르닷에게 명령합니다.

"느부갓네살 왕이 예루살렘 성전에서 갖고 온 모든 그릇들을 남김없이 헤아려서 세스바살(스룹바벨의 바벨론식 이름)에게 맡겨 다 갖고 가게 하라."

그래서 그릇들을 다 챙기니 금 접시가 30개, 은 접시가 1,000개, 칼(프라이팬)이 29개, 또 금 대접이 30개, 은 대접이 410개, 그 밖의 다른 그릇이 1,000개, 또 다른 그릇들이 있어서 도합 5,400개였습니다.

그래서 70년 전 예루살렘에서 갖고 온 것을 하나도 빠짐없이 고스란히 예루살렘 성전으로 가지고 갔습니다. 하나님께서 감동을 주시니 잃은 것을 다 찾게 된 것입니다.

마태복음 26장 69절 이하의 말씀을 보면, 베드로가 대제사장 집 바깥뜰에 대제사장의 종들과 함께 있습니다. 여러분, 자리를 조심해야 합니다. 함께 있을 사람과 함께 있어야지, 함께 있어서는 안 될 사람과 함께 있으면 시험에 듭니다.

> "복 있는 사람은 악인들의 꾀를 따르지 아니하며 죄인들의 길에 서지 아니하며 오만한 자들의 자리에 앉지 아니하고"(시 1:1).

우리는 언제나 하나님을 생각해야 합니다. '내가 가끔 이 사람과 만나고 전화해서 대화를 나누는데 하나님께서 좋아하시지 않을 것 같네' 하는 생각이 든다면 만나지 않는 것이 좋습니다.

베드로가 추우니 모닥불이 좋아서 함께 있어서는 안 될, 악한 대제사장의 종들과 함께 있었을 것입니다. 그러나 함께 있지 않아야 할 사람과 함께 있는 것은 시험에 드는 길입니다.

한 여종이 베드로를 보고 "아! 이 사람은 예수의 제자다"라고 하니 "무슨 말이냐?" 하며 베드로가 모든 사람 앞에서 부인합니다. 계속해서 다른 여종이, 또 다른 사람들이 예수의 제자가 맞다고 하니 베드로가 저주하며 아니라고 합니다. 그러니 이제 수제자의 자리를 잃게 되었습니다. 부끄러워서 설 곳이 없게 되었습니다. 마귀의 밥이 될 사람이 되었습니다.

그런데 그가 저주하며 예수님을 모른다고 부인한 그때 닭이 웁니다. 닭의 울음소리를 들으니 예수님의 말씀이 생각납니다.

"닭 울기 전에 네가 나를 세 번 부인하리라."

예수님의 말씀이 생각난 것은 하나님께서 깨닫게 해 주신 것입니다. 그래서 그가 얼마나 통곡했는지 모릅니다.

"주님, 제가 잘못했습니다. 제가 잠시 두려워서 주님을 모른다고 세 번이나 부인했습니다. 주님, 제가 잘못했습니다."

그렇게 울며 회개하니 그가 회복됩니다. 주님께서 그를 다시 세워 주셨습니다. 수제자가 되게 하셨습니다.

그런데 가룟 유다는 죄를 지어 놓고 회개하지 않았습니다. 교회를 이용했습니다. 예수님을 팔아 은 30을 챙겼습니다. 교회에서도 죄짓는 사람이 있습니다. 그러나 주님께 감동을 받으면 회개합니다. 가룟 유다는 회개하지 못하고 자살했습니다.

마틴 루터가 사람은 말과 같아서 예수님께서 타지 않으시면 마귀가 탄다고 했습니다. 하나님께 감동을 받지 못하면 마귀가 유혹합니다. 마귀가 아간을 유혹하니 아간이 도둑질합니다. 훌륭한 목사님, 훌륭한 장로님, 훌륭한 교인이 순간에 마귀의 유혹을 받아 해서는 안 될 일을 해서 부끄럽게 되는 경우가 있습니다. 마귀의 유혹을 받으면 죄를 짓고 망하고 부끄럽게 됩니다.

하나님께 감동을 받으면 좋은 길이 열리고 잃은 것도 회복하게 됩니다.

누가복음 15장의 탕자가 감동을 받으니 '부잣집의 아들인 내가 굶어 죽다니…. 내 집에서는 머슴도 배불리 먹는데 부잣집의 아들인 나는 쥐엄열매도 먹지 못하여 굶어 죽게 되는구나. 그래, 내가 집으로 돌아가자. 아버지가 나를 아들로는 맞아주지 않으셔도 머슴의 하나로는 맞아주시겠지' 하고 아버지의 집으로 돌아갑니다. 그러니 아들로 회복됩니다.

여러분이 잃은 건강도 오늘 여기에서 하나님께 감동을 받으면 회복할 수 있습니다. 재산을 잃은 분도 오늘 여기에서 하나님께 감동을 받으면 갑절로 찾을 수 있습니다. 명예를 잃은 분, 기쁨을 잃은 분도 하나님께 감동을 받으면 갑절로 찾을 수가 있습니다.

오늘 이 시간에 하나님께서 여러분과 저를 감동시켜 주시기 바랍니다. 여러분의 가정을 감동시켜 주시기 바랍니다. 여러분의 거래처 사람들의 마음을 감동시켜 주시기 바랍니다. 그래서 회복되는 밤이 될 수 있기를 바랍니다.

하나님께서 감동시켜 주시면 모든 것이 가능

하나님께 감동만 받으면 좋은 일이 있습니다.

요셉이 하나님께 감동을 받으니 바로 왕이 꾼 꿈을 해석해 줍니다. 그러니 바로가 이렇게 말합니다.

"이와 같이 하나님의 영에 감동된 사람을 우리가 어찌 찾을 수 있으리요"(창 41:38).

그리고 그 자리에서 자기의 인장 반지를 뽑아 요셉에게 끼워 주고 "내가 너보다 높은 것은 내 왕좌뿐이니라. 내 집과 내 나라를 네가 다 다스리라" 하며 세마포 옷을 입혀 주고 목에 금사슬을 걸어 줍니다. 또 자기가 타는 버금마차를 태워 줍니다.

요셉은 정치학도, 법학도 공부하지 않았지만 하나님의 영에 감동되니 죄수였던 그가 총리가 된 것입니다.

다니엘서 2장을 보면, 하나님의 성령에 감동된 다니엘이 느부갓네살 왕의 꿈을 말해 주고 해석해 줍니다. 왕은 자기가 꿈을 꾸고도 꿈꾼 내용을 잊어버렸는데, 다니엘은 그것까지 말해 줍니다.

"왕이여, 왕께서 꿈에 빛나는 환상을 보았습니다. 머리는 정금, 가슴과 팔은 은, 배와 넓적다리는 동, 종아리는 철, 발은 얼마는 철이고 얼마는 흙이었습니다. 그런데 사람에 의하지 않은 작은 돌이 나와서 쇠와 흙으로 된 우상의 발을 쳐서 부서뜨리니 우상이 다 깨어지고 돌이 천하에 가득했습니다."

그 꿈은 역사가 끝나면 주님의 재림으로 온 세상이 주님으로 가득할 것을 보여준 것입니다. 꿈의 내용을 말해 주고, 이 세상이 끝난다는 해석을 해주니, 46절을 보면 느부갓네살 왕이 전쟁포로인 다니엘에게 엎드려 절합니다. 인류 역사상 대왕이 청년에게 엎드려 절한 경우는 한 번뿐일 것입니다. 그 뒤에 하나님이 계시니 엎드려 절한 것입니다. 하나님께 감동을 받으면 전쟁포로도 총리가 될 수 있는 것입니다.

출애굽기 35장 30절 이하에 보면, 브살렐이 금과 은, 보석으로 제작하는 기술을 고안하는 일, 사람이 하기 어려운 일을 하는데 하나님의 영으로 충만하니 그 일을 잘합니다.

여러분! 하나님의 성령에, 하나님의 신에 감동되면 최고의 예술가, 최고의 음악가가 될 수 있습니다. 최고의 미술가가 될 수 있습니다. 하나님께서 감동해 주시면 모든 것이 가능합니다.

결국은 하나님께서 감동시켜 주시느냐, 안 시켜 주시느냐에 따라 우리의 운명이 판가름 납니다. 우리는 늘 "내 모든 것이 하나님께, 주님께 있습니다. 내 구원, 내 가정이 다 주님께 있습니다. 주님! 주님만 의지합니다" 하고 겸손하게 하나님을 기다리고 하나님의 도움을 의지하고 살아가야 합니다. 그럴 때 하나님께서 끊임없는 감동으로 우리의 길을 열어 주실 것입니다.

3
생명책

(에스라 2:1-67)

옛적에 바벨론 왕 느부갓네살에게 사로잡혀 바벨론으로 갔던 자들의 자손들 중에서 놓임을 받고 예루살렘과 유다 도로 돌아와 각기 각자의 성읍으로 돌아간 자 곧 스룹바벨과 예수아와 느헤미야와 스라야와 르엘라야와 모르드개와 빌산과 미스발과 비그왜와 르훔과 바아나 등과 함께 나온 이스라엘 백성의 명수가 이러하니 바로스 자손이 이천백칠십이 명이요 스바댜 자손이 삼백칠십이 명이요 아라 자손이 칠백칠십오 명이요 바핫모압 자손 곧 예수아와 요압 자손이 이천팔백십이 명이요 엘람 자손이 천이백오십사 명이요 삿두 자손이 구백사십오 명이요 삭개 자손이 칠백육십 명이요 바니 자손이 육백사십이 명이요 브배 자손이 육백이십삼 명이요 아스갓 자손이 천이백이십이 명이요 아도니감 자손이 육백육십육 명이요 비그왜 자손이 이천오십육 명이요 아딘 자손이 사백오십사 명이요 아델 자손 곧 히스기야 자손이 구십팔 명이요 베새 자손이 삼백이십삼 명이요 요라 자손이 백십이 명이요 하숨 자손이 이백이십삼 명이요 깁발 자손이 구십오 명이요 베들레헴 사람이 백이십삼 명이요 느도바 사람이 오십육 명이요 아나돗 사람이 백이십팔 명이요 아스마웻 자손이 사십이 명이요 기랴다림과 그비라와 브에롯 자손이 칠백사십삼 명이요 라마와 게바 자손이 육백이십일 명이요 믹마스 사람이 백이십이 명이요 벧엘과 아이 사람이 이백이십삼 명이요 느보 자손이 오십이 명이요 막비스 자손이 백오십육 명이요 다른 엘람 자손이 천이백오십사 명이요 하림 자손이 삼백이십 명이요 로드와 하딧과 오노 자손이 칠백이십오 명이요 여리고 자손이 삼백사십오 명이요 스나아 자손이 삼천육백삼십 명이었더라 제사장들은 예수아의 집 여다야 자손이 구백칠십삼 명이요 임멜 자손이 천오십이 명이요 바스훌 자손이 천이백사십칠 명이요 하림 자손이 천십칠 명이었더라 레위 사람은 호다위야 자손 곧 예수아와 갓미엘 자손이 칠십사 명이요 노래하는 자들은 아삽 자손이 백이십팔 명이요 문지기의 자손들은 살룸과 아델과 달문과 악굽과 하디다와 소배 자손이 모두 백삼십구 명이었더라 느디님 사람들은 시하 자손과 하수바 자손과 답바옷 자손과 게로스 자손과 시아하 자손과 바돈 자손과 르바나 자손과 하가바 자손과 악굽 자손과 하갑 자손과 사믈래 자손과 하난 자손과 깃델 자손과 가할 자손과 르아야 자손과 르신 자손과 느고다 자손과 갓삼 자손과 웃사 자손과 바세아 자손과 베새 자손과 아스나 자손과 므우님 자손과 느부심 자손과 박북 자손과 하그바 자손과 할훌 자손과 바슬룻 자손과 므히다 자손과 하르사 자손과 바르고스 자손과 시스라 자손과 데마 자손과 느시야 자손과 하디바 자손이었더라 솔로몬의 신하의 자손은 소대 자손과 하소베렛 자손과 브루다 자손과 야알라 자손과 다르곤 자손과 깃델 자손과 스바댜 자손과 하딜 자손과 보게렛하스바임 자손과 아미 자손이니 모든 느디님 사람과 솔로몬의 신하의 자손이 삼백구십이 명이었더라 델멜라와 델하르사와 그룹과 앗단과 임멜에서 올라온 자가 있으나 그들의 조상의 가문과 선조가 이스라엘에 속하였는지 밝힐 수 없었더라 그들은 들라야 자손과 도비야 자손과 느고다 자손이라 모두 육백오십이 명이요 제사장 중에는 하바야 자손과 학고스 자손과 바르실래 자손이니 바르실래는 길르앗 사람 바르실래의 딸 중의 한 사람을 아내로 삼고 바르실래의 이름을 따른 자라 이 사람들은 계보 중에서 자기 이름을 찾아도 얻지 못하므로 그들을 부정하게 여겨 제사장의 직분을 행하지 못하게 하고 방백이 그들에게 명령하여 우림과 둠밈을 가진 제사장이 일어나기 전에는 지성물을 먹지 말라 하였느니라 온 회중의 합계가 사만 이천삼백육십 명이요 그 외에 남종과 여종이 칠천삼백삼십칠 명이요 노래하는 남녀가 이백 명이요 말이 칠백삼십육이요 노새가 이백사십오요 낙타가 사백삼십오요 나귀가 육천칠백이십이었더라

어느 대학교에서 발행한 신문을 잠깐 보니 한 페이지에 80명이 넘는 사람의 명단이 공개되어 있고, 여러 사람의 사진이 있었습니다. 국회의원에 당선된 그 대학 출신자들의 명단과 사진이었습니다. 한 대학에서 그렇게 많은 국회의원이 나왔으니 얼마나 자랑스럽겠습니까? 그 학교 학생들도 선배들을 명예롭게 생각할 것입니다.

훗날 각계의 최고 인물 100명을 선정하니 양곡교회 출신이 퍼부어 놓은 것같이 많고, 또 천 명을 조사하니 양곡교회 출신이 700명이나 되는, 그런 날이 오기를 축원합니다.

국회의원 명단에 이름이 들어가면 얼마나 좋습니까? 명문대학교

의 합격자 명단에 이름이 들어가도 본인은 물론 그 가족과 친척, 그를 사랑하는 사람들이 다 기뻐합니다. 고시 합격자 명단에 이름이 들어가도 그 집안 사람들과 그를 사랑하는 고향 사람들, 그가 속한 공동체가 다 기뻐합니다. 50년 징역형을 받고 10년밖에 살지 않았는데 8·15 광복절이나 성탄절 특별사면 대상자 명단에 들어가서 감옥에서 나오게 되면 본인은 물론이고 그 가족들이 기뻐할 것입니다. 좋은 명단에 드는 것은 좋은 일입니다.

자유의 몸으로 살게 될 자들이 적힌 명단

오늘 본문에 참 좋은 명단이 소개되어 있습니다.

느부갓네살 왕이 이스라엘을 정복한 후 그곳 사람들을 포로로 끌고 갔습니다. 그때로부터 70년이 지났으니 포로로 끌려간 사람들은 거의 다 죽었습니다. 살아 있는 사람들은 그 포로들의 후손들이라고 볼 수 있습니다. 그들은 이스라엘 나라, 예루살렘 도시에 대해 말로만 들었지, 고국 땅의 흙냄새 한 번 맡지 못했고, 고국의 향기 한 번 맡지 못한 사람들입니다. 포로로 살아가는 그들이 얼마나 고국으로 돌아가고 싶었겠습니까?

그런데 하나님께서 고레스 왕을 통하여 자유를 허락해 주셨습니다. 몸만 자유를 얻은 것이 아니라 금과 은, 보배를 원하는 대로 받아서 말과 나귀를 타고 고국으로 돌아가게 되었습니다. 금의환향하게 된 것입니다. 그 금과 은, 보배는 성전을 지으라고 주신 것이지만 어쨌든 귀한 보물을 가득 싣고 고국으로 돌아갈 때 그들의 얼굴에는 웃음이 가득하고 혀에는 찬양이 가득했습니다. 그들은 마치 꿈꾸는 것 같았습니다.

약 5만 명의 사람들이 그렇게 유다, 예루살렘으로 돌아와 고국의 흙냄새를 맡고 고국의 공기를 마시며 살았습니다. 이것은 보통 복이 아닙니다. 내 나라, 내 땅에 사는 것이 얼마나 편안하고 좋은지 우리는 잘 몰라도 남의 나라에서 사는 사람들은 피부로 느낍니다. 미국이 아무리 살기 좋다고 해도 미국에서 사는 우리 교민들은 미국 사람들의 눈치를 보며 삽니다. 일본이 아무리 좋다고 해도 일본에 사는 우리 교민들은 일본 사람들의 눈치를 보며 삽니다. 그런 아픔이 있는 것입니다. "대한 사람 대한으로 길이 보전하세", 이것이 정말 좋은 것입니다.

저희 어머니께서는 우리나라를 사랑하셔서 아버지를 졸라 한국으로 나오셨습니다. 일본 도쿄에서 사시면 살기도 편하고 아버지께서 돈도 잘 벌고 계셨으니 여러 가지로 좋은데 '한국 사람은 한국에서 살아야 한다'며 자꾸 한국으로 가자고 하셔서 아버지께서 할 수 없이 오신 것입니다. 그래서 농사를 지으며 사셨습니다.

할아버지께서 큰 농장을 다 팔고 남겨 놓으신 작은 땅에서 평생 소 한 번 먹여 본 적 없고 농사 한 번 지어 본 적 없는 아버지께서 농사를 지으시려니 얼마나 힘드셨겠습니까? 한번은 아버지께서 사탕을 드시는데 소가 빤히 쳐다보니 "아이고! 이 소가 사탕이 먹고 싶은가 보구나"라고 하시며 소의 입에 사탕을 넣어 주셨습니다. 그런 분이 어떻게 농사를 지으시겠습니까? 그러니 보릿고개 때마다 어머니께 "당신이 자꾸 '조선, 조선' 해가지고 우리나라에 와서 이렇게 고생하는 거요. 당신 때문에 나와서 이렇게 고생하며 사는 거요. 일본에 있었으면 편하게 잘살았을 텐데…"라는 말씀을 하셨습니다.

며칠 전에 어머니께서 "아들아, 하나님의 은혜로 이렇게 목회를 잘하는 것을 보니 내가 한없이 기쁘다. 그런데 일본에 있었으면 어떡할 뻔했노?"라고 하셨습니다. 저도 그렇게 생각합니다. 우리 모두 우리 땅에 사는 것을 감사합시다. 그리고 해외에 나가서 사시는 분들을 위해 기도합시다.

이스라엘 백성이 이렇게 고국, 자기 땅에 와서 자유로운 몸으로 살게 되었으니 얼마나 좋았겠습니까? 그들의 명단, 약 5만 명의 명단이 에스라 2장에 기록되어 있는데, 67절까지 계속됩니다. 이 명단에 든 자는 복이 있고 이 명단에 들지 못한 자는 복이 적습니다.

생명책에 기록된 복된 명단

그런데 이 명단에 든 사람보다 천 배, 만 배, 억만 배 더 귀한 명단에 들어 있는, 복 있는 사람들이 있습니다. 그 귀한 명단은 어떤 명단입니까? 바로 하나님의 생명책에 기록된 여러분과 저의 이름입니다.

모든 선거에 다 떨어지고, 시험이란 시험에 다 떨어져 당선자 명단이나 합격자 명단에 한 번도 들지 못한 사람이라 할지라도 하나님의 생명책에 그 이름이 기록된 사람은 참으로 성공한 사람이요, 복 있는 사람입니다. 이것은 확실합니다.

국회의원 선거에 당선되고 모든 시험에 다 합격하고 세상의 영광스러운 명단에 다 들어도 하나님의 생명책에 그 이름이 기록되지 못한 사람은 가장 불쌍한 사람임을 기억하시기 바랍니다. 이 세상에서 살 때는 세상의 명단에 들면 화려해 보여도 죽을 때는 그것이 아무것도 아닙니다. 이 세상을 떠날 때는 생명책에 기록된 사람만이 기뻐하며 그 관문에 들어갈 수 있습니다.

누가복음 10장 1-20절을 보면, 예수님께서 70명의 전도단을 따로 세우신 뒤 두 명씩 파송하십니다. 전도는 주님의 방법대로 두 명씩 가는 것이 가장 좋습니다. 혼자 가면 약해서 좋지 않고, 셋이 가면 세 사람 중 조금 더 가까운 두 사람이 있기 마련이라 다른 한 사람이 마음을 상할 수 있어서 좋지 않습니다.

예수님께서 두 사람씩 보내시며 그들에게 병을 고치고 귀신을 쫓아내는 능력을 주셨습니다. 우리가 전도할 때 귀신을 쫓아낼 능력을 하나님께서 주십니다. 병을 고칠 능력을 주십니다. 복음을 전할 능력도 주십니다. 우리가 이것을 활용해야 합니다. 우리 주님께서 이미 우리에게 주셨습니다. 70인이 40일간 금식기도해서 받은 것이 아닙니다. 주님께서 세우셔서 나가니 그들에게서 능력이 나갑니다. 능력은 예수님의 이름에 있는 것입니다. 예수님의 복음에 있는 것입니다. 그래서 그들이 나가니 병이 낫고, 귀신이 떠나가고, 복음을 전하니 사람들이 예수님을 믿게 됩니다.

70명이 기뻐하며 돌아와 예수님께 아룁니다.

"주여! 주의 이름이면 귀신들도 우리에게 항복하더이다."

그때 예수님께서 "그래, 사탄이 하늘에서 번개처럼 떨어지는 것을 내가 보았노라. 내가 너희에게 뱀과 전갈을 밟으며 원수의 모든 능력을 제어할 권세를 주었으니 결단코 너희를 해칠 자가 없으리라. 그러나 귀신들이 너희에게 항복하는 것으로 기뻐하지 말고 너희 이름이 하늘나라에 기록된 것으로 인하여 기뻐하라"고 말씀하십니다.

이름이 하늘나라에 기록된 것, 이것이 가장 큰 기쁨입니다.

예수 그리스도를 통해서만 기록되는 이름

그러면 어떤 사람의 이름이 하늘나라 생명책에 기록됩니까?

다른 길이 없습니다. 하나님의 아들 예수 그리스도, 만민의 죄를 지시고 십자가에서 피 흘리신 예수 그리스도, 3일 만에 부활하신 예수 그리스도, 40일 만에 승천하신 예수 그리스도, 자기 대신에 성령을 보내주신 예수 그리스도, 머지않아 다시 우리를 데리러 오실 예수 그리스도를 구세주로 믿는 사람의 이름만 기록됩니다.

마태복음 11장 12절에 "세례 요한의 때부터 지금까지 천국은 침노를 당하나니 침노하는 자는 빼앗느니라"라고 말씀하셨습니다. 이 말씀은 열심히 기도하고 열심히 은혜를 사모하는 자가 천국의 축복을 빼앗는다는 뜻도 있지만 좀 더 깊이 살펴보면 천국은 예수님을 통해서 침노를 당한다는 것입니다. 왜냐하면 '세례 요한의 때부터 지금까지'라고 말씀하셨기 때문입니다.

세례 요한의 때가 언제입니까? 예수님께서 출현하시는 때입니다. 세례 요한은 자기를 내세우려고 나온 것이 아니라 예수님께서 오실 길을 닦으러 왔습니다. 그가 6개월 동안 세례를 주면서 그 길을 안내했을 때, 예수님께서 나오십니다.

그때 세례 요한이 예수님을 보고 깜짝 놀라며 "보라! 세상 죄를 지고 가는 하나님의 어린양이로다. 바로 저분이 내가 전에 말했던 그분이다. 나는 물로 너희에게 세례를 주거니와 저분은 너희에게 성령의 불로 세례를 주시리라. 나는 저분의 신발 끈을 푸는 것도 감당치 못하겠노라"라고 했습니다.

그러니 '그때부터 지금까지 천국은 침노를 당하나니'라는 말씀은 '예수님을 통해서 천국은 침노를 당한다'는 말씀입니다. 예수님을 통해서 아버지 나라에 가는 것입니다. 요한복음 14장 6절에도 예수님께서 "나로 말미암지 않고는 아버지께로 올 자가 없느니라"라고 말씀하셨습니다.

이슬람교도 하나님을 믿습니다. 그러나 예수님 없는 하나님을 믿으니 하나님 나라에 갈 수 없고, 생명책에 기록될 수도 없습니다. 불교에서도, 혹은 다른 종교에서도 하늘나라를 믿는다고 합니다. 그러나 예수님 없이는 그 나라에 갈 수도 없고, 생명책에 기록될 수도 없습니다. 오직 예수님만이 하늘나라로 가는 사닥다리입니다. 하늘나라로 가는 길은 오직 한 길입니다. 그러므로 예수님을 영접한 자만 하나님의 자녀가 되고, 그 이름이 생명책에 기록되는 것입니다.

예수님을 구세주로 믿으시면 '아멘' 하십시다.

십자가에 달리신 예수님을 믿으시면 '아멘' 하십시다.

부활하신 주님을 믿으시면 '아멘' 하십시다.

다시 재림하실 주님을 믿으시면 '아멘' 하십시다.

'아멘' 하신 분의 이름은 하늘나라에 기록되어 있습니다. 생명책에 기록되어 있습니다. 이것을 의심할 필요가 없습니다.

아무나 믿는 것이 아니라 하나님께서 택하신 사람만 믿게 되는 것입니다.

"주께서 사랑하시는 형제들아 우리가 항상 너희에 관하여 마땅히 하나님께 감사할 것은 하나님이 처음부터 너희를 택하사 성령의 거룩하게 하심과 진리를 믿음으로 구원을 받게 하심이니"(살후 2:13).

하나님께서 택하신 사람만 믿게 됩니다. 성령님께서 감동해 주셔야 믿게 됩니다. 그래서 우리가 믿는 것은 성령님의 감동을 받은 증거요, 우리의 이름이 하늘나라에 기록된 증거입니다.

그러면 그 이름이 하늘나라에 기록된, 생명책에 기록된 사람들이 누리는 축복이 무엇입니까? 생명책에 이름이 기록된 사람은 절대로 이단과 사이비에 넘어가지 않습니다.

"죽임을 당한 어린양의 생명책에 창세 이후로 이름이 기록되지 못하고 이 땅에 사는 자들은 다 그 짐승에게 경배하리라"(계 13:8).

"땅에 사는 자들로서 창세 이후로 그 이름이 생명책에 기록되지 못한 자들이 이전에 있었다가 지금은 없으나 장차 나올 짐승을 보고 놀랍게 여기리라"(계 17:8).

놀랍게 여긴다는 것은 놀랍게 여겨 따른다는 것입니다. 그러므로 이 말씀은 문선명, 박태선 같은 이단들, 구원파나 여호와의증인 같은 이단들이 나타나도 그 이름이 하나님의 생명책에 기록된 사람은 거기에 물들지 않는다는 것입니다. 그리로 따라가지 않는다는 것입니다. 가끔 이단 바람이 불 때 그리로 따라가서 망하는 사람들이 생기기도 합니다. 그럴 때 제가 '아이고! 우리 교우들을 하나라도 잃으면 안 되는데…' 하고 걱정하기도 합니다. 그러나 이 말씀을 읽다 보면 걱정이 없어집니다.

하나님께서 구원하신 사람은 이단에게 넘어가지 않습니다. 그래서 이단에 넘어간 사람은 한두 번 권고한 다음에 멀리하라고 하셨습니다.

"이단에 속한 사람을 한두 번 훈계한 후에 멀리하라 이러한 사람은 네가 아는 바와 같이 부패하여 스스로 정죄한 자로서 죄를 짓느니라"(딛 3:10–11).

예수 안에 있는 자에게는 정죄함이 없습니다. 그런데 그들은 스스로 정죄함에 빠진 자라고 말씀하셨습니다. 구원받지 못할 사람이니 버리라고 하셨습니다.

요한이서 1장 10-11절에도 "누구든지 이 교훈을 가지지 않고 너희에게 나아가거든 그를 집에 들이지도 말고 인사도 하지 말라 그에게 인사하는 자는 그 악한 일에 참여하는 자임이라"고 말씀하고 있습니다.

집에 들이지도 말고 인사도 하지 말라는 것은 상종하지 말라는 것입니다. 왜입니까? 그 사람을 권면해 보았자 안 된다는 것입니다. 이단에 넘어가는 자는 택함 받지 않은 자입니다. 그러나 하나님의 생명책에 그 이름이 기록된 자는 어떤 거센 이단의 바람이 불어도 하나님께서 보호하셔서 이단에 넘어가지 않습니다.

생명책에 기록된 자들이 누리는 축복

하나님의 생명책에 그 이름이 기록된 사람은 아무리 핍박이 밀려와도 그 핍박을 이겨냅니다. 하나님께서 힘을 주시기 때문입니다.

"또 미리 정하신 그들을 또한 부르시고 부르신 그들을 또한 의롭다 하시고 의롭다 하신 그들을 또한 영화롭게 하셨느니라 그런즉 이 일에 대하여 우리가 무슨 말 하리요 만일 하나님이 우리를 위하시면 누가 우리를 대적하리요 자기 아들을 아끼지 아니하시고 우리 모든 사람을 위하여 내주신 이가 어찌 그 아들과 함께 모든 것을 우리에게 주시지 아니하겠느냐 누가 능히 하나님께서 택하신 자들을 고발하리요 의롭다 하신 이는 하나님이시니 누가 정죄하리요 죽으실 뿐 아니라 다시 살아나신 이는 그리스도 예수시니 그는 하나님 우편에 계신 자요 우리를 위하여 간구하시는 자시니라 누가 우리를 그리스도의 사랑에서 끊으리요 환난이나 곤고나 박해나 기근이나 적신이나 위험이나 칼이랴 기록된 바 우리가 종일 주를 위하여 죽임을 당하게 되며 도살 당할 양같이 여김을 받았나이다 함과 같으니라 그러나 이 모든 일에 우리를 사랑하시는 이로 말미암아 우리가 넉넉히 이기느니라 내가 확신하노니 사망이나 생명이나 천사들이나 권세자들이나 현재 일이나 장래 일이나 능력이나 높음이나 깊음이나 다른 어떤 피조물이라도 우리를 우리 주 그리스도 예수 안에 있는 하나님의 사랑에서 끊을 수 없으리라"(롬 8:30-39).

핍박이, 환난이, 곤고가 동남풍처럼, 서북풍처럼 불어와도 그 이름이 생명책에 기록된 우리는 하나님께서 그 모든 것을 이기게 하십니다. 이것을 믿으시기 바랍니다.

얼마 전에 저희 어머니께서 제가 교회학교에서 가르쳤던 한 여학생의 이야기를 해주셨습니다. 그의 아버지는 공무원이고 마을의 유지라 떵떵거리며 사셨는데 딸이 교회에 가는 것을 아주 싫어하셨습니다. 하루는 주일에 교회에서 예배를 드리는데 그분이 들어오시더니 그 많은 사람들 앞에서 딸의 머리채를 잡고 개처럼 끌고 나가셨습니다. 그리고 딸을 집으로 데리고 가서는 교회에 가지 못하도록 기둥에 묶어 놓고 들에 나가셨습니다. 이웃 사람들이 기둥에 묶여 있는 딸을 보고 풀어 주었습니다. 묶인 것이 풀리자마자 딸이 쏜살같이 교회에 달려와 예배를 드렸습니다. 그가 결혼할 때까지 그렇게 핍박을 받으며 교회를 다녔습니다.

그런데 그 아버지께서 세상을 떠나실 때가 되니 날마다 그 딸의 집에 가고 싶다고 하셨답니다. 잘사는 아들들이 있는데도 아들들에게는 가기 싫어하고 그 딸에게 가고 싶어 하셨다는 것입니다. 그래서 그분께서 딸네 집으로 가셨답니다.

그렇게 예수님을 믿는 딸이 아버지를 그냥 두겠습니까? 몇 달이 지나니 아버지도, 어머니도 "나도 예수를 믿겠다"라고 하셔서 두 분 다 구원을 받으신 것입니다.

아버지가 이겼습니까, 딸이 이겼습니까? 약한 딸이 이겼습니다. 주님께서 이기게 하시는 것입니다. 그 여학생이 지금 장로님 부인이 되어 있습니다.

주님께서는 우리를 이기게 하십니다. 환난이나 핍박이나 칼이나 적신이나 기근이나 그 무슨 일이라도, 천사나 권세자나 현재 일이나 장래 일이나 높음이나 낮음이나 깊음이나 그 무엇도, 어떤 피조물도 예수 안에 있는 자를 꺾지 못하는 것입니다.

여러분, 미래를 걱정하지 마시기 바랍니다. 우리 주님께서 이기게 하십니다. 그리고 우리가 어디에 가든 보호해 주십니다.

생명책에 기록된 자들의 여유 있는 삶

그러면 이제 우리는 어떻게 살아야 합니까?

우리는 가만히 있어도 이기고, 가만히 있어도 보호받고, 죽으면 그 순간에 하늘나라로 가니 얼마나 좋습니까?

제가 서울에 부흥회를 인도하러 가서 모 회사 사장님의 집인 아주 넓은 아파트에 가봤는데 엄청 좋았습니다. 그런데 그 옆집은 그 아파트 두 채를 터서 한 집에서 사용한다고 했습니다. 그러니 그 집은 얼마나 넓고 좋겠습니까?

우리가 좋은 곳을 보면 천국처럼 좋다고 말하는데, 진짜 천국은 얼마나 좋겠습니까? 그 천국을 생각해 보시기 바랍니다.

예수님을 믿는 우리는 집을 거지처럼 해놓고 살면 안 됩니다. 우리는 천국에 갈 사람이니 우리 집을 천국처럼 가꾸며 살아야 할 줄 믿습니다. 그러나 이 세상의 집은 아무리 가꾸어 봐도 천국의 그림자보다 못합니다. 이제 우리는 이 세상에서 환난을 당해도 보호를 받고 이기며, 죽어도 그 멋진 천국에 가니 어떻게 살아야 하겠습니까? 따라 하시기 바랍니다.

"좀 여유 있게 살자."

요즘 사람들은 너무 정신없이 뛰어다닙니다. 여기 뛰다 저기 뛰다, 여기 왔다 학원에 갔다, 그러다가 그만 스무 살이 됩니다. 이 아가씨 만났다 저 아가씨 만났다, 그러다가 군에 갔다 와서 어쩌다 보면 마흔 살이 됩니다. 또 회사 갔다 집에 왔다, 회사 갔다 집에 왔다 술집에 갔다, 그러다가 예순 살이 되고, 운동하러 갔다 왔다, 그러다 보면 여든 살이 됩니다. 그러다가 죽을 때 '내가 왜 왔다갔다했노? 왔다갔다한 게 뭐가 남았노?' 하게 됩니다. 바짝 신경을 쓰고 사는데, 죽을 때는 '왜 그렇게 신경을 바짝 썼노?' 하는 것입니다.

예수님을 믿지 않는 사람들은 그렇게 신경을 바짝 쓰며 살아도 예수님을 믿는 우리는 미래가 다 결정되어 있으니 여유 있게 살아야 합니다. 시험을 친 후 그 시험에 붙을까 떨어질까 알지 못할 때 걱정이 되지, 붙은 것을 확실히 아는 사람은 걱정하지 않습니다. 합격자 발표를 앞두고 모두 가슴이 조마조마해도 확실히 붙은 것을 아는 사람은 여유가 있는 것입니다. 그러므로 우리는 여유 있게, 편하게 살아야 합니다.

서울의 어느 노인이 언제나 허허허 웃으며 너무나 낙천적으로 사니 사람들이 그 노인을 시험해 보기로 했습니다. 먼저 한 사람이 와서 "어르신! 어르신! 큰일 났습니다. 남산이 무너졌습니다"라고 했습니다. 그 노인이 조금도 놀라지 않고 "산도 너무 묵었으니 그만하면 무너질 만하지요"라고 했습니다.

그러자 다른 한 사람이 말했습니다.
"에이, 산이 어떻게 무너집니까? 안 무너졌습니다."
"그렇지요. 산이란 위는 뾰족하고 아래는 넓어서 잘 안 무너지지요."

조금 후에 또 어떤 사람이 와서 말했습니다.

"아이고! 어르신, 해괴한 일이 다 있어요. 소가 쥐구멍으로 들어갔어요."

"소는 너무 우직해서 그럴 수도 있을 거요."

그러자 그 옆에 있던 사람이 말했습니다.

"어르신, 믿지 마세요. 그렇게 큰 소가 어떻게 쥐구멍으로 들어갑니까?"

"그 말도 맞소. 소의 뿔이 쥐구멍에 걸려서 못 들어갈 거요."

"어르신은 도대체 어떤 분이에요? 이래도 좋고 저래도 좋고, 왜 그래요?"

"허허, 남산이 무너지면 어떻고 안 무너지면 어떻소? 소가 쥐구멍에 들어가면 어떻고 안 들어가면 어떻소? 이래도 저래도 무슨 상관이오? 나는 그저 편하게 사오."

여러분, 그 노인의 말대로 남산이 무너지면 어떻고 안 무너지면 어떻습니까?

그런데 교우들 중에서도 일이 잘되면 얼굴에 생기가 돌고 걸음도 가뿐가뿐 걷다가 일이 조금 안 되면 축 처지는 분들이 있습니다. 장사가 잘되면 신바람이 나서 웃다가 장사가 안 되면 얼굴이 어두워지는 분들이 있습니다.

원래 세상일은 잘되다가 안 되다가, 오르락내리락하는 것입니다. 그러니 일이 잘될 때나 안 될 때나 '아! 그럴 수 있지' 하며 살아야 합니다. 상황 따라, 형편 따라 사는 사람은 예수로 사는 사람이 아닙니다. 물론 세상일도 이 세상에 살 때는 필요하니 자신이 하고 있는 일을 잘하고 직장생활도 잘해야 하지만 그 이름이 생명책에 기록된 사람은 이래도 저래도 주님의 보호를 받고, 죽어도 천국에 가니 여유 있게 살아야 합니다.

생명책에 기록된 자들이 감당해야 할 의무

로마 시민권자는 로마가 보호해 줍니다. 사도행전 22장을 보면, 로마 시민권자인 사도 바울이 보호받는 내용이 나옵니다. 사도 바울의 말을 듣던 사람들이 소리를 지르며 소란을 피우자 천부장이 "이 사람 때문에 성이 소란스러우니 이 사람을 묶어가서 채찍질하여 심문하라"고 합니다. 그래서 백부장이 부하들을 데리고 가서 바울을 밧줄로 묶고 매로 치게 합니다. 그때 바울이 "백부장, 로마 시민권자인 나를 죄도 정하지 않고 이렇게 묶고 채찍질할 수 있소?"라고 하니 백부장이 파랗게 질린 얼굴로 묻습니다.

"당신이 로마 시민권자요?"

"그렇소."

백부장이 바로 천부장에게 가서 "저 사람은 로마 시민권자입니다"라고 하자 천부장이 친히 와서 바울에게 묻습니다.

"당신이 로마 시민권자요?"

"그렇소."

"나도 시민권자인데 나는 돈을 많이 들여 시민권자가 되었소. 당신은 어떻게 시민권자가 되었소?"

"나는 태어나면서부터 시민권자요."

그러자 천부장이 묶은 것을 빨리 풀어 주게 하고 잘못했다고, 미안하다고 합니다.

로마 시민권자는 로마가 지켜 주기 때문입니다.

지금은 세계 최대 강국이 미국입니다. 그래서 미국 사람들은 세계 어디를 다녀도 여유롭습니다. 최대 강국인 미국의 보호를 받기 때문입니다.

마찬가지로 하나님의 시민권자, 천국의 시민권자는 천국의 천사들이 지켜 줍니다.

그런데 로마의 보호를 받는 로마 시민은 로마 시민의 의무를 감당해야 합니다. 또 미국 국민은 미국 국민의 의무를 감당해야 합니다. 그래서 세금을 내야 되고, 미국의 명예를 지켜야 합니다.

이처럼 하나님의 명예로운 시민권자가 된 우리도 천국시민권자로서의 우리의 의무를 잘 감당해야 합니다. 주일도 잘 지키고, 십일조도 잘 하고, 정직하게 살고, 하나님의 명예를 높여 드려야 합니다. 그러면서 하나님께서 가장 기뻐하시는 일을 많이 해야 합니다. 그 일이 무엇입니까? 복음을 전하는 일입니다. 우리 모두 많은 영혼을 낚는 낚시꾼이 될 수 있기 바랍니다.

제가 우리 교회 어느 집사님이 낚시하는 것을 구경하는 꿈을 꾸었습니다. 그분이 낚싯대를 던지니 아주 큰 물고기가 달려와 물었습니다. 낚싯바늘이 네 개인데 세 마리가 달려 올라왔습니다. 그래서 '낚싯바늘 한 개는 비었구나' 하는데 물고기 한 마리가 뛰어올라서 그 낚싯바늘을 물었습니다. 꿈에서지만 한 낚싯대에 물고기 네 마리가 걸리는 것을 처음 보았습니다. 그때 제가 '아하! 우리 집사님은 정말 멋진 낚시꾼이구나'라고 생각했습니다.

실제로 그 집사님처럼 전도를 많이 하시는 분은 거의 없습니다.

그 집사님께서 척 걸면 모두가 따라오십니다. 다른 집사님이 아무리 전도해도 교회에 안 나오던 분이 우리 집사님께서 "교회에 갑시다"라고 하시면 "예, 가지요" 하고 따라오시는 것입니다. 정말 대단한 집사님이십니다.

우리 모두 세상일도 열심히 해야 되지만 하늘나라에 가서 하나님 앞에서 자랑할 수 있는, 영혼을 낚는 일을 많이 할 수 있기를 축원합니다.

헛짓을 너무 많이 하면 안 됩니다.

위나라의 의공은 학을 사랑해서 왕이 된 다음에도 학에게 좋은 것을 다 먹이고, 심지어 학에게 벼슬까지 주었습니다. 학을 바치는 사람에게는 상을 주었습니다. 백성이나 군사들이 굶주려도 돌보지 않고 학만 좋아하니 의공이 행차하면 수천, 수만 마리의 학이 따라다녔습니다. 그런 의공이 왕이 된 지 9년 만에 북진이 쳐들어왔는데, 군사들이 다 도망을 갔습니다. 도망가는 군사들을 붙잡고 물었습니다.

"전쟁이 터졌는데 왜 도망가느냐?"

그러자 군사들이 "임금님을 위해 싸울 군사가 있지 않습니까?"라고 했습니다.

"군사가 있다고? 그 군사가 어디 있느냐?"

"학들이지요."

"학이 어떻게 싸우느냐?"

"싸움도 못하는 학을 왜 그렇게 사랑하고 먹였습니까? 군사는 굶기고…"

모든 군사가 학만 좋아하는 왕을 버리고 도망을 가서 왕이 전쟁터에서 칼에 난자당해 비참하게 죽었습니다. 군사를 길렀으면 나라가 강해서 죽지 않았을 텐데, 헛짓을 한 것입니다.

오늘 내가 좋아하는 것, 내 취미생활만 하다가 마지막에 "헛짓했네. 헛짓했네"라고 하는 사람이 없기 바랍니다. 마지막에 주님 앞에 설 때 '그래, 내가 참 잘 살았다. 지금 생각해도 잘했다' 하는 그런 가치 있는 귀한 일, 하늘나라 시민권자로서의 의무를 잘 감당하는 여러분과 제가 될 수 있기를 축원합니다.

4
하나님의 전

(에스라 2:68-70)

어떤 족장들이 예루살렘에 있는 여호와의 성전 터에 이르러 하나님의 전을 그곳에 다시 건축하려고 예물을 기쁘게 드리되 힘자라는 대로 공사하는 금고에 들이니 금이 육만 천 다릭이요 은이 오천 마네요 제사장의 옷이 백 벌이었더라 이에 제사장들과 레위 사람들과 백성 몇과 노래하는 자들과 문지기들과 느디님 사람들이 각자의 성읍에 살았고 이스라엘 무리도 각자의 성읍에 살았더라

하나님께서 하시면 꿈같은 일이 이 세상에서 일어납니다.
바벨론 포로로 끌려갔던 이스라엘 백성이 고국으로 돌아온다는

것은 꿈에도 생각하지 못할 일인데, 하나님께서 고레스 왕의 마음을 감동시키셔서 고레스 왕이 "이스라엘 백성은 누구든지 본국으로 돌아가라"는 특혜를 주었습니다. 그리고 자기 백성들에게 이스라엘 백성이 본국에 돌아가서 성전을 지을 수 있도록 필요한 모든 것을 도와주라고 했습니다.

하나님께서 감동시키시니 하나님을 믿지도 않는 사람이 그렇게 한 것입니다. 하나님께서 하시면 대한민국의 온 국민이 몽땅 하나님의 교회로 오게 될 줄 믿습니다. 하나님께서 하시면 못하실 일이 없습니다.

그런데 그 귀한 기회가 주어져도 다 돌아온 것이 아니라 그곳에 남아 있는 사람들도 있었습니다. 42,360명만 돌아왔는데, 그 외에 찬양대 200명과 노예 7,337명도 함께 왔습니다. 그들은 말 736마리, 노새 245마리, 낙타 435마리, 나귀 6,720마리에 금과 은, 보배를 싣고, 느부갓네살 왕이 예루살렘 성전에서 빼앗아 갔던 모든 것을 다 돌려받아 싣고 무사히 예루살렘에 도착했습니다.

모두가 자기들의 옛날 집, 친척 집, 또 자기가 묵을 집을 찾아갔습니다. 그런데 어떤 족장들은 자기가 묵을 집으로 가지 않고 비록 허물어졌지만 하나님의 성전이 있던 성전 터로 갑니다. '족장'은 가문의 지도자, 가문의 우두머리입니다. 몇 사람만 있는 가문이 아니라 수백 명 가문의 우두머리를 말합니다. 믿음이 좋은 족장들이 성전 터에 와서 기도하고는 하나님의 성전을 짓기로 합니다.

이제 방금 옮겨왔으니 자기 집도 지어야 하고, 텐트라도 치고 살려면 할 일이 많을 텐데 우선 하나님의 집을 짓자고 한 것입니다. 마치 청교도들이 미국에 가서 자기들 살 집을 짓기 전에, 학교를 짓기 전에 교회부터 지은 것처럼 먼저 하나님의 성전을 건축하기로 한 것입니다.

그리고 헌금을 했습니다. 그 당시 페르시아에서 가장 귀한 돈이 금돈이었는데 금돈을 아낌없이 내놓아 61,000다릭이나 되었습니다. 킬로그램으로 계산하면 대략 500kg입니다. 금 1kg만 들고 나와도 여러분의 눈이 번쩍 뜨일 건데, 1kg짜리 금이 500덩어리입니다. 또 은이 5,000마네(2,800kg)였습니다. 또 헌금한 것 중에는 제사장의 옷 백 벌도 있었습니다. 그 족장들이 이렇게 성전 지을 계획을 하고 기뻐합니다. 그렇게 많은 금과 은을 바치고도 즐거워서 어쩔 줄 모릅니다.

오늘 본문을 통해 성령님께서 우리에게도 교훈해 주셔서 저와 여러분의 믿음과 가슴도 족장들의 믿음과 가슴이 될 수 있기를 축원합니다.

하나님을 삶의 우선순위로 둔 사람들

이 족장들은 왜 자기 집으로, 친척 집으로 가지 않고 하나님의 성전 터로 왔을까요?

하나님을 자기 삶의 가장 우선순위에 둔 사람들이기 때문입니다.

하나님을 자기 삶의 가장 우선순위에 두니 자기 집보다 하나님의 집을 먼저 찾은 것입니다.

대단히 송구스러운 말씀입니다만, 제가 철들고부터 오늘까지 고향에 가면 한 번도 저희 집으로 먼저 간 적이 없습니다. 주차하자마자 바로 교회에 가서 기도한 다음에 집으로 가서 어머니께 인사드렸습니다. 군에 입대해서 휴가를 왔을 때에도 엄마가 보고 싶어 미칠 것 같아도 교회에 가서 기도한 다음에 집으로 가서 어머니를 뵈었습니다. 왜입니까? 저희 집도 중하고 어머니도 중하지만 하나님이 더 중하시기 때문입니다. 아내가 귀하면 처갓집 울타리도 귀하다는 말을 합니다. 하나님이 귀하면 하나님의 성전도 귀합니다. 성전은 하나님의 집이기 때문입니다.

요한복음 2장 16절을 보면, 예수님께서 성전을 "내 아버지 집"이라고 말씀하셨습니다. 이 성전은 바로 여러분과 저의 아버지, 하나님의 집입니다. 하나님의 집에서 우리가 하나님을 예배하고 하나님의 용서를 받고 하나님의 축복을 받습니다. 응답을 받습니다.

그리고 우리가 모든 예물을 하나님의 집에 갖고 옵니다. 출애굽기 23장 19절에 "네 토지에서 처음 거둔 열매의 가장 좋은 것을 가져다가 너의 하나님 여호와의 전에 드릴지니라"라고 말씀하십니다. 하나님께 드릴 예물을 시청에, 도청에, 청와대에 드리면 통하지 않습니다. 하나님께 드릴 것은 하나님의 집에서 드려야 합니다.

예배도 하나님의 집에서 드려야 합니다. 아무리 텔레비전에 설교가 나오고, 라디오에 설교가 나와도 주일에 집에서 예배하는 것은 예배가 아닙니다. 하나님을 업신여기는 것입니다. 하나님의 집에 나와서 예배해야 예배인 것입니다. 저도 텔레비전을 통해 설교를 하고 텔레비전 설교를 통해 은혜를 받지만 주일예배, 수요예배를 텔레비전과 바꾸는 것은 마귀의 유혹입니다. 성전을 귀히 여길 수 있기 바랍니다.

어느 나이 든 부인이 신장이 좋지 않아 이식수술을 했는데 거부반응이 일어나 몇 달 뒤에 돌아가셨습니다. 미국에서 유학 중이던 아들이 장례식이 끝난 다음에 왔습니다. 어머니의 유해도 보지 못한 아들이 어머니 방에 들어가서 어머니의 옷을 부여잡고 얼마나 울었는지 모릅니다. 그리고 어머니가 보고 싶을 때 보려고 어머니의 옷을 가지고 미국으로 갔습니다. 어머니를 사랑하면 어머니의 옷도 귀하고 어머니의 방도 귀한 것입니다.

우리가 정말 하나님을 사랑하고 하나님을 첫째로 여기면 하나님의 집도 귀한 것입니다. 다윗을 보십시오. 다윗은 하나님을 사랑하니 전쟁을 치르고 나라가 안정되자 자신은 백향목 궁에 거하는데 하나님의 법궤는 휘장 가운데 있는 것을 알고 깜짝 놀랍니다. 그래서 나단 선지자를 불러 "아무것도 아닌 나는 백향목 궁에 거하는데 하나님의 법궤는 휘장 가운데 있어요. 하나님의 성전을 짓겠어요"라고 합니다.

나단 선지가가 "왕이여, 좋은 생각을 하셨습니다. 하나님께서 기뻐하실 것입니다"라고 했는데, 하나님께서 나단 선지자에게 임하셔서 말씀하십니다.

"안 된다. 다윗은 피를 많이 흘려서 그 손으로 내 집을 짓지 못한다. 내 집은 평화의 집이라. 그의 아들 솔로몬이 지을 것이라 하라."

다윗은 성전을 지을 수 없어 마음이 아픕니다. 그래서 자기는 성전을 짓지 못하지만 성전을 짓도록 자기 창고를 열어 금과 은, 보배를 다 바칩니다. 그러고 나니 얼마나 기쁜지, 그 기쁨을 이기지 못하는 것입니다. 자기의 것을 다 바치고도 왜 그렇게 기쁩니까? 하나님을 귀히 여기니 성전도 귀하기 때문입니다.

또 다윗은 성전에 가는 것을 기뻐하였습니다.

"사람이 내게 말하기를 여호와의 집에 올라가자 할 때에 내가 기뻐 하였도다"(시 122:1).

여러분! 교회에 올 때 기뻐하시기 바랍니다.

"아! 주일 예배 시간이네" 하고 기뻐하고, "오! 주일 밤 예배네" 하며 기뻐하고, "수요 예배네!" 하며 기뻐하고, "새벽기도회, 좋아라!" 하며 기뻐할 수 있기 바랍니다. 그러면 하나님께서 얼마나 예뻐하시겠습니까?

그런데 사울 왕은 성전과 상관없이 살았습니다. 하나님의 법궤가 천막에 있든 비를 맞든 상관없이 자기 집을 짓고, 자기 기념비를 세웠습니다. 하나님께서 그와 그 아들 셋을 한 자리에서 죽게 하셨습니다. 그러나 하나님을 사랑하고 성전을 사랑한 다윗 왕은 늙도록 존귀하고 부하게 되었습니다.

돈을 첫째 자리에, 직장을, 사업을, 사람을 첫째로 두면 지혜로운 것 같아도 그것은 결국 망하는 길입니다. 하나님을 첫째 자리에, 그다음으로 자식, 부모, 사업을 둘 때 자식도 되고, 부모도 되고, 사업도 되는 것입니다. 자기 사람, 자기 직업, 자기의 것을 첫째로 하고, 그다음에 하나님을 두면 하나님께서 싫어하십니다.

만왕의 왕 하나님을 직장보다도, 사업보다도, 사람보다도 더 못하게 취급하면 하나님께서 어떻게 그 자리에 계시겠습니까? 창원시에 대통령을 모셔놓고는 제일 높은 자리에는 도지사, 그다음에 시장, 셋째 자리에 대통령을 앉게 하면 되겠습니까?

북한이 50년 전에 교회 문을 다 닫고 목사님들을 순교시키고, 장로님들을 박해했습니다. 그런 북한이 어떻게 되었습니까? 배고픈 나라가 되었습니다.

그러나 우리 남한은 이렇게 십자가를 세워 놓고 예배하며 하나님을 섬기니 이제는 북한이 따라올 수 없는 강한 나라가 되었습니다. 국기에 십자가가 들어 있는 나라가 열일곱 나라입니다. 국기에 십자가 마크가 있는 나라들 중에 선진국이 아닌 나라가 없습니다. 못사는 나라가 없습니다. 하나님을 귀히 여기고 성전을 귀히 여기면 하나님께서 기뻐하시어 복을 내려 주시는 것입니다. 언제나 하나님을 사랑하고 주의 성전을 사랑하는 우리 모두가 되기 바랍니다.

내 주의 나라와 주 계신 성전과
피 흘려 사신 교회를 늘 사랑합니다 (찬송가 208장)

"주의 궁정에서의 한 날이 다른 곳에서의 천 날보다 나은즉 악인의 장막에 사는 것보다 내 하나님의 성전 문지기로 있는 것이 좋사오니"(시 84:10).

언제나 교회에 오기를 사모하고, 교회에 있으면 다른 곳에 가기 싫고, 예배를 마치고 집으로 갈 때 자꾸 뒤를 돌아보는 사람이 복이 있습니다. 축도를 마치자마자 바쁘게 나가는 사람이 아니라 축도를 마친 후에도 기도하고, '아이고! 이제 가야 되나?' 하며 교회에서 돌아가는 걸음은 느리고 교회에 올 때는 걸음이 빠른, 그런 복 있는 삶이 될 수 있기를 축원합니다.

교회를 일으키는 성도들

족장들이 "성전을 다시 세우자"라고 합니다.

4만 명이 넘는 사람들, 노예들까지 약 5만 명의 사람들이 왔는데, 그들 중에서 '하나님의 성전을 다시 지어야 되겠다'는 뜨거운 마음, 끓어오르는 마음이 있는 사람은 많지 않았습니다.

오늘날에도 마찬가지입니다. 교회에 성도들이 많지만 교회를 일으키려는 마음이 타오르는 사람은 많지 않습니다. 건물을 짓는 것만이 건축이 아닙니다. 벽돌로 지은 예배당도 하나님의 성전이지만 성도의 몸도 성전입니다. 벽돌 한 장, 한 장을 쌓아서 집이 되듯이 한 사람, 한 사람을 전도해서 교회가 되는 것입니다.

예루살렘으로 돌아온 사람들 중에 성전을 짓자고 하는 사람들이 적었던 것처럼, 오늘도 '내가 전도해서 우리 교회를 일으켜야' 하는 사람이 적은 것입니다.

우리는 이 적은 숫자에 속하기를 바랍니다. 5천 명의 무리보다 70명 전도대에 속하는 것이 좋고, 70명 전도대보다 열두 제자에 속하는 것이 좋습니다.

따라 하시기 바랍니다.

"내가 우리 교회를 일으켜야지. 내가 영혼을 구원해야지."

이런 마음을 품을 때 복 있는 사람이 되는 줄 믿습니다.

그리고 이들은 하나님 앞에 금 500kg, 은 2,800kg, 귀한 옷 백 벌을 바치면서도 기뻐했습니다. 아주 즐거운 마음으로 바쳤습니다.

혹시 주님 앞에 바칠 때 빼앗기는 것 같은 마음으로 바치지는 않는지 생각해 보시기 바랍니다. 십일조를 드리고, 감사헌금을 드리고,

선교헌금을 드릴 때 어떠한 마음으로 드리십니까? 수입이 백만 원일 때 십일조 십만 원을 바치기는 쉽지만, 수입이 천만 원이 되어 백만 원을 바치려면 조금 아까운 생각이 들 수도 있고, 수입이 일억 원이 되어 천만 원을 바치려면 손이 떨릴 수도 있습니다. 그러나 생각을 바꾸어 보십시오. 십일조를 천만 원 바치게 된다면 나를 위해 구천만 원을 쓸 수 있습니다. 그러니 얼마나 감사한 일입니까?

스펄전 목사님이 세상을 떠나시면서 그의 곁에 서 있는 제자들에게 "나의 신학을 네 단어로 말하노라. Jesus died for me"(예수님은 나를 위해 죽으셨다)라고 하셨답니다. 예수님께서 나를 위해 죽으셨다면 나도 예수님을 위해 죽을 준비가 되어 있어야 합니다. 우리가 헌금하고 얻어지는 것이 아무것도 없다 할지라도 우리 주님께 아낌없이 부어드려야 하는 것입니다. 그리고 내가 헌금으로 드린 것은 다 하늘나라에 쌓아 두는 나의 보배가 됩니다.

"너희를 위하여 보물을 땅에 쌓아 두지 말라 거기는 좀과 동록이 해하며 도둑이 구멍을 뚫고 도둑질하느니라 오직 너희를 위하여 보물을 하늘에 쌓아 두라 거기는 좀이나 동록이 해하지 못하며 도둑이 구멍을 뚫지도 못하고 도둑질도 못하느니라 네 보물이 있는 그 곳에는 네 마음도 있느니라"(마 6:19-21).

하늘에 심는 축복의 씨

사랑하는 여러분! 하늘나라에 얼마나 쌓아 두셨습니까?

"나의 모든 보배는 저 천국에 쌓였네"라고 찬송하면서도 '사실은 내 보배는 장롱 속에 있는데…'라고 생각하는 사람도 있을 수 있습니다. 은행에 예금해 놓은 것은 나의 것이고, 교회에 헌금한 것은 없어진 것이라고 생각될 수도 있습니다. 그것은 믿음이 약해서입니다. 믿음이 있으면 '나의 모든 것이 다 없어져도 주님께서 나를 위해 모든 것을 다 쏟으셨으니 나도 드려야 한다'라고 생각하게 됩니다. 그런데 하나님께서는 우리가 드린 것을 하늘나라에 쌓아 두시고, 또 땅에서는 복을 내려주십니다.

아일랜드로 이민 온 사람들이 큰 감자는 자기들이 다 먹고, 아일랜드 옥토에는 작은 감자만 심었답니다. 몇 해 동안 그렇게 큰 감자는 자기들이 먹고, 작은 감자만 심었더니 나중에는 다 작은 감자뿐이었답니다. 그래서 그때부터 작은 감자만 골라 먹고 그중에서 큰 것은 골라 씨감자로 두었다가 심었더니 감자가 점점 커졌다고 합니다. 아무리 먹는 것이 급해도 씨감자는 굵고 좋은 것으로 따로 두어야 합니다.

우리가 쓰고 먹는 것은 다 없어집니다. 하나님께 심는 것, 그것이 씨감자처럼 귀한 것입니다. 하나님께 심을 때 백 배로, 때로는 천 배로 거둡니다. 그래서 "하나님께 언제나 첫 이삭, 첫 열매, 첫 시간을 바쳐라. 귀한 것을 바쳐라. 흠 없는 것을 바쳐라"고 하시는 것입니다. 흠 있는 것은 내가 먹고 흠 없는 것을 바치고, 또 이런 마음으로 드릴 때 하나님께서는 기뻐하시고 우리에게는 복이 됩니다.

오래전, 어느 목사님께서 이런 재미있는 이야기를 해주셨습니다.

그 목사님께서는 자기 교회 성도님들이 하나님 앞에 첫 이삭을 바치지 않거나 십일조를 온전하게 바치지 않으면 마음이 아파서 견

딜 수가 없으시답니다.

'십일조를 바쳐야 저 집이 되는데…. 안 바치면 안 되는데….'

그래서 목회자부터 장로님, 온 성도들의 헌금을 '십일조 얼마, 감사헌금 얼마' 이렇게 1월부터 12월까지 통계를 내신답니다. 그리고 십일조가 온전하지 않거나 상여금을 받는 달인데 상여금의 십일조를 내지 않으면 그 집을 찾아가신답니다.

"집사님, 이번 달에 상여금을 받지 않았습니까?"

그러면 그 집사님이 머리를 긁적거린답니다.

"상여금의 십일조를 하지 않으면 좋지 않습니다. 하나님께서 돈이 없어 그러시는 것입니까? 집사님의 집이 잘되라고 그러시는 것입니다. 빨리 내세요."

그래서 십일조를 다 받아내신답니다. 목사님께서 오랫동안 조사를 해보니 첫 이삭을 바치는 가정과 십일조 하는 가정은 집안일도 잘되고 아이들도 잘되는데, 그렇지 않은 가정은 자꾸 문제가 터지더랍니다. 그래서 십일조를 철저하게 받아낸다는 것입니다.

여러분, 어차피 드려야 하니 즐겁게 드리는 헌신의 생활을 할 수 있기를 축원합니다.

금 500kg, 은 2,800kg, 백 벌의 옷을 헌금한 족장들은 그 이름이 남아 있고, 천국에서 사랑을 받습니다. 다 바치고도 존경받으며 잘 먹고 잘살다가 천국에 갔습니다. 그러나 그때 헌금하지 않은 족장들의 금, 은, 옷은 지금 어디에 있습니까? 바치지 않아도 지금 그것을 갖고 있지 못합니다. 그리고 그들은 망했습니다.

어느 왕이 인도를 정복한 다음에 행복 궁전을 지었습니다. 그리고 거기에 귀한 보배들을 다 끌어 모았습니다. 그가 죽게 되었을 때 그 보물들을 다 진열해 놓고 하나하나 만지며 "내가 이것을 구한다고 갖가지 고통과 역경을 이겨냈는데, 이것을 두고 죽어야 하다니…. 내가 이것을 두고 어디로 가야 되나? 이건 내 것인데, 이건 내 것인데…. 내가 죽으면 이게 누구의 것이 되나?" 하고 울었답니다. 그러다 죽었다고 합니다.

세상에 아무리 많이 쌓아 놓아도 이 세상을 떠날 때 하나도 갖고 가지 못합니다. 손에 있는 금반지까지 다 뽑히는 것을 보았습니다. 제가 처음 목회할 때, 어느 여자 집사님이 돌아가셔서 관에 넣는데 집사님의 아들인 어느 교회 장로님이 "어! 어머니 반지를 뽑아야 되는데…" 하면서 반지를 뽑았습니다. 그런데 잘 뽑히지 않으니 작은 아들이 "비눗물 갖고 와, 비눗물!" 해서 비눗물을 손가락에 적시니 반지가 빠졌습니다.

우리가 세상 떠날 때 아무것도 갖고 갈 수 없는데 먼저 보낼 수는 있습니다. 우리 교회에는 매주 감사하는 분들이 있습니다. 주님을 위해 아끼지 않는 분들이 있습니다. 그런 정성으로 감사하는 집은 일어나고 잘되는 것을 보게 됩니다.

하나님께서는 만홀히 여김을 받지 않으시고, 속임을 당하지 않으시고 심은 대로 거두게 하십니다. 어차피 우리가 해야 하는 것을 기쁨으로 하고, 즐겁게 하고, 아낌없이 하고, 축복의 씨를 심는 마음으로 할 수 있기 바랍니다. 헌금을 바치거나 시간을 바칠 때 믿음으로 바쳐서 우리의 헌신이 하나님의 기쁨이 되고, 우리에게는 축복이 될 수 있기를 축원합니다.

5
그들의 본성(本城)

(에스라 2:70-3:7)

이에 제사장들과 레위 사람들과 백성 몇과 노래하는 자들과 문지기들과 느디님 사람들이 각자의 성읍에 살았고 이스라엘 무리도 각자의 성읍에 살았더라 이스라엘 자손이 각자의 성읍에 살았더니 일곱째 달에 이르러 일제히 예루살렘에 모인지라 요사닥의 아들 예수아와 그의 형제 제사장들과 스알디엘의 아들 스룹바벨과 그의 형제들이 다 일어나 이스라엘 하나님의 제단을 만들고 하나님의 사람 모세의 율법에 기록한 대로 번제를 그 위에서 드리려 할새 무리가 모든 나라 백성을 두려워하여 제단을 그 터에 세우고 그 위에서 아침 저녁으로 여호와께 번제를 드리며 기록된 규례대로 초막절을 지켜 번제를 매일 정수대로 날마다 드리고 그 후에는 항상 드리는 번제와 초하루와 여호와의 모든 거룩한 절기의 번제와 사람이 여호와께 기쁘게 드리는 예물을 드리되 일곱째 달 초하루부터 비로소 여호와께 번제를 드렸으나 그때에 여호와의 성전 지대는 미처 놓지 못한지라 이에 석수와 목수에게 돈을 주고 또 시돈 사람과 두로 사람에게 먹을 것과 마실 것과 기름을 주고 바사 왕 고레스의 명령대로 백향목을 레바논에서 욥바 해변까지 운송하게 하였더라

사람은 누구나 고향을 그리워합니다. 그래서 까마귀라도 고향의 까마귀는 예쁘게 보이고, 명절이 되면 그렇게 고생을 하면서도 고향으로 가는 것입니다.

제가 우리 장로님들을 모시고 러시아에 갔을 때 러시아 사관학교의 교수이자 소령이었던 우리 동포 한 분을 만났습니다. 자기는 러시아에서 태어났지만 그 부친이 부산에서 태어나셨다고 했습니다. 부친께서 세상을 떠나실 때 자기의 손을 잡고 "얘야, 세상이 바뀌어 네가 조국에 가게 되거든 내 고향땅 부산에서 흙 한 줌 가져다가 내 무덤에 뿌려다오"라고 하셨답니다. 부친께서 돌아가신 다음에 세상이 바뀌어 정말 그분이 한국에 오게 되었고, 부산까지 가서 부산의 흙 한 줌을 가지고 돌아가 아버지의 무덤에 뿌려드렸답니다. 죽어서라도 고향땅에 가고 싶은 것이 사람의 마음입니다.

미국의 한 교민은 아침에 일어나면 자주자주 "아! 내가 왜 여기에서 사나? 내가 왜 한국에 살지 않고 여기에 와서 살지?"라고 한답니다. 이렇게 고향, 고국을 그리워하는 것은 한국 사람뿐만이 아닙니다. 미국 사람이든 영국 사람이든 프랑스 사람이든 다 고향을, 고국을 그리워합니다. 워싱턴 대통령도 "나를 고향땅에 묻어 달라"고 했습니다.

그런데 이스라엘 자손들은 70년 동안이나 고향을 떠나 남의 땅

바벨론에서 포로생활을 했습니다. 그러다가 꿈같은 일이 생겨 고향으로 가게 된 것입니다. 바벨론에서 팔레스타인까지 직선으로는 900km이지만 구부러진 길로 가면 1,400km입니다. 1,400km는 3,500리입니다. 얼마나 먼 길입니까? 당시에는 걸어가야 했으니 3~4개월이 걸립니다. 그러나 그들은 그 먼 길을 가도 기뻐했습니다.

하늘나라가 우리의 본향

이제 이스라엘 자손들은 각자의 성읍, 곧 고향에 머물게 되었습니다. 그들이 얼마나 감격했는지, 개역한글 성경에 보면 본성(本城)이라는 말이 2장 70절에 두 번, 3장 1절에 한 번, 모두 세 번이나 나옵니다.

그들이 고향땅에 와서 자리를 잡고 기뻐하며 감개무량했지만, 거기에서 오래 살지는 못했습니다. 70년이나 바벨론에서 살다 온 노인들은 몇 년 뒤에 곧 세상을 떠났고, 젊은이들도 결국은 다 세상을 떠났습니다. 고향에 돌아오긴 했지만 그 고향에서 영원히 살지는 못했습니다.

하나님의 사람인 우리의 영원한 고향은 하늘나라입니다. 저 하늘나라가 우리의 본향인 것입니다. 죄 많은 이 세상은 내 집이 아닙니다.

"그들이 이제는 더 나은 본향을 사모하니 곧 하늘에 있는 것이라 이러므로 하나님이 그들의 하나님이라 일컬음 받으심을 부끄러워하지 아니하시고 그들을 위하여 한 성을 예비하셨느니라"(히 11:16).

'태어나서 자란 곳이 고향인데, 어떻게 천국이 우리의 고향이 되나?'라고 생각하는 사람들이 있을지 모릅니다. 하지만 우리의 육신은 땅에서 났어도 우리의 영은 하늘에서 내려온 성령으로 거듭났기에 천국이 우리의 고향이 됩니다.

"내가 너희에게 실상을 말하노니 내가 떠나가는 것이 너희에게 유익이라 내가 떠나가지 아니하면 보혜사가 너희에게로 오시지 아니할 것이요 가면 내가 그를 너희에게로 보내리니"(요 16:7).

성령은 하늘에서 오신 영입니다.

사도행전 2장 1-4절을 보면, 오순절에 사람들이 한 곳에 모여 있습니다. 그곳에 급하고 강한 바람 같은 소리가 하늘에서 내려와 온 집에 가득하며 불의 혀같이 갈라지는 불덩어리 성령이 각 사람에게 임합니다. 성령의 불은 하늘에서 임한 하늘의 영입니다.

우리는 그 성령으로 거듭났습니다. 그래서 우리는 하늘에서 난 것과 똑같습니다. 그리고 우리 안에 계신 성령님께서는 하늘에서 오신 영이기에 결국 우리는 하늘나라로 올라가는 것입니다. 또 고향은 자기 부모가 사는 곳입니다. 우리의 영원한 부모는 하늘나라의 하나님이시니 우리의 본향은 하늘나라입니다.

1940년 초, 일본에서 있었던 일입니다.

여덟 살 아이가 아버지의 손목시계를 갖고 놀다가 떨어뜨려 고장을 냈습니다. 비싼 시계를 고장 냈다고 아버지가 아들을 얼마나 회초리로 때렸던지, 아들은 아버지가 너무 미워 대문에 광고문을 큼직하게 써서 붙였습니다.

'아버지를 싼 값에 판다.'

부모 없이 고아로 사는 거지가 지나가다가 그 광고문을 보았습니다. 자기는 아버지가 정말 그리워 "아버지!"라고 한 번 불러보는 것이 소원인데 아버지를 싼 값에 판다고 하니 '내가 아버지를 사자' 생각하고는 대문을 두드렸습니다. 여덟 살 먹은 아들이 나와서 물었습니다.

"왜 왔니?"

"너, 정말 아버지를 팔 거니?"

"그래, 판다."

"얼마나 받을 건데?"

"아주 싼 값에 판다."

"내가 갖고 있는 돈은 72전뿐인데…."

"괜찮다. 그거 주고 내 아버지 갖고 가라."

"너의 아버지 어디에 계시냐?"

"책상 앞에 앉아 있다."

그래서 거지 소년이 자기가 가진 돈을 그 집의 아들에게 다 주고 아버지를 데리러 갔습니다. 아버지가 자초지종을 듣고 충격을 받았습니다.

"아들아, 아빠가 잘못했다. 시계를 고장 냈다고 내가 너무 심하게 매질한 것을 용서해라. 그러나 아무리 화가 나도 아빠는 파는 것이 아니야. 아빠는 사고파는 것이 아니야."

아버지가 자기 아들에게 사과를 하고, 또 아버지가 그리워서 아버지를 산 그 거지도 버릴 수가 없어서 아들로 삼아 두 아들을 잘 길 렀다고 합니다.

여러분! 우리도 이 거지 소년과 같습니다. 예수님만 하나님의 아들이셨는데, 우리가 그 아들 예수님을 영접하므로 하나님의 아들딸이 되었습니다.

"영접하는 자 곧 그 이름을 믿는 자들에게는 하나님의 자녀가 되는 권세를 주셨으니 이는 혈통으로나 육적으로나 사람의 뜻으로 나지 아니하고 오직 하나님께로부터 난 자들이니라"(요 1:12-13).

거지 소년 같은 우리가 예수님을 믿음으로 하나님의 아들딸이 되었습니다. 그래서 아버지의 집인 천국이 우리 집이 된 것입니다. 우리가 이 세상 어디에서 살든 그것은 나그네 생활이고, 결국 우리는 아버지 나라로 갑니다.

   3. 이제껏 내가 산 것도 주님의 은혜라
      또 나를 장차 본향에 인도해 주시리
   4. 거기서 우리 영원히 주님의 은혜로
      해처럼 밝게 살면서 주 찬양하리라(찬송가 305장)

천국을 사모하며 사는 믿음

이 세상의 삶이 나그네 삶인 것을 언제나 기억하시기 바랍니다.

그러면 날씨가 더울 때도 '여행길에 더울 수도 있지' 하며 상쾌한 마음으로 지낼 수 있습니다. 또 더운 여름이 금방 지나가고 가을이 옵니다. 또 가을이 금방 가고 겨울이 옵니다. 우리 인생도 마찬가지입니다.

오래전 제가 아침에 운동하러 산에 올라갔다가 그곳에서 기도하고 계시는 우리 노회의 한 목사님을 뵈었습니다. 그 목사님께서는 은퇴하신 후 우리 교회에 출석하셨습니다. 산에서 기도하시던 그 목사님의 모습이 아직도 선한데 세상을 떠나신 지 벌써 몇 년이 지났습니다. 홀로 남으신 사모님의 얼굴이 얼마나 인자하신지 제게 따뜻한 미소를 보내주실 때마다 힘이 났습니다. 그런데 그 사모님께서도 얼마 전에 세상을 떠나셨습니다. 우리도 언젠가는 다 떠나갑니다. 우리가 모일 곳은 결국 한 곳, 천국입니다.

  1. 보아라 즐거운 우리 집 밝고도 거룩한 천국에
     거룩한 백성들 거기서 영원히 영광에 살겠네
  4. 우리의 일생이 끝나면 영원히 즐거운 곳에서
     거룩한 아버지 모시고 기쁘고 즐겁게 살겠네(찬송가 235장)

우리는 거기에서 영원히 삽니다. 먼저 간 성도들을 만나 함께 영원히 삽니다. 늘 그 나라를 사모하며 살아갈 수 있기 바랍니다.

이스라엘 백성들이 고향, 본성에 거하였지만 문제가 많았습니다. 열국의 무리들이 "야! 이스라엘 사람들이 다시 돌아왔어. 바벨론 포로에서 풀려나 돌아왔어" 하며 이스라엘 백성들을 주시합니다. 조직된 군대를 갖고 있는, 국경을 접한 열국의 사람들이 주시하니 그들은 두렵습니다. 그리고 고향이라고 찾아왔는데 성전은 무너졌고 성은 황폐하니 얼마나 문제가 많겠습니까?

여러분! 이 세상은 아무리 이상적인 곳이라도 문제가 많습니다. 미국이 좋다고 이민을 간 의사 선생님이 4·29 폭동 때 "미국이 지상천국이라 해서 왔는데 여기도 천국이 아니네요"라고 말하는 것을 들었습니다. 미국에도 지진이 일어나고, 총기사고가 있고, 강도가 있습니다. 이 세상에 문제가 없는 곳은 없습니다.

그러나 저 천국에는 사탄도 없고, 적도 없고, 죄도 없고, 유혹도 없습니다. 여기에서는 우리가 아무리 경건하게 살고자 해도 마음이 흔들릴 때가 많습니다. 하지만 천국에 가면 죄와 슬픔을 다 잊고 주님의 사랑 안에서 복락을 누리게 됩니다. 거기에는 죄도, 사탄도, 악한 사람도 없고 하나님과 천사와 거룩한 성도만 있습니다. 얼마나 즐거운 나라인지 모릅니다.

그런데 그곳에 가는 길은 멀지 않습니다. "더 가깝고 더 가깝다 하룻길 되는 내 본향 가까운 곳일세"라는 찬송가 가사도 있습니다. 그 본향은 하룻길밖에 되지 않습니다. 바벨론에서 팔레스타인까지는 3~4개월이 걸려도 우리가 가는 천국 길은 하룻길입니다. 우리가 여기에서 비행기를 타고 미국에 가는 것은 12~13시간이 걸리지만 천국은 잠시 동안 갑니다. 천국은 멀지 않습니다. 그러니 언제나 천국을 사모하며 살아야 합니다.

예배를 통해 우리를 보호해 주시는 하나님

그런데 이스라엘 백성들은 에스라 3장 1-3절을 보면, 모두 예루살렘에 모여 단을 쌓고 아침저녁으로 하나님 앞에 예배를 드립니다. 영원한 본향인 천국에 갈 사람의 가장 큰 특징은 이 세상에서 생활하는 동안 예배를 드리는 것입니다.

이스라엘 백성들이 예배를 드리는 목적은 하나님께 영광을 돌리는 것이지만 또 하나님의 보호를 받기 위해서였습니다. 그들은 사방 열국이 두려워 "하나님! 도와주세요" 하고 예배를 드린 것입니다.

예배는 하나님만 기쁘시게 해드리는 것이 아닙니다. 예배를 드리면 우리가 보호를 받습니다. 나를 사랑하는 사람, 나를 생각해 주는 사람, 나를 따르는 사람을 우리는 보호해 주고 책임져 주고 싶은 마음이 있습니다. 우리가 하나님께 예배하고 하나님을 높이면 하나님께서 우리를 책임져 주십니다.

우리가 이 세상을 살아가는 동안에는, 천당 갈 때까지 사탄이 우리를 노립니다. 이스라엘의 주변 국가들이 이스라엘 백성을 주시하듯이 마귀도 틈이 있나 없나 우리를 주시합니다. 그래서 우리에게도 때때로 두려움이 있습니다.

'사업이 안 되면 어떡할까? 부도나면 어떡할까? 직장을 잃으면 어떡할까? 아이가 교통사고를 당하면 어떻게 할까?'

우리에게는 이런저런 걱정이 있습니다. 오늘도 어느 집사님께서 손주가 자전거를 타고 나갔다가 다쳐서 응급실에 있다며 기도해 달라고 기도 카드를 주셨습니다. 세상에는 불안한 일이 있습니다. 그래서 하나님을 예배하고 "하나님, 지켜 주세요. 하나님, 도와주세요"

5_ 그들의 본성(本城)

하고 늘 하나님을 바라보아야 합니다.

우리가 날마다 예배하고 순간마다 기도하면 오늘의 아브라함처럼, 오늘의 다니엘처럼 우리를 사자 굴에서도 지켜 주시고, 아무리 악한 적들 가운데 있어도 지켜 주시는 하나님이십니다. 우리가 정말 지극정성으로 예배하면 우리가 가는 곳곳마다 하나님께서 책임져 주심을 믿으시기 바랍니다.

영주의 유명한 중학교, 고등학교의 교장을 지내신 장로님의 간증입니다.

그분은 일제강점기 때 보국대에 끌려가 한 달간 강제노동을 했습니다. 채석장에서 바위틈에 구멍을 내고 폭약을 넣은 다음 폭발시켜 바위를 깨는 일을 했습니다. 어느 날, 오전 내내 바위를 깨고 점심시간이 되어 도시락을 꺼내 놓고 기도하는데 개 한 마리가 나타나서 장로님의 도시락을 물고 도망을 갔습니다. 그러자 동료들이 킥킥거리며 "아이고, 하나님은 자기에게 기도하는 사람의 도시락도 안 지켜 주네. 무심하기도 하셔라" 하고 하나님을 조롱하고 장로님을 조롱했습니다.

장로님이 기도를 마치고 눈을 떠보니 개가 장로님의 도시락을 물고 도망을 가고 있었습니다. 그런데 쏜살같이 도망가는 것이 아니라 천천히 걸어가고 있었습니다. 장로님이 일어나 개를 붙잡으러 갔지만 개가 멈추지 않았습니다. 장로님이 빨리 달리면 개도 빨리 뛰고, 장로님이 천천히 가면 개도 천천히 가고, 마치 장로님을 놀리는 것처럼 도시락을 물고 그렇게 갔습니다.

200미터쯤 떨어진 곳에 왔을 때 "꽝" 하는 소리와 함께 바위가 치솟았습니다. 오전에 설치했던 폭약 하나가 불발로 남아 있다가 그때

터진 것입니다. 그 자리에 있던 동료들은 다 죽거나 중상을 입고, 장로님만 무사했다고 합니다. 이런 간증이 많습니다.

우리가 이 세상을 사는 동안 숱한 어려움과 위험이 있지만 하나님을 예배하고 하나님 앞에 기도하고 나아가면 하나님께서 책임져 주십니다. 나그네 생활은 안전하지 않습니다. 적이 많습니다. 그래서 주의해야 합니다. 눈을 크게 뜨고 좌우를 살피며 밤에 잘 때도 문단속을 잘해야 합니다. 하지만 무엇보다 하나님을 의지해야 합니다. 늘 예배하고 기도해서 하나님의 보호를 받게 되기를 축원합니다.

이 세상은 나그네 삶

이스라엘 백성들은 하나님의 전을 지으려고 애를 씁니다. 포로로 있다가 고향으로 돌아온 그들은 해야 할 일이 많습니다. 자기가 살 집도 지어야 하고, 또 다른 할 일도 많습니다. 그런데 에스라 3장 6-7절을 보면, 그들은 먼저 하나님의 성전을 지으려고 기초를 세웁니다. 자기들은 기술이 없으니 석수와 목수를 사고 시돈과 두로 사람들을 불러 돈을 주어서 일을 하게 합니다.

우리가 나그네 같은 이 세상을 살아갈 때 자녀도 잘 길러야 하고 사업도 잘해야 하고 가정도 잘 가꾸어야 합니다. 그러나 하나님을 위해 일하는 정성, 하나님을 생각하는 마음 자세가 우리의 우선순위가 되어야 합니다. 우리가 아무리 세상을 위해 열심히 일해도 하나님과 관계가 없으면 천국과 상관없는 것이 되기 때문입니다.

오래전, 어느 지방 신문에 실린 실화입니다.

한 부인이 남편을 일찍 여의고 아들 둘과 딸 둘을 길렀습니다. 다 잘 길러서 큰아들의 집에서 편안하게 잘 사시다가 돌아가시게 되었습니다. 그때 나이가 76세였는데 임종을 지키러 모인 아들딸들에게 이렇게 말했습니다.

"얘들아, 나는 너희들을 기른다고 한 번도 호강을 못했다. 내 소원이 하나 있는데 들어주렴."

"어머니, 무슨 소원이에요?"

"좋은 다이아몬드 반지 하나 끼고 싶다."

아들딸들이 눈을 끔뻑끔뻑하더니 모두 다른 방으로 갔습니다.

"어떡할까? 다이아몬드 반지가 얼마나 하나?"

"아이고, 며칠 전에 ○○○ 어머니가 다이아몬드 반지 하나를 샀는데, 350만 원 줬다 하던데…."

"350만 원!"

그러자 막내가 "오빠들과 언니는 100만 원씩 내고 나는 50만 원 내서 반지를 사드리자"라고 해서 모두 합의했습니다. 그런데 조금 후에 한 아들이 "엄마가 곧 돌아가실 건데 다이아몬드 반지 350만 원짜리를 사 드리면 뭐 하노? 그러지 말고 이웃집 아주머니에게 며칠만 빌리자"라고 했습니다.

부모는 자식을 돈 계산하지 않고 기르지만 자식은 부모가 세상을 떠날 때 돈 계산을 합니다. '반지를 사드릴까, 말까? 관을 얼마짜리 할까?' 하면서 계산을 하는 것입니다.

네 명의 아들딸이 만장일치로 이웃집 아주머니의 반지를 빌리기로 합의했습니다. 이웃집 아주머니도 죽어 가는 사람의 소원이니 흔쾌히 반지를 빌려주었습니다. 그래서 반지를 어머니에게 갖다 주자 어머니가 평생 처음 끼어보는 다이아몬드 반지를 보며 "이제 됐다. 내가 반지를 끼고 가게 됐다"라며 기뻐하더니 "목이 마르구나. 물 좀 갖고 오너라" 했습니다. 물을 갖다 드리니 어머니가 손가락에서 반지를 빼어 입에 넣고 삼켰습니다. 그리고 돌아가셨습니다. 아들딸들이 슬피 울었습니다. 어머니가 돌아가신 것이 슬퍼서도 울었지만 반지 때문에 더 슬피 울었습니다.

자식들이 또 모여 의논했습니다. 한 아들이 어머니의 배를 해부해서 끄집어내자고 하니 한 딸이 어머니를 두 번 돌아가시게 할 수 없다며 화장을 하자고 했습니다. 그래서 어머니 시신을 화장해서 다이아몬드 반지를 찾아냈지만 반지에 상처가 많아 다시 돌려줄 수 없게 되었습니다. 할 수 없이 자식들이 돈을 내어 반지를 새로 사서 돌려주었다고 합니다.

이것이 자식의 마음이고 세상 인심입니다. 그리고 그 어머니도 다이아몬드 반지를 뱃속에 넣어 간들 그것이 무슨 소용입니까? 그것을 가지고 간들 아무것도 아닙니다.

> "헛되고 헛되며 헛되고 헛되니 모든 것이 헛되도다 해 아래에서 수고하는 모든 수고가 사람에게 무엇이 유익한가"(전 1:2–3).

해 아래에서 수고해 보아도 아무것도 아니라고 말씀하십니다. 우리가 예배드리는 시간, 주님을 위해 흘리는 땀, 하나님께 바치는 예물, 이런 것만 유익함을 믿어야 합니다. 이런 것만이 하늘나라에 먼저 보내지는 것입니다.

"너희를 위하여 보물을 땅에 쌓아 두지 말라 거기는 좀과 동록이 해하며 도둑이 구멍을 뚫고 도둑질하느니라 오직 너희를 위하여 보물을 하늘에 쌓아 두라 거기는 좀이나 동록이 해하지 못하며 도둑이 구멍을 뚫지도 못하고 도둑질도 못하느니라 네 보물이 있는 그 곳에는 네 마음도 있느니라"(마 6:19-21).

그래서 천국, 본향을 사모하는 사람은 부지런히 벌어서 바치고, 부지런히 벌어서 선교하고, 부지런히 벌어서 구제하며 천국을 준비하는 삶을 살아가는 것입니다.

예수님을 믿으면 천국에는 다 갑니다. 그러나 땅에서 수고한 대로 천국에서 누리며 삽니다.

"또 내가 들으니 하늘에서 음성이 나서 이르되 기록하라 지금 이후로 주 안에서 죽는 자들은 복이 있도다 하시매 성령이 이르시되 그러하다 그들이 수고를 그치고 쉬리니 이는 그들의 행한 일이 따름이라 하시더라"(계 14:13).

하늘에서 들린 이 음성을 들을 수 있기 바랍니다. 그래서 나그네 길을 가면서 천국을 잘 가꿀 수 있기를 축원합니다.

여러분! 따라 해 보시기 바랍니다.

"즐겁게, 기쁘게 살아가자."

나그네 길을 가는 사람은 길을 가다가 비가 오면 비를 맞고, 눈이 오면 눈을 맞고, 고생스러운 일을 만나면 고생을 하면 됩니다. 집으로 돌아가면 나그네 생활이 끝나기 때문입니다.

우리는 잠시 잠깐의 나그네 생활이 끝나면 영원한 본향인 천국으로 가는 사람들입니다. 그러니 세상일에 너무 아옹다옹하지 말고 기뻐하고 즐거워하며 평화를 누려야 합니다.

어느 책을 보니 에녹에 대한 글이 있었습니다. 그 글을 보면, 하나님께서 늘 에녹과 동행하신 것이 아니라 아침마다 에녹을 만나셨답니다.
"굿모닝, 에녹!"
"굿모닝, 하나님!"
그리고 하나님께서 에녹의 손을 잡고 바닷길을, 산길을, 들길을 걸으셨답니다. 다정다감하게 사랑의 얘기를 나누며 함께 지내시다가 해가 질 때면 "내일 만나자" 하고 헤어지셨답니다. 하루는 에녹이 "하나님, 또 헤어질 시간이네요"라고 하니 하나님께서 "에녹아, 자꾸 만났다 헤어졌다, 헤어졌다 만났다 하지 말고 이제는 내 집에 가서 함께 살자" 하시며 에녹을 데리고 올라가셨답니다.

이것이 에녹의 삶입니다. 저도 그런 소원을 가져 봅니다. 여러분이 다 보고 계시는데 하나님께서 내려오셔서 제 손을 잡고 "올라가자"라고 하시면 얼마나 좋겠습니까?

에녹처럼 들림을 받든, 죽어서 가든 우리는 이 땅을 떠나는 순간에 파라다이스, 하나님의 나라에 들어가게 됩니다. 그것을 생각하면 이 세상에 살 때 셋방에서 살면 어떻고, 자전거를 타고 다니면 어떻습니까? 우리가 보리밥을 먹으면 어떻고, 라면을 먹으면 어떻습니까?

늘 감사하며 천국의 사람답게, 왕족답게, 귀족답게 값지고 귀한 인생을 살아갈 수 있기를 축원합니다.

6
백성의 기쁨

(에스라 3:8-13)

예루살렘에 있는 하나님의 성전에 이른 지 이 년 둘째 달에 스알디엘의 아들 스룹바벨과 요사닥의 아들 예수아와 다른 형제 제사장들과 레위 사람들과 무릇 사로잡혔다가 예루살렘에 돌아온 자들이 공사를 시작하고 이십 세 이상의 레위 사람들을 세워 여호와의 성전 공사를 감독하게 하매 이에 예수아와 그의 아들들과 그의 형제들과 갓미엘과 그의 아들들과 유다 자손과 헤나닷 자손과 그의 형제 레위 사람들이 일제히 일어나 하나님의 성전 일꾼들을 감독하니라 건축자가 여호와의 성전의 기초를 놓을 때에 제사장들은 예복을 입고 나팔을 들고 아삽 자손 레위 사람들은 제금을 들고 서서 이스라엘 왕 다윗의 규례대로 여호와를 찬송하되 찬양으로 화답하며 여호와께 감사하여 이르되 주는 지극히 선하시므로 그의 인자하심이 이스라엘에게 영원하시도다 하니 모든 백성이 여호와의 성전 기초가 놓임을 보고 여호와를 찬송하며 큰 소리로 즐거이 부르며 제사장들과 레위 사람들과 나이

많은 족장들은 첫 성전을 보았으므로 이제 이 성전의 기초가 놓임을 보고 대성통곡하였으나 여러 사람은 기쁨으로 크게 함성을 지르니 백성이 크게 외치는 소리가 멀리 들리므로 즐거이 부르는 소리와 통곡하는 소리를 백성들이 분간하지 못하였더라

모세는 장막 성전을 세웠습니다. 벽돌로 된 성전을 처음으로 세운 사람은 솔로몬 왕입니다. 왕으로서 하나님의 성전을 짓는 데 7년이라는 세월이 걸렸습니다.
다윗이 회중 앞에서 이렇게 말합니다.

"내 아들 솔로몬이 유일하게 하나님께서 택하신 바 되었으나 아직 어리고 미숙하며 이 공사는 크도다 이 성전은 사람을 위한 것이 아니요 여호와 하나님을 위한 것이라 내가 이미 내 하나님의 성전을 위하여 힘을 다하여 준비하였나니"(대상 29:1-2).

이 공사는 성전을 짓는 공사를 말합니다. 다윗의 이 말에는 왕을 위한 집을 잘 지으니 우주의 왕, 하늘나라의 왕, 하나님을 위한 집은 얼마나 더 웅장하게 잘 지어야 하겠느냐는 뜻이 내포되어 있습니다. 그래서 다윗 왕은 아들 솔로몬이 성전을 잘 지을 수 있도록 도와주기 위해 자기의 힘을 다하여 준비한 것입니다.
한 나라의 왕이, 그것도 부강한 나라의 왕이 하나님의 성전을 짓기 위하여 힘을 다해서 준비해 두었습니다. 그리고 족장과 신복, 백성들까지 함께 성전 건축을 위해 준비했습니다. 다윗 시대에 이미

성전 건축을 준비해 둔 것입니다. 그렇게 예비된 것으로 성전을 짓는 데도 7년이나 걸렸습니다.

그러니 바벨론의 포로로 있다가 본향에 돌아온 지 얼마 안 되는 이스라엘 자손들이, 모든 것이 부족한 그들이 웅장한 하나님의 성전을 지으려면 얼마나 힘들겠습니까? 준비하는 데도 아주 많은 시간이 필요합니다.

목수와 석수들이 준비 작업을 하는데 이스라엘에는 좋은 나무가 없어서 레바논에서 백향목을 베어 와야 했습니다. 감사하게도 레바논이 고레스 왕의 통치를 받는 지역이기 때문에 고레스 왕의 조서 한 장으로 엄청난 나무를 베어 올 수 있었습니다. 레바논 사람들은 나무 중의 귀족인 백향목을 베어 줄 때 자신들의 살점이 떨어지는 것같이 아까웠지만 고레스 왕의 명령이기 때문에 거절할 수가 없었습니다. 고레스의 조서가 엄청난 힘을 발휘한 것입니다.

하나님께 쓰임 받는 도구

우리가 여기에서 잠시 생각할 것은, 하나님께서는 영적인 지도자만 쓰시는 것이 아니라 세상 나라의 권세를 가진 왕도 쓰신다는 사실입니다. 그러므로 우리가 먼저는 영적인 일에 힘을 써야 하고 영적인 권세를 잡아야 하지만 동시에 세상의 권세도 잡고 세상의 힘도 가져야 합니다. 그래서 하나님께 쓰임 받는 도구가 되어야 합니다.

고레스 왕의 권세가 하나님께 쓰임 받을 때 성전 건축이 가능했습니다. 에스더가 왕후이기 때문에 멸망하는 자기 백성을 구원할 수 있었습니다. 우리는 우리의 아들딸들에게 큰 꿈을 심어 주어 각계각층의 중심이 되게 해야 합니다. 그래서 우리가 이 세상을 변화시켜야 하는 것입니다.

그 당시에는 나무를 운송할 자동차도, 배도, 비행기도 없었습니다. 해변에서 뗏목을 만들어 거기에 나무를 싣고 옮겼습니다. 돛대도 없는 뗏목에 실어 해변을 따라 나무를 옮겨 욥바에 도착하면 또 예루살렘까지 옮겨야 했습니다. 욥바에서 예루살렘까지는 57km입니다. 그러니 그것을 옮기는 데 많은 세월이 걸렸습니다.

그래서 그들이 예루살렘에 도착한 지 2년째 되는 2월에 비로소 성전 지대를 놓는 공사를 시작했습니다. 그날 제사장들, 레위인들, 족장들, 그리고 백성들이 모였습니다. 제사장들은 예복을 입고 나팔을 들었으며, 아삽의 자손 레위인들은 제금(심벌즈와 비슷한 악기)을 들고 하나님을 찬송했습니다. 역대상 16장 5절을 보면 아삽은 찬양대 대장입니다. 그 찬양대는 다윗이 세운 찬양대로 엄청났습니다. 그런 찬양대의 대장이었으니 아삽은 음악성이 뛰어난 사람입니다. 그 아삽의 자손 레위인들이 제금을 들고 찬송한 것을 보면 그들 역시 음악적 은사가 있었나 봅니다.

오늘 본문을 보면, 성전 지대가 놓일 때 제사장들은 나팔을 불고 레위인 찬양대는 찬양으로 거기에 화답합니다.

"여호와께 감사하라. 여호와는 지극히 선하시고 우리를 향하신 그 인자하심이 영원함이로다."

이렇게 찬양하며 서로 화답하니 백성들도 큰 소리로 하나님을 찬양하며 기뻐서 어쩔 줄 모릅니다.

"이제 하나님의 전을 새로 짓는구나. 드디어 하나님의 전을 이렇게 짓게 되는구나."

찬양과 즐거이 외침이 얼마나 큰지, 천지를 진동하는 것 같았습니다. 특별히 제사장들과 레위인들, 그리고 족장들 중에서 아름답고 화려했던 솔로몬의 성전을 기억하는 나이 많은 사람들이 있었습니다. 그들은 성전이 불타고 허물어졌을 때 다시는 재건되지 않을 줄 알았다가 재건되니 감회가 너무 새로워서 울었습니다. 또 어떤 노인들은 보석으로 지어진 화려하고 아름답던 성전에 비해 너무나 초라한 지대가 놓이는 것을 보고 마음이 아파 통곡했습니다. 그래서 즐거이 외치고 찬양하는 소리와 아픔과 후회의 울음소리가 서로 섞여 멀리서는 그 소리를 분간할 수 없었습니다.

우리를 웃게 하시는 하나님

이스라엘 역사를 보면, 이스라엘 백성이 크게 기뻐한 적이 몇 번 있습니다. 홍해가 갈라졌을 때 크게 기뻐했습니다. 오늘 본문의 때에도 홍해가 갈라졌을 때의 기쁨 못지않게 기뻐합니다. 백성들이 너무 좋아서 춤을 추며 하나님을 찬양하고 외쳤습니다. 그때의 기쁨을 대부분의 주석학자들은 '즐거움의 클라이맥스, 즐거움의 절정'이라고 기록했습니다.

우리 양곡교회도 언제나 즐거움의 절정이 유지되기 바랍니다. 웃음을 잃은 자가 우리 교회에 오면 웃고, 슬픈 자가 우리 교회에 오면 즐거움과 기쁨이 넘칠 수 있기를 축원합니다.

하나님은 웃게 하시는 분입니다. 아브라함의 아들 '이삭'의 뜻이 바로 '웃음'입니다. 웃게 하시는 하나님께서 우리 양곡교회에서 언제나 웃게 해주시기를 축원합니다.

그러면 이스라엘 백성들이 그렇게 즐거움의 절정에 이르도록 기뻐한 이유가 무엇입니까?

그들이 예루살렘에 오기 전 바벨론에 있을 때는 하나님에 대한 신앙이 아주 회의적이었습니다.

'하나님께서 우리를 버리셨는가? 우리를 등지셨는가? 하나님은 바벨론의 신보다 아주 작고 약하신가? 하나님은 돌아가셨는가? 아니면 다윗 시대 때는 젊으신 하나님께서 이제는 늙으셨는가?'

그런 그들에게 예레미야가 하나님에 대해 증거했습니다.

"하나님은 변함없으시다. 하나님께서는 여러분을 사랑하신다. 하나님께서는 여러분을 버리지 않으신다. 하나님께서는 반드시 여러분을 회복시키신다."

하나님께서 유다 사람들이 바벨론에 포로로 끌려갈 때 예레미야 선지자를 보내신 것은 그들을 사랑하시기 때문이었습니다. 하나님께서 선지자를 보내시는 것은 말씀을 보내시는 것이요, 하나님의 관심을 보내시는 것입니다. 하나님께서 함께하고 계신다는 것을 보여주시는 증거입니다.

여러분, 잘 들으시기 바랍니다. 여러분이 포로로 끌려가는 것 같은 상황이 되어도 설교가 귀에 들어오면 희망이 있습니다. 아무리 망한 것 같아도 교회를 등지지 않았다면 반드시 회복될 것입니다. 말씀이 들리는 것이 복입니다.

그런데 유다 백성들은 예레미야가 그렇게 하나님의 말씀을 전해도 반신반의하다가 이제 예레미야의 말대로 예루살렘에 돌아와 성전을 짓게 되니 예레미야를 통해 주신 말씀이 틀림없음을 확신하게 된 것입니다.

"하나님께서는 변함없이 우리를 사랑하셨구나. 이스라엘을 향하신 그 인자하심이 변함이 없으시다는 말씀이 맞구나. 하나님께서는 지금도 우리를 사랑하시고, 능력이 한이 없으시구나."

이것을 깨달으니 너무 기뻐서 "여호와께 감사하라. 그는 지극히 선하시며 그 인자하심이 우리에게 영원하도다" 하고 찬양하는 것입니다.

"할렐루야 여호와께 감사하라 그는 선하시며 그 인자하심이 영원함이로다"(시 106:1).

"여호와께 감사하라 그는 선하시며 그 인자하심이 영원함이로다"(시 107:1).

"너희 모든 나라들아 여호와를 찬양하며 너희 모든 백성들아 그를 찬송할지어다 우리에게 향하신 여호와의 인자하심이 크시고 여호와의 진실하심이 영원함이로다 할렐루야"(시 117:1-2).

항상 우리와 함께하시는 하나님

오늘 이 말씀에서 우리의 삶에 적용할 것이 무엇입니까?

이스라엘 백성들이 다윗 시대에 혹은 예루살렘에서 번성을 누리고 살 때에도 하나님께서는 그들에게 관심을 보내셨고 사랑하셨습니다. 그들이 비록 죄를 지어 채찍에 맞으며 포로로 끌려갈 때에도 하나님께서는 그들을 사랑하셔서 예레미야를 보내주셨습니다. 버드나무에 악기를 걸어놓고 기진맥진해 있을 때에도, 희망을 잃고 있을 때에도 하나님께서는 그들을 사랑하셔서 고레스를 통하여 해방시키시고 포로에서 돌아오게 하셨습니다. 성전을 짓는 그때에도 하나님께서는 그들을 사랑하셔서 함께하셨고, 그 이후에도 함께하셨습니다.

이와 같이 하나님께서는 우리의 모든 일이 잘될 때에나 잘 안 될 때에나, 우리의 뜻대로 될 때나 안 될 때에나 변함없이 우리를 사랑하셔서 우리에게 관심을 갖고 항상 우리와 함께하십니다. 이것 때문에 우리는 기뻐하고 "하나님! 감사합니다. 하나님은 선하시고 그 인자하심이 나와 내 집에 영원하시니 감사합니다" 하고 외쳐야 하는 것입니다. 이런 놀라운 기쁨이 우리에게 있어야 합니다.

우리는 내 뜻대로 되면 하나님께서 축복하신 줄 알고, 내 뜻대로 안 되면 하나님께서 나를 사랑하시지 않는 줄 알아 낙심할 때가 있는데, 아닙니다.

사도 바울이 로마로 갈 때, 자유로운 몸으로 가기를 원했습니다. 그런데 하나님께서는 사도 바울을 죄수가 되게 하셔서 백부장 군대의 호송을 받으며 가게 하셨습니다. 왜 그렇게 하셨을까요? 사도 바울이 죄수의 몸으로 로마 교인들을 만나는 것은 영광스럽지 않지만, 죄수로 가는 것이 안전하기 때문에 하나님께서 그렇게 하신 것입니다. 사도행전을 보면, 사도 바울을 죽이기 전까지는 먹지도 마시지도 않겠다는 사람이 40명이나 됩니다. 수많은 사람이 사도 바울을 죽이러고 그렇게 기다리고 있는 것입니다. 그러니 사도 바울이 자유로운 몸으로 가면 중간에서 죽임을 당합니다. 이것을 아시는 하나님께서 사도 바울이 로마 군인들의 호송을 받을 수 있도록 죄수로 가게 하신 것입니다.

사도 바울의 손수건을 환자에게 놓으면 환자의 병이 나았습니다. 하나님께서는 그때만 바울과 함께하신 것이 아니라 바울이 복음을 전하다가 매를 맞고 억울하게 감옥에 갇혔을 때에도 바울과 함께하셨습니다. 바울이 그것을 깨닫고 감옥에서 찬송할 때 감옥 문이 열린 것입니다.

우리는 밝고 환할 때만 기뻐하고 감사해서는 안 됩니다. 내가 감옥에 갇힌 것 같을 때에도 하나님께서는 나를 버리지 않으시고 함께하심을 믿고 찬송하면 옥문이 열리고 환경이 변화되는 것입니다.

요셉이 부잣집의 아들로 있을 때만 하나님께서 요셉을 사랑하신 것이 아닙니다. 형들에게 팔릴 때에도 하나님께서는 요셉과 함께하시며 요셉을 보고 계셨습니다. 요셉이 남의 집의 종이 되었을 때도 하나님께서 요셉을 떠나신 것이 아닙니다. 그때도 하나님께서는 요셉과 함께하셨고, 요셉이 억울하게 감옥에 갔을 때에도 하나님께서는 요셉과 함께하셨습니다. 요셉이 총리가 되었을 때 하나님께서 요셉을 찾아오신 것이 아니라 요셉의 일생 동안 계속 함께하셨습니다.

이처럼 여러분과 저의 일생에도 여러 가지 굴곡이 많고 희로애락이 많지만 하나님께서는 항상 우리와 함께하심을 기억하시기 바랍니다.

"볼지어다 내가 세상 끝 날까지 너희와 항상 함께 있으리라"(마

28:20).

우리가 교회에 있을 때만 하나님께서 함께하시는 것이 아닙니다. 친구의 유혹을 받고 술집에 앉아 있을 때에도 하나님께서는 거기에 함께 계십니다. 우리가 전도할 때만 하나님께서 함께하시는 것이 아니라 유혹에 빠져 죄를 지을 때에도 안타까운 마음으로 보고 계십니다. 하나님께서는 우리를 버리지 않으십니다. 하나님의 이 사랑 속에 감사하며 사시기를 바랍니다.

바다보다 풍족한 하나님의 사랑

사도 요한은 하나님의 이러한 사랑을 깨닫고 감격합니다.

"보라 아버지께서 어떠한 사랑을 우리에게 베푸사 하나님의 자녀라 일컬음을 받게 하셨는가"(요일 3:1).

하나님의 사랑이 얼마나 귀한지 모릅니다.
사람의 사랑은 변합니다. 제가 제 아내 김영숙을 처음 만나 사랑할 때는 가슴에 불이 튀었습니다. 김영숙이 저를 받아주고 사랑해 준다면 저는 일평생 머슴살이를 해도 좋고, 김영숙이 제 아내가 되어 준다면 소원이 없을 것 같았습니다. 그러나 살다 보니 이혼을 생각할 때도 있었습니다.
사람의 사랑은 좋아 보여도 변합니다. 특별한 사랑, 변함없는 사랑은 오직 하나님의 사랑, 오직 예수님의 사랑, 오직 성부, 성자, 성령 삼위일체 하나님의 사랑밖에 없습니다.

그래서 그 어떤 사랑이나 관계보다 하나님과의 사랑, 하나님과의 관계를 잘 유지해야 합니다. 아내나 남편, 친구, 직장 동료와의 사랑이나 관계보다 하나님과의 사랑, 하나님과의 관계를 먼저 확보하는 사람이 지혜로운 사람입니다.

우리가 알아야 할 것은 하나님의 사랑은 웅덩이의 사랑이 아니라는 것입니다. 하나님의 사랑은 옹달샘의 사랑이 아닙니다. 바다보다 더 풍족한 사랑입니다.

사람은 가슴이 좁고 사랑이 작아서 백 명의 친구, 천 명의 친구에게 사랑을 다 부을 수 없습니다. 그저 몇 사람과만 사랑을 주고받을 수 있습니다.

그러나 하나님의 사랑은 엄청나서 6백억, 6천억의 인구도 다 품고 사랑하실 수 있습니다. 그래서 우리는 우리의 이웃이 이 사랑 안에 들어오도록 인도해야 하는 것입니다.

하나님의 사랑을 받기 전에는 이 세상의 모든 것을 즐겨도 만족이 없습니다. 마약을 하고 술을 마시고 담배를 피우고, 하고 싶은 것을 다 해도 만족이 없습니다. 예수님 앞으로 나와야 참된 만족이 있습니다. 이 사랑에 취하도록 우리의 이웃을 하나님께로 인도할 수 있어야 합니다.

헬렌 켈러는 앞을 보지 못하고 듣지 못하고 말하지 못하는 세 가지의 핸디캡을 갖고 있는 불행한 여자였지만 하나님의 사랑을 깨달았습니다. 그는 세상을 떠날 때 "나의 삶은 아름다웠다. 나의 일생은 참으로 행복했다"라고 고백했습니다. 삼중고의 여인인데도 주님의 사랑에 취하니 자신의 일생이 아름답고 행복했다고 고백한 것입니다. 그러나 세상의 권세, 명예, 부귀를 다 가졌고 높은 경륜까지 가졌던 나폴레옹은 세인트헬레나 섬에서 세상을 떠날 때 "내 일생을 되돌아보면 행복했던 날은 엿새도 안 된다"라고 했습니다.

우리 모두 하나님의 사랑에 취해 즐겁게 살 수 있기를 축원합니다.

예배의 챔피언

포로로 끌려간 이스라엘 자손은 70년간 예배를 제대로 드리지 못했습니다. 그들은 예배드릴 성전이 없어서 성전이 있던 고국의 하늘을 바라보며 서럽게 찬송을 불렀습니다. 기쁘게 예배를 드릴 수가 없었습니다. 그렇게 남의 땅에서 성전도 없이 70년을 살다가 이제 하나님 앞에 예배드릴 수 있는 성전을 지어서 마음껏 예배를 드리게 되었으니 얼마나 기뻤겠습니까?

제가 군에 있을 때, 신병교육대에서 교회에 보내주지 않았습니다. 제가 교육대장을 찾아가서 아무리 간청해도 안 된다고 했습니다. 제 평생에 예배를 드리지 못한 주일은 그날뿐입니다. 그날 제가 아침 식사시간에 예배를 드릴 수 없다고 생각하니 눈물이 뚝뚝 떨어져 식사를 할 수가 없었습니다. 부대 바로 앞에 교회가 있는데도 가지 못하니 지옥이 따로 없는 것 같았습니다. 그렇게 제가 눈물을 뚝뚝 흘리고 있는데 저쪽에서도 한 사람이 눈물을 흘리고 있었습니다. 그 사람도 교인이었습니다. 그래서 저와 그 사람이 서로 붙잡고 울며 기도하고 나서 그다음 날인 월요일에 또 대장님을 만나러 갔습니다.

두 사람이 막 눈물을 흘리면서 교회에 보내달라고 하니 대장님이 "밖으로 나가면 안 되는데…"라고 했습니다. 그때 제가 "그러면 탁구장에서 예배드릴 수 있도록 허락해 주십시오"라고 하자 좋은 아이디어라며 주일 낮과 밤, 수요예배 시간에는 탁구장에서 탁구를 못 치게 하고 예배를 드릴 수 있게 해주었습니다. 그래서 바로 수요일부터 교인들을 불러모았더니 50~60명이 예배를 드리러 왔습니다. 몇 주간 동안 예배를 드리지 못하다가 예배를 드리게 된 군인들이 모두 눈물을 쏟으며 감격했습니다. 주일 낮과 밤에 얼마나 뜨거운 예배를 드렸는지 모릅니다.

저와 함께 붙잡고 울었던 분과 제가 돌아가며 설교를 하다가 나중에 서울대학교 대학원에 다니다가 군에 온, 장로님 아들이 있어서 그에게 그 교회를 맡기고 저는 교육대에서 나왔습니다.

그래서 제 평생에 예배를 드리지 못한 주일이 한 번 있었습니다. 그때 느낀 것은 예배를 드리지 않고 사는 것은 사는 것이 아니라는 것입니다. 지금 우리가 이렇게 평화롭게 예배드리니, '주일에만 예배를 드리면 되지, 수요일에는 왜 또 예배를 드리지?' 하며 귀찮아할 수 있지만, 예배를 드리지 못하게 되는 상황이 되어 보십시오. '예배를 드릴 수 있다면 죽어도 좋겠다'는 마음이 들 것입니다.

예배를 드리지 않으면 모든 것이 막힙니다. 교회의 문이 닫혀 있는 북한을 보십시오. 우리가 예배에 게으르고 태만하면 하나님께서 우리의 교회 문도 닫게 하실 수 있습니다. 예배를 귀히 여기시기 바랍니다. 존중히 여기시기 바랍니다. 우리가 예배를 귀찮아하면 하나님께서도 "나도 네가 귀찮아"라고 하실 수 있습니다. 그러면 어떻게 하시겠습니까?

북한의 초청을 받고 평양을 방문한 미국의 한 기자가 '동양의 예루살렘이라 불리던 평양이 어찌하다 이렇게 되었는고?'라는 안타까운 마음에 기도하면서 공원을 거닐었습니다. 그러다 한 대학생이 아코디언을 연주하며 노래하고 있는 것을 보고 그 아코디언을 빌려 벤치에 앉아 찬송가를 연주했습니다.

　연주를 하다 보니 건너편에서 할머니 한 분이 계속 같은 길을 걸어왔다가 다시 가고, 또 걸어왔다가 다시 가기를 반복했습니다. 할머니가 찬송 소리를 듣고 그곳을 떠나지 못한 것입니다. 가까이 와서 듣고 싶지만 무서워서 그러지 못하고 왔다갔다하면서 찬송을 들은 것입니다.

　예배를 드리고 싶어도 예배드리지 못하고, 찬송을 부르고 싶어도 찬송하지 못하는 북한의 지하 성도들을 생각하면, 우리는 이렇게 자유롭게 예배드리는 것을 얼마나 기뻐하고 즐거워해야 하겠습니까? 참으로 감사한 마음으로 예배드려야 할 것입니다.

　우리나라를 생각하면 불안합니다. 중국, 러시아, 일본 등 주변 국가들이 언제 어떻게 할지 모릅니다. 그러나 하나님께서는 예배드리는 나라, 세계 선교의 사명을 가진 나라이기 때문에 우리를 지켜 주실 것입니다. 만일 우리가 이제 살 만하다고 예배를 게을리 하면 예루살렘 성전을 허무시는 하나님께서 어떻게 하실지 모릅니다. 정말 우리가 늘 감사하고 즐거워하며 예배를 가장 귀히 여기면 하나님께서 우리와 함께하셔서 우리나라가 영원할 것입니다. 예배하는 아브라함은 망하지 않았습니다. 예배하는 다윗은 망하지 않았습니다. 예배하면 하나님께서 책임져 주십니다.

　골프 선수들이 챔피언이 되기 위해 얼마나 애쓰는지 모릅니다. 그

조그만 구멍에 공을 넣어야 하니 어렵습니다. 그러나 예배 챔피언이 되기는 쉽습니다. 이 큰 교회에 들어오기만 하면 됩니다. 얼마나 쉬운지 모릅니다. 그리고 이렇게 쉬운 예배 챔피언의 상은 영원합니다. 하나님께서는 뜨겁게 예배드리는 사람을 세워 주시고, 뜨겁게 예배드리는 교회를 부흥시켜 주시고 복을 내려 주십니다. 우리 모두 예배 챔피언이 되기를 축원합니다.

하나님의 축복 속에 사는 삶

이스라엘 백성들이 무너진 성전을 다시 일으켰지만 그 성전은 솔로몬의 성전에 비하면 초라하기 그지없었습니다. 노인들이 통곡한 것은 무너진 성전을 다시 일으켰다는 감격도 있었지만 회복되는 성전이 솔로몬 성전에 비하면 초라하기 그지없었기 때문입니다.

사랑하는 여러분! 죄를 지어도 회개하면 회복됩니다. 그러나 죄 짓기 전보다 못할 때가 많습니다. 내가 병들었을 때 병원에서 치료를 받으면 회복됩니다. 그러나 병들기 전보다는 못할 것입니다.

하나님께서 채찍질하시다가 우리가 회개하면 회복시켜 주시지만 하나님의 축복 속에 살 때가 더 좋습니다. 잘못하고 난 후 회개하는 것은 차선이고, 최선은 언제 어디서나 십자가를 붙들고 싸워 이기고 범죄하지 않고 하나님 앞에 의롭게 승리하는 것입니다.

만일 그들이 계속 승리했다면 화려한 솔로몬의 성전에서 예배드리며 부강을 누렸을 것입니다. 그런데 하나님을 업신여기고 예배를 업신여기고 우상을 섬기다가 채찍을 맞으니 성전이 불타고 바벨론으로 끌려간 것입니다. 70년 후에 돌아왔지만 가난하고 초라하고, 자유를 회복했지만 노예근성이 남아 있습니다. 성전을 회복했지만 70년 전과 비교할 수 없는 것입니다.

죄를 가볍게 생각하면 안 됩니다. 회개하면 회복은 해도 회복 전보다 못합니다. 우리 모두 늘 싸워 이기는, 후회와 통곡의 눈물을 흘리지 않는, 예배를 소중히 여기며 기뻐하는 성도들이 될 수 있기를 축원합니다.

나는 주님의 것

중국의 한 황제가 먼 길을 갔다 돌아왔을 때 요리를 책임진 신하가 가지볶음을 해서 대접했습니다. 시장이 반찬이라고, 배가 고팠던 왕은 그것을 매우 맛있게 먹었습니다.

"야! 가지볶음이 요리 중에서 최고다."

그때 신하가 "폐하, 그런 줄 아옵니다. 가지볶음이 최고입니다"라고 했습니다. 그리고 계속해서 가지볶음 요리를 상에 올렸습니다. 아무리 맛있는 음식이라도 계속해서 먹으면 싫증이 나지 않습니까? 계속 가지볶음 요리가 나오니 하루는 왕이 참다못해 "가지볶음, 보기만 해도 역겹다! 매일 가지볶음, 가지볶음, 가지볶음…. 제일 나쁜 요리가 가지볶음이다. 가지볶음, 보기도 싫다!"라고 했습니다. 그러자 신하가 "예, 폐하! 옳은 말씀이옵니다. 가지볶음이 제일 안 좋은 요리이옵니다"라고 했습니다.

그 말에 왕이 "아니, 이 사람아! 며칠 전에는 내가 이것이 제일 좋은 요리라고 하니 자네가 맞다고 하지 않았나? 그런데 지금은 제일 나쁜 요리라고 하는가? 뭐가 맞는 것인가?" 하니 신하가 "폐하, 저는 가지볶음의 신하가 아니라 폐하의 신하이옵니다"라고 했습니다.

얼마나 기가 막힌 대답입니까? 예수님을 믿는 우리의 앞길에도 가지볶음처럼 맛있는, 좋은 것이 있습니다. 우정도 좋고, 연인과의 사랑도 좋습니다. 쾌락도, 돈 버는 재미도, 승진하는 재미도, 20평 집에 살다가 60평 집으로 이사 갈 때도 좋습니다. 그러나 그런 것들은 시간이 지나면 좋은 것이 없어집니다. 그저 그런 것이 됩니다. 세상에는 영원히 좋은 것이 없습니다.

그러나 우리의 주님, 우리의 왕이신 하나님은 변함이 없으십니다. 우리는 돈의 종, 쾌락의 종, 친구의 종, 직장 상사의 종이 아닙니다. 남편의 종, 아내의 종이 아닙니다. 우리는 하나님의 종입니다. 언제나 이것을 기억하고 "나는 주의 것이에요" 하며 살아야 합니다. 그러면 하나님께서 기뻐하십니다.

내 자동차는 내가 세차하고, 내 집은 내가 관리하고, 내 시계는 내가 보호하듯이 우리가 "나는 주의 것이에요" 하고 살면 하나님께서 우리를 보호해 주십니다. 깨끗하게 해주십니다. 영광스럽게 해주십니다. 내가 주의 것으로 살면 주님께서 방패가 되어 주십니다. 언제나 주님의 사람으로 예배하고 기뻐하며 주님의 사랑에 취해서 살아가는 여러분과 제가 될 수 있기를 축원합니다.

7
하나님의 백성들과 그 대적들

(에스라 4:1-24)

사로잡혔던 자들의 자손이 이스라엘의 하나님 여호와의 성전을 건축한다 함을 유다와 베냐민의 대적이 듣고 스룹바벨과 족장들에게 나아와 이르되 우리도 너희와 함께 건축하게 하라 우리도 너희같이 너희 하나님을 찾노라 앗수르 왕 에살핫돈이 우리를 이리로 오게 한 날부터 우리가 하나님께 제사를 드리노라 하니 스룹바벨과 예수아와 기타 이스라엘 족장들이 이르되 우리 하나님의 성전을 건축하는 데 너희는 우리와 상관이 없느니라 바사 왕 고레스가 우리에게 명령하신 대로 우리가 이스라엘의 하나님 여호와를 위하여 홀로 건축하리라 하였더니 이로부터 그 땅 백성이 유다 백성의 손을 약하게 하여 그 건축을 방해하되 바사 왕 고레스의 시대부터 바사 왕 다리오가 즉위할 때까지 관리들에게 뇌물을 주어 그 계획을 막았으며 또 아하수에로가 즉위할 때에 그들이 글을 올려 유다와 예루살렘 주민을 고발하니라 아닥사스다 때에 비슬람과 미드르닷과 다브엘과 그의 동료들이 바사 왕 아닥사스다에게 글을 올렸으니 그 글은 아람 문자와 아람 방언으로 써서 진술하였더라 방백 르훔과 서기관 심새가 아닥사스다 왕에게 올려 예루살렘 백성을 고발한 그 글에 방백 르훔과 서기관 심새와 그의 동료 디나 사람과 아바삿 사람과 다블래 사람과 아바새 사람과 아렉 사람과 바벨론 사람과 수산 사람과 데해 사람과 엘람 사람과 그 밖에 백성 곧 존귀한 오스납발이 사마리아 성과 유브라데 강 건너편 다른 땅에 옮겨 둔 자들과 함께 고발한다 하였더라 아닥사스다 왕에게 올린 그 글의 초본은 이러하니 강 건너편에 있는 신하들은 왕에게 아뢰나이다 당신에게서 우리에게로 올라온 유다 사람들이 예루살렘에 이르러 이 패역하고 악한 성읍을 건축하는데 이미 그 기초를 수축하고 성곽을 건축하오니 이제 왕은 아시옵소서 만일 이 성읍을 건축하고 그 성곽을 완공하면 저 무리가 다시는 조공과 관세와 통행세를 바치지 아니하리니 결국 왕들에게 손해가 되리이다 우리가 이제 왕궁의 소금을 먹으므로 왕이 수치 당함을 차마 보지 못하여 사람을 보내어 왕에게 아뢰오니 왕은 조상들의 사기를 살펴보시면 그 사기에서 이 성읍은 패역한 성읍이라 예로부터 그 중에서 항상 반역하는 일을 행하여 왕들과 각 도에 손해가 된 것을 보시고 아실지라 이 성읍이 무너짐도 이 때문이니이다 이제 감히 왕에게 아뢰오니 이 성읍이 중건되어 성곽이 준공되면 이로 말미암아 왕의 강 건너편 영지가 없어지리이다 하였더라 왕이 방백 르훔과 서기관 심새와 사마리아에 거주하는 그들 동관들과 강 건너편 다른 땅 백성에게 조서를 내리니 일렀으되 너희는 평안할지어다 너희가 올린 글을 내 앞에서 낭독시키고 명령하여 살펴보니 과연 이 성읍이 예로부터 왕들을 거역하며 그 중에서 항상 패역하고 반역하는 일을 행하였으며 옛적에는 예루살렘을 다스리는 큰 군왕들이 있어서 강 건너편 모든 땅이 그들에게 조공과 관세와 통행세를 다 바쳤도다 이제 너희는 명령을 전하여 그 사람들에게 공사를 그치게 하여 그 성을 건축하지 못하게 하고 내가 다시 조서 내리기를 기다리라 너희는 삼가서 이 일에 게으르지 말라 어찌하여 화를 더하여 왕들에게 손해가 되게 하랴 하였더라 아닥사스다 왕의 조서 초본이 르훔과 서기관 심새와 그의 동료 앞에서 낭독되매 그들이 예루살렘으로 급히 가서 유다 사람들을 보고 권력으로 억제하여 그 공사를 그치게 하니 이에 예루살렘에서 하나님의 성전 공사가 바사 왕 다리오 제이년까지 중단되니라

　　　　　7개월 동안 감옥살이하다가 집으로 돌아와도 좋은데, 이스라엘 백성들은 70년간 남의 땅 바벨론에서 포로로 서러움을 받으며 살다가 자유를 얻어 고국으로 돌아왔으니 그 기쁨이 얼마나 컸겠습니까?

　고국에 도착한 그들은 먼저 고레스 왕의 명대로 하나님의 성전을 짓기 위해 2년이 넘도록 준비했습니다. 그러나 도착한 지 2년 2개월째 되는 날에야 비로소 성전 지대를 놓게 되었습니다. 그날 제사장들과 찬양대, 그리고 온 백성들이 함께 모였습니다. 제사장들은 나팔을 불고, 찬양대원들은 악기를 연주하면서 찬양하고, 백성들은 기뻐서 외쳤습니다.

　제사장들과 레위인들과 족장들 중에서 첫 성전을 기억하는 사람들은 다시 성전을 짓게 되는 것에 감사했습니다. 그러면서도 그 좋은 성전에서 예배드릴 때 자기들이 믿음생활에 게으름을 부리다가 성전은 허물어지고 자기들은 남의 땅에서 70년간 포로생활을 한 것이 후회스러워 아프고 회개하는 마음으로 목 놓아 통곡했습니다.

찬양 소리, 기쁨으로 외치는 소리, 통곡 소리가 어우러져 무슨 소리인지 모를 큰 소리로 멀리멀리 퍼져나갔습니다. 그래서 사마리아 지역의 최고 뉴스거리는 바벨론 포로로 있던 사람들이 다시 예루살렘으로 돌아와 하나님의 성전을 재건한다는 것이었습니다.

사마리아 사람들의 요청을 거절한 지도자들

당시 사마리아 지역은 복잡한 곳이었습니다. 앗수르 왕이 사마리아를 정복한 후 자기가 정복한 여러 나라 사람들을 그곳에 이주시켜서 살게 했습니다. 그래서 이스라엘 사람들 중에서도 사마리아에서 사는 사람이 많았습니다. 말이 다르고 문화가 다르고 종교가 다른 사람들끼리 섞여 살다 보니 서로 결혼을 하게 되었습니다. 그러니 모든 것이 뒤죽박죽이 되었습니다. 신앙도 뒤죽박죽이 되어 서로가 같은 자리에서 하나님을 섬기고 우상도 섬겼습니다. 그뿐만 아니라 성적으로도 방탕해져서 사위와 장모가 같이 살기도 했습니다. 그래서 이스라엘 백성들은 사마리아 지역에서 사는 자기 동족들을 개같이 여겨 상종하지도 않았고, 예수님 시대에도 사마리아에 사는 이스라엘 사람들은 자기 동족들에게 천대를 받았습니다.

그럼에도 불구하고 사마리아에 사는 이스라엘 사람들은 자기들이 주인이라는 의식을 갖고 있었습니다. 그런데 바벨론에서 돌아온 사람들이 예루살렘에서 성전을 재건한다는 소식을 듣게 되었습니다. 이스라엘 사람들에게는 하나님의 성전이 있는 곳이 그들의 중심지가 됩니다. 지금은 예루살렘이 황무해서 사마리아 사람들이 이스라엘의 주인처럼 살고 있는데, 바벨론에 포로로 끌려갔던 사람들이 돌아와 예루살렘에 하나님의 성전을 지으면 예루살렘이 이스라엘의 중심지가 되고 예루살렘 시민들이 이스라엘의 주인처럼 됩니다. 그러면 사마리아 사람들은 밀리게 됩니다. 그래서 사마리아 사람들이 떼를 지어 스룹바벨과 족장들에게 나아가 자기들의 뜻을 전달합니다.

"형제들이여, 우리가 비록 이 땅에서 다른 나라 사람들과 섞여 살지만 아직도 하나님을 찾고 하나님을 예배하고 있소. 그러니 성전을 짓는 데 우리도 합세하겠소."

그러나 스룹바벨과 이스라엘 족장들은 그것을 받아줄 수 없었습니다. 그들은 아무렇게나 막사는 사람들이고, 특별히 하나님은 유일한 하나님이신데 하나님을 여러 수십, 수백 개의 우상 가운데 하나 정도로 섬기는 그들을 받아들일 수 없었습니다. 그들의 돈과 시간과 에너지를 받아서 성전을 지을 수 없었습니다. 그래서 거절했습니다.

"당신들은 이 성전을 짓는 일에 상관이 없소. 이 성전은 우리 힘으로 짓겠소. 당신들과 함께 성전을 지을 수 없소."

그때부터 사마리아 사람들이 예루살렘 사람들을 방해하기 시작했습니다. 본문에 구체적인 방법은 나와 있지 않고 "이로부터 그 땅 백성이 유다 백성의 손을 약하게 하여 그 건축을 방해하되"라고 되어 있는데, 용기를 빼앗아 간 것입니다. 그리고 두려워하게 한 것입니다. 성전을 짓다가는 큰 재앙을 만나서 죽을 것이라고 겁을 먹게 한 것입니다. 그래서 사람들이 용기를 잃고 겁을 내어 차츰차츰 성전 짓는 역사를 제대로 감당하지 못했습니다.

또 사마리아 사람들은 지방장관을 비롯해서 그 당시 힘과 권세 있는 사람들에게 뇌물을 주어 고레스 왕과 힘 있는 사람들의 눈을 어둡게 하여 성전을 재건하지 못하게 막았습니다. 특별히 아닥사스다 왕이 통치하게 되었을 때는 그들이 지방장관과 지역 주민들의 서명 날인을 받아 진정서를 냈습니다.

"왕이여, 우리는 왕의 소금을 먹는 백성으로서 예루살렘의 일을 그냥 둘 수 없어 보고하니 잘 살펴 주십시오. 예루살렘은 예로부터 패역하고 악한 성읍인데 이 성이 재건되면 왕의 명예가 상처를 입게 될 것이고 왕의 명예가 추락할 것입니다. 그리고 그들이 조공과 부세와 잡세를 내지 않아 왕께 손해가 올 것이고, 강 서편의 땅을 모두 잃어버리게 될 것입니다. 그러니 어쨌든 예루살렘 성 재건을 막아야 합니다."

이런 내용의 편지를 본 아닥사스다 왕이 서기관들을 통해 조사해 보니 유다 민족은 독특한 민족이고 독립심이 강하고 반역하고 항쟁하는 민족이었습니다. 특별히 다윗 왕과 솔로몬 같은 큰 군왕이 나왔을 때는 그 주변 국가를 제패한 모습이 보였습니다. 그래서 아닥사스다 왕이 "예루살렘 역사를 중단시켜라" 하고 명령을 내리자 사령관이 군대를 몰고 와 성전을 짓지 못하게 했습니다. 그래서 결국 성전 건축이 중단되었습니다. 어떤 학자는 14년간, 또 어떤 학자는 16년간이라고 보는데, 15년 정도 성전 건축이 중단되었습니다.

그런데 다리오 왕 2년에, 학개 선지자가 일어나 유다와 예루살렘에 사는 유다 사람들을 책망했습니다.

"하나님의 성전을 짓다가 중단해 놓고 어찌하여 당신들 집만 지어놓고 사오?"

그때 유다 백성들이 회개하고 다시 일어나 성전을 지어 완공하게 되지만 15년 정도 하나님의 성전 역사는 중단되었습니다.

거룩과 경건을 지키려는 노력

우리는 본문에서 많은 교훈을 받습니다.

첫째는, 아무리 성전을 짓는 것이 귀하고 연합하는 것이 귀해도 거룩과 구별이 깨지면 안 된다는 것입니다.

하나님의 성전을 짓는 일은 하나님께서 기뻐하시는 일입니다.

"너희는 산에 올라가서 나무를 가져다가 성전을 건축하라 그리하면 내가 그것으로 말미암아 기뻐하고 또 영광을 얻으리라 여호와가 말하였느니라"(학 1:8).

자기 집을 지어 보신 분들은 집짓기가 힘들어도 집을 지으면 얼마나 좋은지 잘 아실 것입니다. 헌 집에서 살다가 새 집에 들어가면 그 기쁨이 한이 없습니다.

하나님께서도 우리 마음과 느낌이 같으셔서 하나님의 성전을 지을 때 기뻐하시고 성전 때문에 영광을 받으십니다. 그래서 하나님의 성전은 하나님의 영광에 맞도록 잘 지어드려야 합니다. 하나님의 성전을 짓는 것은 좋은 일입니다. 그리고 연합하는 것도 아주 좋은 일입니다.

"보라 형제가 연합하여 동거함이 어찌 그리 선하고 아름다운고"(시

133:1).

"한 사람이면 패하겠거니와 두 사람이면 맞설 수 있나니 세 겹 줄은 쉽게 끊어지지 아니하느니라"(전 4:12).

연합하는 것이 중요합니다. 하지만 연합이 중요할지라도 연합함으로 인해 거룩과 구별이 깨지게 되면 연합해서는 안 됩니다.

사마리아 사람들이 하나님을 섬기기는 했지만 그 생활이 좋지 않았습니다. 짐승처럼 살았습니다. 그러면서 하나님의 이름을 갖고 있었습니다. 그런 사람들과 합세해서 성전을 지으면 그들과 서로 영향을 주고받게 됩니다. 그러면 유일하신 하나님을 섬기는 하나님의 백성들의 순수하고 거룩한 마음도 영향을 받아 결국 유다 백성들도 생활이 방탕해질 수 있고, 하나님을 다른 신들 중의 하나처럼 섬길 수 있습니다. 하나님의 영광스러움이 떨어질 수 있습니다. 그래서 스룹바벨과 족장들이 성전을 짓지 못할망정 사마리아 사람들의 도움을 받지 않겠다고 선언한 것입니다.

오늘날에도 마찬가지입니다. 연합하는 것이 좋지만 연합해서 우리의 거룩한 생활과 경건이 깨어지게 된다면 연합하지 않는 것이 좋을 것입니다.

연합회 모임에 가서 마음이 아픈 적이 많았습니다. 그것은 "아무개 장로 말이야…", "아무개 목사 있지?"라는 말들을 들을 때입니다. 집사님, 장로님들이 모여 함부로 말하고 함부로 농담하는 것을 보면 '거룩이, 구별이 깨어지겠구나' 하는 생각이 듭니다. 어느 모임이든 내가 아주 강해서 그들을 변화시킬 수 있으면 좋은데 그렇지 못하면 오히려 거기에서 영향을 받을 수 있으니 조심해야 합니다.

만일 우리가 불교, 유교, 마호메트교, 이단들과 연합해서 구제사업을 하고 장학사업을 한다면, 그들과 힘을 합해 선한 일을 한다면 어떻게 되겠습니까? 신문이나 방송에 그 일이 보도되면 그것을 보는 사람들이 '아하, 기독교나 회교나 유교나 불교나 다 같은 종교구나. 여호와의증인이나 신천지나 구원파나 통일교나 안식교나 다 같은 교회들이구나. 그중에 하나만 믿으면 되겠네'라고 생각하게 될 것입니다.

다이아몬드와 돌은 비교할지언정 하나님과 우상은 비교할 수도 없습니다. 하나님만이 창조주이시고, 구원주이시고, 역사의 주인이시고, 심판주이십니다. 하나님께만 구원이 있습니다. 그런데 그들과 연합하게 되면 생명도 없는 종교와 이단 사이비들이 교회와 같은 위치에 서게 되는 것입니다.

그래서 연합도 중요하고 선한 일을 함께하는 것도 중요하지만 구별이 깨질 때는 연합하지 않아야 하는 것입니다. 그들에게 욕을 먹어도 연합하지 않아야 합니다. 그들이 기독교는 너무 독선적이라며 욕을 해도, 그 독선이 진리입니다.

구원은 예수님밖에 없습니다. 구원은 하나님밖에 없습니다. 그런데 그들과 자리를 함께하면 우리 기독교가 그들과 같아지니 조심해야 합니다. 연합이 중요하고 하나님의 성전을 짓는 일도 중요하지만 거룩과 구별이 깨어져서는 안 되는 것입니다.

우리는 죄인입니다. 우리가 거룩하다 한들 얼마나 거룩하고, 우리가 경건하다 한들 얼마나 경건하겠습니까? 그래도 거룩과 경건을 지키려고 노력해야 합니다.

담비라는 동물은 몸집이 작고, 흰 담비는 털이 눈처럼 새하얗습니다. 그 담비 털을 얻기 위해 사냥꾼들이 담비를 많이 잡는데, 담비가 얼마나 빠른지 잡기가 힘들다고 합니다. 그런데 담비의 굴에 더러운 오물을 발라 놓으면 담비를 쉽게 잡을 수 있다고 합니다. 담비를 잡으려고 추격하면 담비가 자기 굴로 도망을 가서 숨으려다가도 굴 앞에 더러운 것이 있으면 들어가지 않기 때문이랍니다. 죽을지언정 자기 몸을 더럽히지 않는 담비, 우리는 어떤 면에서 담비와 같은 그런 것이 있어야 합니다.

다니엘이 자기 몸을 더럽힐 바에는 죽겠다는 각오로 뜻을 품고 산 것처럼 교회도 거룩을 지켜야 하고, 우리 개인도 경건을 지켜야 합니다. 그래서 동기 모임에 가든, 친척 모임에 가든 언제나 구별된 삶을 살아야 합니다. 어디에 가든 '저 사람은 하나님을 믿는 사람이구나'라는 표시가 나도록 살아가기를 바랍니다.

그리고 누가 나를 도와줄 때나 선물을 줄 때도 생각 없이 그것을 받으면 안 됩니다. 사마리아 사람들이 아무리 많은 재물과 힘으로 도와준다고 해도 그것을 받아서는 안 되었던 것처럼 나를 이용하려고 주는 것은 받지 않아야 합니다. 하나님께로부터 온 것은 받고, 사탄에게서 오는 것은 받지 않아야 합니다.

우리 교회를 지을 때 교회를 짓는 일과 관계되는 곳에서 숟가락 하나, 넥타이 하나도 받지 못하게 했습니다. 만일 건축위원들이 어느 회사나 어느 사람에게 무언가를 받게 되면 그 회사나 그 사람과 관련된 물건이나 제품을 쓰려고 하지 않겠습니까? 그러면 서로 자기 제품을 사용하게 하려고 로비를 할 것이고, 건축위원들끼리 싸움이 생길 수도 있습니다. 우리 교회는 교회를 지을 때도, 다 짓고 나서도 아무 분쟁이 없고 깨끗했습니다. 무엇을 준다고 아무 생각 없이 그냥 받으면 시험에 들고 오히려 마귀에게 쓰임 받게 됩니다.

오래전, 국회의원 선거 막바지 때에 한 지역의 국회의원 입후보자에게 이단 종교의 관계자가 와서 자기 교주에게 충성을 서약하면 큰돈을 무상으로 주겠다고 했답니다. 그때 그분이 돈이 없어서 어려울 때라 마음이 흔들렸지만 거절했답니다. 그분이 그때 그것을 받았다면 평생 코가 꿰이게 되었을 것입니다. 다른 사람들이 도움을 줄 때마다 언제나 하나님의 도움인지 분별하시기 바랍니다.

마귀를 대적하고 오직 하나님만 의지하는 삶

또 중요한 교훈은 하나님께서 무한하시고 전능하신데도 사탄이 실질적으로 교회를 방해하고 믿는 자의 역사를 방해한다는 사실을 잊지 말아야 하는 것입니다.

"근신하라 깨어라 너희 대적 마귀가 우는 사자같이 두루 다니며 삼킬 자를 찾나니 너희는 믿음을 굳건하게 하여 그를 대적하라 이는 세상에 있는 너희 형제들도 동일한 고난을 당하는 줄을 앎이라"(벧전 5:8-9).

항상 마귀를 대적해야 합니다. 대적하면 하나님께서 이길 힘을 주십니다.

느헤미야에게 적들이 얼마나 위협하고 용기를 빼앗아 갔는지 모릅니다. 느헤미야를 죽이려고 온갖 일을 다 했습니다. 그러나 느헤미야는 그들을 대적하면서 오직 하나님을 의지하니 승리했습니다.

그런데 유다 백성들은 사마리아 사람들이 성전을 짓지 못하도록 막으니 거기에 밀려서 성전 짓는 일을 그만두었습니다. 그들이 기도하고 고레스 왕도 찾아갔다면 성전을 잘 지었을 텐데, 물러가니 하나님께서 그들을 도와주지 않으셨습니다.

여러분, 어떤 경우에도 좌절하지 마시기 바랍니다. 할 수 있는 자에게 할 수 있게 해주십니다. "나는 한다. 나는 좌절하지 않는다"라고 하면 하나님께서 힘을 주시고 도와주십니다. 그런데 조그만 시험이 있다고 물러서면 하나님께서는 그런 사람을 쓰지 않으십니다.

그들이 하나님의 전을 짓지 않고 자기 집을 지어 보니 재미가 있었습니다. 그래서 성전을 짓던 사람들이 슬슬 빠져나가 자기 집을 짓고 자기 농장을 가꾸었습니다. 그러니 하나님께서 15년간 그들을 그냥 두시면서 어려움을 주신 것입니다. 농사를 지으면서 많은 수확을 바랐으나 수확이 적었습니다. 그것을 집에 갖고 오니 하나님께서 불어 버리셨습니다. 하나님께서 하늘의 이슬과 땅의 생산을 그치게 하셨습니다. 그들이 하는 모든 일에 한재가 들게 하셨습니다. 그것이 학개 1장에 기록되어 있습니다.

"너희가 많은 것을 바랐으나 도리어 적었고 너희가 그것을 집으로 가져갔으나 내가 불어 버렸느니라 나 만군의 여호와가 말하노라 이것이 무슨 까닭이냐 내 집은 황폐하였으되 너희는 각각 자기의 집을 짓기 위하여 빨랐음이라 그러므로 너희로 말미암아 하늘은 이슬을 그쳤고 땅은 산물을 그쳤으며 내가 이 땅과 산과 곡물과 새

포도주와 기름과 땅의 모든 소산과 사람과 가축과 손으로 수고하는 모든 일에 한재를 들게 하였느니라"(학 1:9-11).

유다 백성들이 성전을 짓지 않고 자기 집을 지을 때 15년 동안 고생했습니다. 수고해도 되는 것이 없었습니다. 그 이유가 하나님의 집은 황폐한데 자기 집을 짓기에 바빠서 그렇다는 것입니다. 먼저 하나님의 집을 지어야 하늘의 이슬과 땅의 산물을 주신다는 것입니다. 그래서 그들이 다시 힘을 내어 성전을 짓고 나니 축복의 단비가 내렸습니다.

오늘 우리가 기억할 것은 '내 가정, 내 사업을 다 챙긴 다음에, 내가 하는 이것을 매듭짓고 난 다음에 하나님의 일을 하겠다'고 하면 하나님께서 불어 버리신다는 것입니다. 우리가 많이 바라나 하나님께서 적게 주시고, 하늘의 이슬과 땅의 산물을 그치게 하셔서 전과 같이 잘되지 않는다는 것입니다. 먼저 하나님의 일을 하고 그다음에 자기 일을 할 때 하나님께서 이슬 같은 은혜를 내려주십니다.

"너희는 먼저 그의 나라와 그의 의를 구하라 그리하면 이 모든 것을 너희에게 더하시리라"(마 6:33).

이 말씀을 붙잡으시기 바랍니다. 목회자만 '하나님 우선'으로 해야 하는 것이 아닙니다. 장로님이나 모든 성도들이 '먼저 하나님, 우선 하나님' 할 때 하나님께서도 "네가 내 마음에 든다" 하시면서 그 사람의 일을 먼저, 우선으로 도와주실 줄 믿습니다.

그리고 그때 이스라엘 백성들이 느헤미야처럼 영적으로 강했다면 이겼을 텐데 힘이 약해서 성전 역사가 중단된 것입니다. 사람에게는 성장곡선과 운동곡선, 두 가지 선이 흐른다고 합니다. 성장곡선은 어느 집안 출신이고 어느 학교 출신이냐, 자격과 학위는 무엇이냐 등 사람들이 평가할 수 있는 경력이나 이력과 같은 것이고, 운동곡선은 이력에나 경력에는 쓸 수 없는, 계속해서 노력하는 물밑 작업과 같은 것입니다.

물에 떠 있는 오리를 보면 가만히 있는 것 같습니다. 그러나 오리가 물 위에 오래 떠 있기 위해서는 물 밑의 발을 계속 움직여야 합니다. 오리는 고무풍선이 아니기 때문에 계속해서 발이 움직이지 않으면 오래 떠 있을 수 없습니다. 빠져 죽습니다. 오리가 물에 떠 있는 것은 성장곡선이고, 물 밑에서 발을 계속 움직이는 것은 운동곡선입니다.

사람도 그렇습니다. 아무리 성장곡선이 좋더라도 물밑 작업인 운동곡선이 없으면 처지게 되고 미래가 어두워지게 됩니다. 계속해서 물밑 작업을 하는 자가 승리하게 됩니다. 아무리 명문대학을 나오고 명문대학에서 서너 개의 학위를 받았어도 운동곡선이 없는 교수님은 학교와 학생들에게 배척을 당하게 됩니다. 그러나 비명문대학에서 학위를 받았어도 운동곡선이 계속되는 교수님은 학생들에게 점점 더 인기를 얻게 되는 것입니다. 명문대 출신의 의사라도 계속해서 노력하지 않으면 환자들이 찾아오지 않을 것입니다. 그러나 비명문대 출신의 의사라도 계속해서 노력하면 환자들이 그 병원으로 찾아올 것입니다. 목회자도 신학대학원을 나오고 박사가 되어도 운동곡선이 약하면 밀려나게 됩니다. 성장곡선이 좋지 않아도 운동곡선이 계속 진행되는 사람은 갈수록 귀하게 됨을 믿으시기 바랍니다.

교인들도 마찬가지입니다. 집사님이 되고 권사님이 되고 장로님이 되는 것은 성장곡선입니다. 성장곡선과 함께 운동곡선이 있어야 합니다. 권사님이 되고 장로님이 되어도 매일 성경을 10장도 읽지 못하고 그냥 보낸다면 운동곡선이 약하기 때문에 장로님, 권사님의 일을 감당하기가 힘듭니다. 장로님, 권사님의 향기가 나지 않고 다른 사람들도 답답하게 만듭니다. 그러나 장로님, 권사님, 집사님이 계속 기도하고, 성경을 연구하고, 경건훈련을 해서 하나님의 강력한 사람이 되면 하나님께 사랑받고 사람들에게 칭찬받는, 영향력이 있는 사람이 되는 줄 믿습니다.

우리 모두 능력 있는 크리스천이 되기를 바랍니다. 그러기 위해서는 노력해야 합니다. 오리가 계속 물 밑에서 발을 움직이며 노력하듯이 우리도 노력해야 창공을 나는 독수리 같은 신앙인이 될 수 있습니다.

나를 성장하지 못하게 하는 일, 경건을 해치는 일들이 이 세상의 구석구석에 참 많습니다. 음란한 잡지, 음반, 테이프 등은 운동곡선을 죽이는 것들입니다. 나를 성장시킬 수 있는 귀한 것들을 보고 좋은 책을 보며 공부해야 합니다. 좋은 생각을 하고 기도하며 실력을 쌓아 나가야 합니다. 그러면 하나님께서 아시고, 세상 사람들도 압니다. 마귀도 알고 도망을 갑니다.

우리는 나이와 상관없이 계속 노력해서 운동곡선이 강해져 우리의 남은 생애가 더 담대하고 안정감 있기를 원합니다. 그럴 때 어떤 문제가 와도 이겨나갈 수 있습니다. 적이 나를 해칠 때 내가 적보다 약하면 두렵지만 내가 적보다 강하면 아무런 염려가 없습니다.

우리는 "붙으려면 붙자!" 하고 나아가야 합니다. 우리는 싸워야 합니다. 사탄과 싸워야 합니다. 마귀와 싸워야 합니다. 하나님께서 우리에게 힘을 주십니다.

우리는 얼마든지 성전을 재건할 수 있고, 얼마든지 사람들을 구원할 수 있습니다. 또한 얼마든지 하나님의 일을 이룰 수 있습니다. 그런데 주저앉으니 못하는 것입니다. 힘을 배양합시다. 그래서 승리하는, 능력 있는 하나님의 사람이 되시기를 축원합니다.

8
하나님의 돌보심

(에스라 5:1-5)

선지자들 곧 선지자 학개와 잇도의 손자 스가랴가 이스라엘의 하나님의 이름으로 유다와 예루살렘에 거주하는 유다 사람들에게 예언하였더니 이에 스알디엘의 아들 스룹바벨과 요사닥의 아들 예수아가 일어나 예루살렘에 있던 하나님의 성전을 다시 건축하기 시작하매 하나님의 선지자들이 함께 있어 그들을 돕더니 그 때에 유브라데 강 건너편 총독 닷드내와 스달보스내와 그들의 동관들이 다 나아와 그들에게 이르되 누가 너희에게 명령하여 이 성전을 건축하고 이 성곽을 마치게 하였느냐 하기로 우리가 이 건축하는 자의 이름을 아뢰었으나 하나님이 유다 장로들을 돌보셨으므로 그들이 능히 공사를 막지 못하고 이 일을 다리오에게 아뢰고 그 답장이 오기를 기다렸더라 자유가 얼마나 귀한지 모릅니다. 사람이 군대에 있으면 먹을 것과 입을 것과 잠자리를 다 줍니다. 그러나 자유가 없으니 어서 제대하기를 원하고, 휴가를 나오면 들어가기 싫어합니다. 특별히 내 나라, 내 땅에서 자유를 누리며 사는 것이 얼마나 귀한지 모릅니다.

이스라엘 백성이 남의 땅에서 70년간 구속되어 포로생활을 하다가 하나님의 은혜로 고레스 왕이 칙령을 내려 자유를 얻어 고국으로 돌아오게 되었습니다. 그때 그 기쁨이 얼마나 컸겠습니까? 또 고국으로 돌아온 그들이 허물어진 성전을 짓게 되었을 때 그 기쁨이 얼마나 컸겠습니까? 그들에게는 성전을 건축하는 열심의 불길이 타올랐습니다. 하늘을 찌를 듯이 하나님을 사랑하고, 성전을 사랑하고 재건하는 열심의 불길이 타올랐습니다.

그런데 모닥불에 물 한 양동이를 갖다 부으면 불이 꺼지고 연기만 나듯이 아닥사스다 왕의 조서로 말미암아 지방장관과 군대장관이 무력으로 성전 건축을 제지하자 그들의 신앙심은 꺼져 버리고 의심의 연기만 났습니다. 하나님의 성전을 사랑하는 마음과 성전을 짓고 싶어 하던 열심의 불길이 꺼져 버리고 '하나님이 약하신가? 하나님이 힘이 없으신가?' 하는 의심의 연기로 가득했습니다.

그리고 성전을 짓지 못하게 되니 산에서 나무를 해 와서 자기들의 집을 지었습니다. 또 농장을 일구고 축사를 지어 목축을 했습니다. 그러다 보니 은근히 '솔로몬 왕이 7년이나 걸려 성전을 지었는데 우리가 이 성전을 지으려면 몇 년이 걸릴지 모른다. 성전을 짓지 않게 되었으니 차라리 잘되었는지도 모르겠다' 하며 자기들의 일에 전념했습니다. 그렇게 1년, 2년, 3년을 지내다 보니 성전 재건하는 일은 까맣게 잊어버리고 모두 자기 일에 열심이었습니다. 그렇게 14년이 지나고 15년째에 접어들었습니다.

하나님의 집을 짓다가 중단한 지 15년이 되어도 그들은 마음에 아무런 가책도 없이 자기 집의 일에만 바빴습니다. 그런데 이상하게도 애써 농사를 지어도 계산대로 되지 않습니다. 아무리 많이 뿌려도 소출이 적습니다. 양이나 소가 새끼를 낳으면 죽습니다. 집을 잘 짓고 꾸몄지만 창고는 텅텅 빕니다. 손이 수고한 대로 먹지 못하고 헛수고를 합니다. 아무리 애를 써도 되지 않습니다. 그래도 예루살렘 성민은 깨닫지 못하고 계속 자기 일, 자기 집을 짓는 일이 우선이었고, 하나님의 전을 재건하는 일은 잊어버리고 살았습니다.

학개와 스가랴를 통해 말씀하시는 하나님

그런데 다리오 왕이 즉위하고 2년째에 접어드는 해 6월 1일에, 학개 선지자가 나타나서 그들에게 하나님의 말씀을 강하게 전합니다.

"하나님께서 말씀하셨다. 하나님의 말씀을 들어라. 하나님의 집은 황무한데 어찌 너희가 판벽된 집, 잘 꾸며진 집에 살 수 있느냐? 너희 소위를 돌아보아라. 너희가 왜 먹어도 배부르지 못하고 마셔도 흡족하지 못하고 입어도 따뜻하지 못한지 너희 소위를 생각해 보아라. 어서 산에 가서 나무를 하여 내 집을 지어라. 내가 그것으로 기뻐하고 영광을 받으리라. 그러지 않고는 너희가 아무리 많이 뿌려도 소출은 적을 것이며 아무리 품삯을 받아서 전대에 넣어도 빈 지갑처럼 없을 것이다. 너희가 많이 받았으나 적을 것이다. 너희들이 너희 집의 일에 바쁘고 너희 일에 바쁘고 내 집을 짓는 일에 게으르기 때문에 하늘의 이슬을 막았느니라. 땅의 생산을 막았느니라. 내가 땅에, 산에, 포도주에, 곡식에, 짐승에, 사람에게, 너희 손으로 하는 모든 일에 한재를 내렸느니라. 너희가 내 성전을 짓기 전에는 아무리 심고 애써도 되지 않을 것이다. 너희 소위를 살펴보아라."

이는 학개 1장 3절에서 11절까지의 말씀입니다.

또 스가랴 선지자가 나타나서 말씀합니다.

"너희 집은 바꾸고 하나님의 일은 뒷전이구나. 그래서 잘될 줄 아느냐? 계획대로 될 줄 아느냐?"

말씀이 너무 강력하니, 6월 1일에 그 말씀을 받았는데 6월 24일에 스룹바벨이 일어납니다. 예수아가 일어납니다. 백성의 유지들이 일어납니다. 그들이 감동을 받고 회개하며 "우리가 잘못 살았다. 순서가 틀렸다. 먼저 하나님의 집을 짓자. 그다음에 우리 집을 짓자"라고 합니다.

그래서 모두가 일어나 성전을 재건합니다. 하나님의 말씀을 듣고 불과 23일 만에 성전을 재건하는 것입니다. 그 정보를 들은 지방장관과 사령관, 또 동료들이 밀려와서는 "너희들이 누구의 명으로 이것을 짓느냐? 아니, 도대체 누구의 마음대로 성전을 다시 짓느냐?"라고 합니다. 그때 예루살렘 성민들이 담대히 성전을 짓는 경위와 짓는 자는 누구라고 하며 고레스 왕도 지으라고 했다고 대답합니다.

그런데 하나님께서 예루살렘 성민들을 돌아보시니 성전 건축을 막으러 온 닷드내 총독과 지방장관과 사령관과 그 동료들이 마음이 바뀌어 다리오 왕에게 보낼 편지를 쓰는데, 성전 건축에 유익하도록 씁니다.

다리오 왕은 답장에다가 적극적으로 예루살렘 성전을 건축하라고, 국고로 지으라고 합니다. 그래서 성전을 다 이루어 봉헌하게 됩니다. 다 꺼져 가는 모닥불에 기름을 몇 통 부으면 확 일어나듯이 하나님께서 돌아보시니 성전 건축 사업이 확 일어나서 이루어지게 된 것입니다.

모든 것을 가능하게 하시는 하나님의 돌아보심

오늘 본문에서 우리가 깨닫게 되는 큰 교훈이 있습니다.

먼저는, 하나님께서 돌아보시기만 하면 된다는 것입니다. 하나님께서 돌아보시니 15년간 못했던 일을 하게 되었습니다. 하나님께서 돌아보시면 불가능한 일이 가능하게 됩니다. 회사의 사장이 한 사원을 돌아봐도 복이 있습니다. 나라의 대통령이 한 공무원을 돌아봐도 복이 있습니다. 하물며 하나님께서 돌아보실 때 얼마나 복이 있겠습니까?

우리 교우가 고향에 갔다가 가난한 농가의 아들이 장가를 가게 되었는데 돈이 없어서 쩔쩔맨다는 이야기를 들었답니다. 그때 우리 교우가 마침 신부에게 목걸이와 반지를 사줄 수 있을 정도의 제법 많은 돈을 갖고 있어서 그 집에 가서 "적지만 결혼 준비에 쓰세요"라며 그 돈을 다 드렸답니다. 가난한 집의 내외분이 그 돈을 받고 감격하더랍니다. 형제도 아니고 도와줄 이유도 없는 이웃이 그렇게 많은 돈을 주니 힘을 얻어 어쩔 줄 모르더랍니다. 우리 교우가 가난한 집을 돌아보아도 그 집이 그렇게 활짝 피는데 하나님께서 어느 가정을 돌보시고 어느 개인을 돌보시면 얼마나 복이 되겠습니까?

누가복음 7장 11절 이하를 보면, 나인 성의 한 과부가 남편 죽은 지 얼마 되지 않았는데 외동아들까지 죽었습니다. 아들의 관을 따라가며 하염없이 웁니다.

주님께서 그 여인을 보시고 돌아보십니다.

"여인아, 울지 말라."

그리고 관에 손을 대시고 말씀하십니다.

"청년아, 일어나라."

그러자 죽은 청년이 살아납니다.

우리 주님은 전능하십니다. 하나님께서, 예수님께서 돌아보시면 기적이 일어납니다.

누가복음 1장에도 참 이상한 일이 있습니다.

아비야 반열의 사가랴 제사장과 그의 부인 엘리사벳이 얼마나 의인인지 부부가 함께 하나님 앞에 흠이 없게 살았습니다. 온 백성의 사랑을 받는 제사장이었는데 늙도록 하나님께서 자녀를 주지 않으셨습니다. 이제는 나이가 너무 많은 할아버지와 할머니가 되어서 아기를 가진다는 것은 기대할 수도 없게 되었습니다. 그런데도 사가랴는 '아이구, 아들 하나 안아 봤으면 좋겠네' 하는 마음이 있어 기도를 계속했습니다.

그러던 어느 날, 성전에서 예배를 드리는데 향단 옆에 하나님의 천사가 나타났습니다. 사가랴 제사장은 경건하고 흠과 티가 없이 깨끗하게 사는 분이지만 하나님의 천사는 처음 보니 놀랍고 두려워서 어쩔 줄 몰랐습니다. 그때 천사가 말합니다.

"사가랴야, 두려워 말라. 네 간구가 하나님께 들렸다. 네 아내 엘리사벳이 아들을 낳아 주리라."

그래서 아기 낳는 일이 불가능한 할아버지와 할머니를 하나님께서 돌아보시니 아들을 낳게 됩니다.

하나님께서 돌아보시면 대학에 떨어질 아이가 붙게 됩니다. 망할 사람이 흥합니다. 하나님께서 돌아보시면 이혼할 부부가 함께 살게 됩니다.

지난 주일에는 우리 교회에 다니시다가 멀리 이사를 가서 살고 계신 교우들이 많이 오셨습니다. 오래전, 그분들 중의 한 가정이 이혼 서류에 도장을 찍고 위자료까지 다 결정한 다음 저를 만나러 왔었습니다. 그때 제가 그 부부의 손을 붙잡고 기도를 드렸습니다. 그때 하나님께서 그 부부를 돌아보셨습니다. 서로 죽이고 싶도록 미워하던 부부가 "여보!" "여보!" 하면서 울고 손잡고 돌아가서 잘 살고 있습니다. 다 깨진 가정도 하나님께서 돌아보시면 되는 것입니다.

여러분의 몸이 암으로, 다른 무엇으로 다 끝나가도 하나님께서 돌아보시면 회복됩니다. 하나님께서 이 밤에 우리를 돌아보시기 바랍니다. 우리 몸을 돌아보시기 바랍니다. 하나님께서 돌아보시면 되는 것입니다.

말씀이 바로 증거될 때 돌아보시는 하나님

하나님께서는 어떤 환경에서, 어떤 사람을 돌아보십니까?

오늘 성경에서 분명히 가르쳐 주십니다. 하나님의 말씀이 올곧게, 방해받지 않고 담대하게 바로 증거될 때 하나님께서 돌아보십니다.

이스라엘 백성에게 15년간 하나님의 말씀이 증거되지 않았습니다. 15년간 하나님의 말씀이 들려지지 않을 때 하나님께서는 팔짱을 끼고 돌아보지 않으셨습니다. 그런데 선지자 학개와 스가랴가 왕을 두려워하지 않고, 총독을 두려워하지 않고, 군대 사령관을 두려워하지 않고 담대하게 하나님의 말씀을 바로 전할 때 하나님께서 돌아보셨습니다.

영국이 방황하고 타락했습니다. 웨슬리 목사님이 하나님 말씀을 바로 전할 때 영국이 살았습니다. 미국이 흔들렸습니다. 디엘 무디 목사님이 하나님 말씀을 바로 전할 때 미국에 경건운동이 일어났습니다. 스코틀랜드가 타락하고 방종했습니다. 존 로스 목사님이 하나님의 말씀을 바로 전할 때 스코틀랜드가 살아났습니다.

오늘 이 시대에도 주의 종들이 하나님 말씀을 바로 전하면 이 시대를 하나님께서 돌아보시는 것입니다. 목사님들이 사람의 눈치를 보지 않고 하나님의 말씀을 바로 전하면 하나님께서 우리나라를 구원하실 줄 믿습니다. 사람의 눈치를 보지 않고 하나님 앞에서 하나님 말씀을 바로 전하면 하나님께서 시원해하시고 기뻐하시면서 그 자리를 돌보아 주시는 것입니다. 하나님의 말씀은 능치 못함이 없습니다.

비와 눈이 땅에 내려서 땅을 적시고 싹을 내게 하고 열매를 맺게 하여 파종하는 자에게 씨를 주고 먹는 자에게 양식을 줍니다. 이와 같이 하나님의 말씀이 떨어지면 역사가 나타나고, 하나님의 뜻이 이루어지며, 하나님이 명하신 것이 이루어집니다.

한국뿐만 아니라 세계 교회 목사님들이 하나님 말씀을 바로 전할 수 있기 바랍니다. 저도 하나님 앞에서 하나님 말씀을 담대하게,

가감하지 않고 그대로 전할 수 있는 목사가 되기를 바랍니다. 그러면 우리 교회를 하나님께서 돌보아 주십니다. 우리 지역을 돌보아 주시고, 우리 민족을 돌보아 주실 줄 믿습니다.

　하나님 말씀이 바로 증거되면 하나님께서 돌보아 주시는 것입니다. 베드로는 무식했습니다. 신학을 공부하지 않았습니다. 그러나 하나님 말씀을 바로 전하니 베드로의 말씀을 듣고 하루에도 3천 명이 회개를 하는 것입니다. 베드로가 말씀을 그대로 증거하니 하나님의 말씀에서 능력이 나가는 것입니다.

　여러분도 전도할 때 하나님의 말씀을 그대로 증거하기 바랍니다. 그럴 때 하나님께서 돌아보시고 상대방을 구원하실 줄 믿습니다. 하나님의 말씀은 바로 증거해야 합니다.

순종할 때 돌아보시는 하나님

　두 번째 교훈은 순종해야 한다는 것입니다.
　예루살렘 백성들이 순종했습니다. 예루살렘 백성들이 말씀에 순종해서 하나님의 성전을 재건하면 왕의 명령에 불복종하는 것이 되어 체포당할 수도 있고, 군대 사령관이나 지방장관에게 불이익을 당할 수도 있습니다. 어떤 보복, 어떤 방해, 어떤 제재를 받을지 모릅니다. 그래도 백성들이 학개와 스가랴 선지자의 말씀을 듣고 왕의 명령, 지방장관과 사령관의 권세를 두려워 않고 담대하게 순종했습니다. 그때 하나님께서 그들을 돌아봐 주셨습니다.

　하나님께서는 지금도 하나님 말씀에 순종할 때 그 사람, 그 가정을 돌아보아 주십니다. 아브라함은 어떤 경우에도 하나님 말씀에 순종했습니다. 하나님께서는 아브라함의 집을 돌아보아 주셨습니다. 야곱도, 이삭도, 다윗도 하나님 말씀에 순종했습니다. 하나님께서는 그들을 끝까지 돌보아 주셨습니다.

그러나 하나님 말씀에 순종하지 않은 사울 왕은 하나님께서 돌보지 않으셨습니다. 하나님 말씀을 업신여기고 순종하지 않는 사람에게는 하나님께서 등을 돌리셨습니다. 하나님의 말씀을 귀히 여기고 순종할 때 하나님께서 돌아보십니다.

여러분, 하나님께서 눈이 어두우셔서 보지 못하시는 것이 아닙니다. 귀가 둔하셔서 듣지 못하시는 것이 아닙니다. 팔이 짧으셔서 도와주지 못하시는 것이 아닙니다.

우리 때문입니다. 우리가 하나님 앞에 바로 순종할 때 하나님께서 시원해하시며 우리를 돌아보아 주십니다. 직장에서나 가정에서나 어디에서나 언제나 순종하기 어려운 상황에 있어도 순종하면 하나님께서 돌아보아 주시는 것입니다.

우리 교회의 한 집사님은 회사에서 과장이신데 회사의 회식 때마다 술을 마시지 않고 노래방에도 가지 않고 중간에 빠졌습니다. 그러자 부장님이 싫어하고, 이사님이나 동료들도 집사님을 대하는 인상이 달라지고 좋지 않았습니다. 그래서 고민하다가 저를 찾아왔습니다.

"목사님, 직장생활이 참 힘드네요. 제가 집사인데 노래방에 갈 수도 없고 술을 마실 수도 없어서 식사만 하고 나오는데, 그러니 저 때문에 팀의 분위기가 다 깨지는 것 같고, 다음 날 저를 보는 사람들의 인상도 썰렁합니다. 그래서 사표를 내려고 합니다."

제가 보기에 그분은 직장생활을 해야 할 사람이지 사업할 사람이 아닙니다. 그래서 제가 '하나님!' 했더니 하나님께서 지혜를 주셨습니다.

"집사님, 그들이 집사님의 얼굴을 바로 쳐다보지 않는 것은 집사님이 싫어서가 아니라 부러워서일 것입니다. '어찌 저렇게 살까? 어찌 저렇게 착실할까? 술도 마시지 않고 노래방에도 가지 않고 어떻게 저렇게 성실할까?' 하는 마음에 보기에 미안하고 두렵고 존경스러워서 그럴 것입니다."

"아닙니다, 목사님. 눈치가 있는데…."

"아니에요. 확실히 부럽고 두려워서 그럴 겁니다. 그러니 더 친절히 대하고 그쪽에서 인사를 하지 않아도 인사를 하고 그렇게 하십시오."

"아니, 저는 사표를 내려고…."

"사표 내지 마시고 선으로 악을 이기십시오."

그분이 사표를 내면 제 걱정거리가 될 것 같았습니다.

그분이 사표를 내지 않았는데 며칠 뒤 직원들이, "과장님, 어찌 그리 귀하게 사세요?"라고 하더랍니다. 또 이사님이 "자네 보기에 부끄럽네" 하더랍니다. 그리고 그분이 계속 승진하여 지금 회사의 기둥이 되어 있습니다. 하나님 말씀에 순종하면 하나님께서 돌아보아 주십니다.

출애굽기 1장을 보면, 애굽에 요셉을 알지 못하는 새 왕이 들어섰습니다. 그때 고센 땅에는 이스라엘 백성이 가득 찼습니다. 이스라엘 백성이 얼마나 생산을 많이 하는지 낳고, 낳고, 낳고, 계속 낳으니 새 왕이 겁이 났습니다.

'만일 전쟁이 일어났을 때 이스라엘 백성이 내부에서 적과 합하면 우리는 망한다.'

그래서 라암셋 국고성을 지으면서 이스라엘 백성에게 벽돌을 만들게 하고 중노동을 시켜서 부부생활을 못하게 했습니다. 아이를 낳지 못하게 하기 위해서였습니다. 엄청난 중노동을 시켜 기진맥진하게 했는데도 그들은 계속 아이를 낳았습니다. 그래서 왕이 산파들을 불러 "히브리 여자가 아기를 낳을 때 딸을 낳으면 살려두고 아들을 낳으면 죽이라"고 했습니다. 그런데 산파들이 하나님을 두려워해서 아들도 살렸습니다. 왕이 진노해서 산파들을 불렀습니다.

"아니, 어찌하여 남자아이를 살렸느냐? 어찌하여 어명을 거역하고 살렸느냐?"

하나님께서 산파들에게 지혜를 주셨습니다.

"폐하, 히브리 여자들은 얼마나 건강한지 애굽 여자들과는 다릅니다. 우리가 그 집에 가기도 전에 아이를 다 낳아 버립니다. 그래서 손을 쓸 수가 없습니다."

그러니 왕이 아무 말도 못하는 것입니다. 왕의 명령을 두려워하지 않고 하나님 말씀에 순종하니 하나님께서 살 지혜를 주시고 흥왕하게 하신 것입니다.

"하나님이 그 산파들에게 은혜를 베푸시니 그 백성은 번성하고 매우 강해지니라 그 산파들은 하나님을 경외하였으므로 하나님이 그들의 집안을 흥왕하게 하신지라"(출 1:20-21).

우리 교회가 흥왕하기를 바랍니다. 그러려면 제가 하나님께 순종하는 목회를 해야 합니다. 여러분의 집안이 흥왕하기를 바랍니다. 그러려면 여러분이 하나님 말씀에 순종해야 합니다. 여러분의 자녀들이 흥왕하기를 바랍니다. 그러려면 여러분 자녀들이 하나님 말씀에 순종해야 합니다. 순종은 실험 교육장입니다. 순종하면 믿음이 커집니다.

"요단 강을 밟아라. 갈라지리라." 밟으니 갈라집니다. "야! 되네."

"여리고 성을 돌아라. 무너지리라." 무너집니다. "야! 되네."

"떡 다섯 개로 5천 명을 나눠 먹이라." 나누니 먹고 남습니다. "야! 되네."

순종은 실험 교육장입니다. 하나님 말씀을 실험해서 순종하면 안 되는 것이 없습니다. 그리고 하나님께서 돌보십니다.

의지할 때 돌아보시는 하나님

세 번째 교훈은, 어떠한 상황에서도 하나님을 의지해야 한다는 것입니다.

앞으로 성전을 재건하면 무슨 험악한 일이 일어날지 모릅니다. 그러나 유다 백성은 하나님을 의지했습니다. 스룹바벨도, 예수아도, 학개도, 스가랴도, 유다 백성도 하나님을 의지했습니다. 그들이 담대하게 하나님을 의지하니 하나님께서 그들을 돌아보아 주셨습니다.

사랑하는 여러분, 일이 복잡하고 꼬일 때 불평하지 말고 원망하지 말고 하나님을 의지하시기 바랍니다. 묵묵히 하나님을 의지하시기 바랍니다. 하나님께서 돌아보아 주십니다.

영국의 한 크리스천 부인이 남편 없이 홀로 아기를 기르는데 아기가 전염병에 걸려 죽게 되었습니다. 병이 너무 악화된 아기가 불덩어리가 되어 죽어 가고 있습니다. 그래서 침상에 앉아 하나님께 매달려 기도했습니다.
　　"하나님! 하나님의 뜻대로 하세요. 주님의 뜻대로 하세요."
　　그것은 "살려 주세요. 살려 주세요" 하는 기도입니다. 매달리고 매달려서 기도하니 그 순간에 아기가 깨끗하게 나았습니다.
　　우리 교회의 어느 여집사님은 관절염으로 걷지도 못해 남편의 자전거를 타고 와서 기도 시간에 교회 모퉁이에서 전력을 다해 기도했더니 그날 밤에 깨끗하게 나았다고 간증했습니다.
　　하나님께서는 하나님만 의지하는 자를 돌아보십니다. 원망하거나 불평하지 말고 하나님만 의지하시기 바랍니다.
　　'타우라스'라는 산에는 독수리들이 많이 기거하는데, 독수리들이 가장 좋아하는 고기가 두루미랍니다. 두루미들은 날아다닐 때 시끌시끌하답니다. 그래서 독수리가 잠을 자다가도 두루미의 시끄러운 소리를 듣고 '어, 별미가 날아가는구나' 하고 올라가서 두루미를 탁 채어서 먹는답니다. 그런데 늙은 두루미들은 지혜가 있어서 날기 전에는 입에 돌을 가득 문답니다. 자기들이 항상 떠들고 다니다가 독수리에게 잡아먹히는 것을 알고 그렇게 하는 것입니다. 그러면 떠들고 싶어도 돌을 물고 있으니 조용히 가기 때문에 독수리들에게 잡아먹히지 않는답니다. 그러나 어린 두루미들은 여전히 떠들며 까불다가 잡아먹히는 것입니다. 두루미들이 떠드는 것은 '날 잡아 잡수, 날 잡아 잡수' 하는 것입니다.
　　예수님을 믿으면서, 교회생활을 하면서 불평하고 까불고 떠드는 것은 마귀에게 '날 잡아 잡수, 날 잡아 잡수' 하는 것입니다.

거친 풍랑이 있어도 묵묵히 하나님을 바라보면서 기도하고 의지하면 하나님께서 세워 주시고 돌보아 주십니다. 지금도 하나님의 말씀이 바로 증거될 때, 열 일을 제쳐놓고 상황을 초월하여 하나님 말씀에 바로 순종할 때, 하나님을 의지할 때 하나님께서 돌아보십니다.

하나님은 언제나, 어제나 오늘이나 영원히 동일하십니다. 우리 모두 이 세 가지로 살아서 하나님의 돌보심으로 승리할 수 있기를 축원합니다.

9
이스라엘의 하나님, 나의 하나님

(에스라 5:6-17)

유브라데 강 건너편 총독 닷드내와 스달보스내와 그들의 동관인 유브라데 강 건너편 아바삭 사람이 다리오 왕에게 올린 글의 초본은 이러하니라 그 글에 일렀으되 다리오 왕은 평안하옵소서 왕께 아뢰옵나이다 우리가 유다 도에 가서 지극히 크신 하나님의 성전에 나아가 본즉 성전을 큰 돌로 세우며 벽에 나무를 얹고 부지런히 일하므로 공사가 그 손에서 형통하옵기에 우리가 그 장로들에게 물어보기를 누가 너희에게 명령하여 이 성전을 건축하고 이 성곽을 마치라고 하였느냐 하고 우리가 또 그 우두머리들의 이름을 적어 왕에게 아뢰고자 하여 그들의 이름을 물은즉 그들이 우리에게 대답하여 이르기를 우리는 천지의 하나님의 종이라 예전에 건축되었던 성전을 우리가 다시 건축하노라 이는 본래 이스라엘의 큰 왕이 건축하여 완공한 것이었으나 우리 조상들이 하늘에 계신 하나님을 노엽게 하였으므로 하나님이 그들을 갈대아 사람 바벨론 왕 느부갓네살의 손에 넘기시매 그가 이 성전을 헐며 이 백성을 사로잡아 바벨론으로 옮겼더니 바벨론 왕 고레스 원년에 고레스 왕이 조서를 내려 하나님의 이 성전을 다시 건축하게 하고 또 느부갓네살이 예루살렘 하나님의 성전 안에서 금, 은 그릇을 옮겨다가 바벨론 신당에 두었던 것을 고레스 왕이 그 신당에서 꺼내어 그가 세운 총독 세스바살이라고 부르는 자에게 내주고 일러 말하되 너는 이 그릇들을 가지고 가서 예루살렘 성전에 두고 하나님의 전을 제자리에 건축하라 하매 이에 이 세스바살이 이르러 예루살렘 하나님의 성전 지대를 놓았고 그때로부터 지금까지 건축하여 오나 아직도 마치지 못하였다 하였사오니 이제 왕께서 좋게 여기시거든 바벨론에서 왕의 보물전각에서 조사하사 과연 고레스 왕이 조서를 내려 하나님의 이 성전을 예루살렘에 다시 건축하라 하셨는지 보시고 왕은 이 일에 대하여 왕의 기쁘신 뜻을 우리에게 보이소서 하였더라

에스라 5장 1절을 보면, 스가랴와 학개 선지자가 예언하였다고 하였습니다. 앞으로 될 일을 말하는 것만이 아니라 하나님의 말씀을 전하는 것도 예언입니다. 스가랴와 학개 선지자가 하나님의 말씀을 받아서 전하니 유다와 예루살렘에 거주하는 유다 사람들이 큰 감동을 받고 다 일어나 하나님의 성전을 새롭게 짓습니다. 성전을 재건하지 말라는 아닥사스다 왕의 조서로 인해 15년간 중단되었던 성전 재건을 그들이 목숨을 걸고 다시 시작한 것입니다.

왜 그들이 성전을 다시 건축하기 시작했습니까? 그들이 사업을 해도, 농사를 지어도 다 헛수고였습니다. 아무리 애쓰고 일해도 얻어지는 것이 없었습니다. 그 이유를 몰랐는데 스가랴와 학개 선지자

9_ 이스라엘의 하나님, 나의 하나님

가 깨닫게 해주었습니다.

"하나님의 전은 뒤로하고 너희 집 세우기에 바쁘고, 너희 사업하기에 바쁘니 하나님께서 너희에게 복을 주시겠느냐? 왜 순서를 바꾸느냐?"

그때 그들이 사는 길은 하나님의 전을 짓는 것임을 깨닫고 하나님의 전을 짓기 시작한 것입니다.

닷드내와 그의 동관들이 보니 유다 사람들이 결사적으로 성전을 짓는데, 방해하기가 겁이 납니다. 하나님께서 그렇게 겁과 두려움을 주신 것입니다. 그래서 그들이 다리오 왕에게 편지를 써서 보고를 합니다.

"왕이시여, 평안하옵소서. 지금 예루살렘의 유다인들이 하나님의 성전을 재건하는데 일이 형통합니다. 그래서 누구의 명령으로 왜 이렇게 짓는지, 그들의 두목이 누구인지 물으니 자기들은 천지의 하나님의 종이라 하고, 바벨론 왕 고레스 원년에 고레스 왕이 하나님의 성전을 재건하라는 명령을 내렸다고 합니다. 그뿐만 아니라 예루살렘 성전에서 느부갓네살 왕이 갖고 온 모든 금, 은 그릇들을 돌려보내고 또 성전을 짓는 경비를 바벨론 국고에서 적극적으로 도와주라는 명을 내렸다고 합니다. 그래서 그때부터 성전을 짓고 있는 중이나 아직 마치지 못하고 있는 형편입니다. 이 일을 어떻게 하면 되겠습니까? 왕께서 역사서를 조사하셔서 과연 고레스 왕이 예루살렘 성전을 짓도록 하셨는지 알아보시고 기쁘신 대답을 보내소서."

다리오 왕은 보고서를 보자마자 신하들에게 보물과 역사기록을 비치해 둔 창고에 가서 고레스 왕의 조서가 있는지 찾아보라고 합니다. 신하들이 창고에 가서 예루살렘 성전을 재건하라고 명령한 고레스 왕의 조서를 찾아왔습니다. 성전을 재건하지 못하게 한 아닥사스다 왕의 조서는 찾지도 않았고 눈에 보이지도 않았습니다.

그런데 다리오 왕은 고레스 왕을 무척 좋아했습니다. 케네디 대통령이 워싱턴 대통령과 링컨 대통령을 좋아해서 두 사람의 사진을 벽에 걸어놓고 "어떻게 하면 저 위대한 대통령을 닮을까?"라고 했다고 합니다. 그처럼 다리오 왕도 고레스 왕을 좋아한 것입니다. 그러니 자기도 고레스 왕을 따라 총독들에게 조서를 내립니다.

"나 다리오 왕은 너희들에게 칙령을 내린다. 예루살렘에 성전 재건하는 것을 방해하지 말고 도와주라. 강 서편에서 받는 세금으로 그 전을 짓도록 도와주라. 그리고 예루살렘 제사장이 번제를 위해 청하거든 수송아지든 숫양이든 어린 양이든 밀이든 소금이든 포도주든 다 주어 하늘의 하나님께 향기로운 제물을 드려 생명을 위해 기도하게 하라. 누구든지 이 명령에 불복종하거든 그 집의 대들보를 뽑아내고 그를 그 위에 달아 죽여라. 어느 열왕이나 백성이 이 명령에 반대하거든 하나님께서 그 나라와 그를 멸하시기를 원하노라."

이 조서가 내려오니 유다 사람들이 더 힘을 내어 성전을 재건하여 마침내 아름답게 봉헌을 하게 됩니다.

마음을 보시는 하나님

우리는 오늘 본문을 통해 큰 교훈을 받습니다.

사마리아인들이 방해하고 당시 총독들과 그 지역의 군대 사령관과 유지들이 성전을 짓지 못하게 막아 약 15년 동안 하나님의 성전을 짓지 못했습니다. 그때만 보면 하나님은 전능하신 분이 아닌 것 같습니다. 위대하신 창조주 하나님이 아니시고 바벨론의 신이나 페르시아의 신보다 약한 것 같습니다. 그래서 '성전 재건하는 것을 방해하는데 하나님께서 왜 그냥 두시나? 하나님은 전능하신 분이 아닌가 봐. 어찌 자기 집을 짓다가 망하게 그냥 두시나?'라고 생각할 수 있습니다.

그러나 하나님께서 그렇게 하신 데는 이유가 있습니다.

유다 백성들이 성전을 재건하면서 '이 성전을 지으려면 4~5년은 걸릴 텐데…. 그러면 그동안 우리 집은 손도 대지 못하겠구나. 4~5년 동안 성전을 짓는 데 힘을 다 쏟으면 언제 사업하고 언제 농사를 짓나?' 하는 마음이 있었던 것 같습니다. 처음에는 마음을 다해 성전 재건을 시작했는데 나중에는 마지못해 한 것입니다. 그러니 사람의 마음을 보시는 하나님께서 짓지 못하게 하신 것입니다. 사마리아 사람들이 강하고 아닥사스다 왕이 강하고 그들의 우상이 강해서가 아닙니다. 하나님께서 성전 건축을 허락하지 않으셔서 중단되었던 것입니다.

그래서 유다 백성들이 15년 동안 자기 집을 짓고 사업을 했지만 아무것도 되는 것이 없고 헛수고만 한 것입니다. 그러니 그들이 깨닫습니다.

'아, 스가랴 선지자와 학개 선지자의 말씀대로 우리가 복 받고 사는 길은 먼저 하나님의 일을 하는 것이구나.'

이제 그들이 결사적으로 성전을 짓습니다. 하나님께서 그 마음을 보시고 성전 재건을 허락하시고 형통하게 하신 줄 믿습니다.

모든 것을 다스리시는 하나님

모든 일의 결국은 하나님께서 다스리시는 대로 이루어집니다. 하나님께서 다스리시는 것 같은 때에도 하나님께서 다스리시고, 하나님께서 밀려가신 것 같은 때에도 하나님께서 다스리십니다.

이스라엘의 하나님께서는 이스라엘만 다스리시는 것이 아니라 전 세계를 다스리십니다. 교회의 하나님께서 교회만 다스리시는 것이 아니라 전 세계를 다스리십니다. 여러분과 저의 하나님께서 이스라엘의 하나님이십니다. 또한 교회의 하나님이시고 전 세계의 하나님이십니다. 우리는 이것을 알고 하나님 앞에서 살아야 합니다.

살다 보면 억울한 일이 있습니다. 1년, 2년, 3년, 혹 10년 동안 억울할 수 있습니다. 그러나 지나고 나면 '아하, 그렇구나!' 하고 깨닫게 됩니다.

에스더서를 보면, 와스디 왕비는 빼어난 미인입니다. 만조백관을 모아놓고 큰 잔치를 하던 아하수에로 왕이 흥에 겨워 자기 아내를 자랑하고 싶어 했습니다.

남편은 아내를 자랑하고 싶어 합니다. 그러니 아내들은 남편의 자랑이 되는 아내, 남편에게 인정받는 아내가 되시기를 바랍니다. 그러기 위해서는 매력 있게 가꾸고 자신을 훈련해야 합니다. 와스디 왕비는 남편이 자랑스러워하는 아내였습니다. 그래서 아하수에로 왕이 왕후의 아름다운 자태를 보이고 싶어 왕후의 예복을 입고 잔치 자리로 나오라고 했습니다. 그런데 와스디 왕후가 교만해서 왕의 명을 따르지 않았습니다.

남편과 둘이 있을 때는 남편에게 조금 잘못 대하더라도 다른 사람들 앞에서는 순종해야 합니다. 남자는 자존심으로 사는데 다른 사람들 앞에서 아내에게 존중받지 못하는 남편이 되면, 아내가 자기를 함부로 대하면 얼마나 마음이 상하겠습니까? 그러니 아내는 다른 사람들 앞에서 남편을 높이고 남편에게 순종해야 합니다. 남편에게 빼기는 아내, 난 체하는 아내는 불행하게 됩니다. 남편에게 고개를 숙일 때 백합처럼 귀한 아내, 사랑받는 아내가 되는 줄 믿습니다. 하나님께서 그렇게 만들어 놓으셨습니다.

그래서 와스디는 왕후 자리를 빼앗기게 되었습니다. 와스디가 물러나자 에스더가 왕후가 됩니다. 에스더는 그 나라 사람도 아니고 대감의 딸도 아닙니다. 만약 아하수에로 왕이 에스더에게 "너의 아버지가 누구냐? 네 가문은 어디냐?"라고 물었다면 왕후가 되지 못했을 것입니다. 아하수에로 왕이 에스더를 보는 순간 에스더에게 반해 아무것도 묻지 않고 왕후로 삼은 것입니다. 이것은 우연이 아니라 하나님께서 그렇게 다스리신 것입니다.

에스더 2장 하반절을 보면, 빅단과 데레스 두 신하가 왕에게 원한을 품고 왕을 암살하려는 음모를 꾸미는데, 모르드개가 그들의 속삭임을 듣고 왕후 에스더에게 알려 주어 왕이 살았습니다. 바깥에서 왕궁에 들어와 왕을 죽이기는 어려워도 왕을 지키고 보호하는 사람이 왕을 죽이는 것은 쉽습니다. 그러니 모르드개가 그 사실을 알려 주지 않았다면 왕은 죽었을 것입니다. 그런데 아하수에로 왕은 자기 생명의 은인인 모르드개에게 상 하나 내리지 않고 그냥 지나갔습니다. 그리고 그 사실을 까맣게 잊어버렸습니다. 모르드개는 섭섭했을 것입니다.

그런데 3장을 보면, 총리 하만이 모르드개를 미워하여 모르드개는 물론 모르드개의 동족인 이스라엘 백성까지 다 몰살하려는 계획을 세웁니다. 6장을 보면, 하루 뒷날 모르드개가 장대에 달려 죽게 되어 있습니다. 그런데 그날 밤에 아하수에로 왕이 잠이 오지 않아 신하에게 역대 일기를 가져와서 읽게 합니다. 신하가 역대 일기를 읽는데 하필 '빅단과 데레스가 왕을 암살하려는 음모를 모르드개가 보고하여 왕이 위험을 면하였다'는 내용이 나옵니다. 왕이 듣고 신하에게 묻습니다.

"허허, 그랬지. 그런데 이 일에 대하여 모르드개에게 무슨 상을 내린 것이 있느냐?"

"아뢰옵기 황공하오나 아무것도 베풀지 않은 줄로 압니다."

왕이 모르드개에게 미안해서 큰 상을 주려고 "거기에 누가 있느냐?"라고 하는데, 마침 거기에 하만이 와 있었습니다. 모르드개를 장대에 달아 죽이려는 계획을 갖고 있는 하만이 왕에게 허락을 받으려고 와 있었던 것입니다.

"하만 총리."

"예, 폐하."

"내가 높여 주고 존귀케 해주고 싶은 사람이 있는데 그를 어떻게 해주면 좋겠나?"

하만은 속으로 '폐하께서 높여 주려는 사람이 나 아니면 누구겠나?'라고 생각해서 이렇게 말합니다.

"폐하, 폐하께서 높이기 원하시는 사람에게 폐하의 왕관과 폐하의 왕복을 입히고 폐하의 말에 태워 이 나라의 제일 높은 신하가 고삐를 잡고 성을 돌면서 '왕께서 존귀케 하는 자는 이렇게 할 것이다'라고 하게 하소서."

"그래, 모르드개에게 내 왕관을 씌우고 내 옷을 입혀서 내 말에 태워 네가 고삐를 잡고 성을 돌아라."

그것이 우연입니까? 그날 밤에 왕이 잠이 오지 않은 것도 하나님께서 하신 일, 신하가 역대 일기를 척 펴니 모르드개의 이름이 나온 것도 하나님께서 하신 일, 그때 때를 맞추어 하만이 나온 것도 하나님께서 하신 일, 하만이 그런 말을 해서 왕이 '저 하만이 내 자리를 탐내는구나'라고 깨닫고 하만을 죽이도록 결심하게 된 것도 하나님께서 하신 일입니다. 우연이 아니라 다 하나님께서 하신 일입니다.

그래서 하만은 모르드개를 죽이려고 세운 장대에 자기가 달려 죽고 그의 열 아들이 다 죽습니다. 그리고 하만의 집이 모르드개의 집이 되고 모르드개가 총리가 됩니다.

만일에 왕을 살해하려는 빅단과 데레스의 음모를 모르드개가 보고했을 때 그 즉시 상을 받았다면 군수 자리 정도였을 것입니다. 그런데 몇 년이 지나고 나서 상을 받았기 때문에 총리가 된 것입니다.

'내가 이렇게 충성하면 하나님께서 내 집에 빛을 비추어 주실 만한데 몇 년이 지나도 왜 이렇게 빛이 비치지 않나?'라고 한다면 그것은 우리의 생각이 짧아서입니다. 우리가 3년, 5년, 이렇게 보면 답답할 수 있습니다. 그러나 10년, 20년 지나고 보면 '아하! 이래서 하나님께서 그렇게 하셨구나'라고 깨닫게 됩니다.

하나님께서 모든 것을 다스리십니다. 교회뿐 아니라 개인, 가정, 나라, 세계를 다스리십니다.

세상살이가 별것 아니지만 이 세상을 살아갈 때는 중요합니다. 그래서 우리가 이 세상을 참으로 복되게 살려면 하나님 앞에서 "하나님, 저를 다스리시고, 제 가정을 다스려 주세요" 하고 하나님을 의지해야 합니다.

잠시 꿈과 같은 이 세상

어제 제게 좋은 자동차 한 대가 생겼습니다. 제가 그 차를 타고 어느 곳에 세우고 내리니 많은 사람들이 구경하려고 그러는지 제 차를 에워쌌습니다. 구경할 만큼 좋은 차는 아닌데 시골 사람들이 제 차를 에워싼 것입니다. 그때 한 사람이 무슨 심술이 났는지 차의 연료통 뚜껑을 막 열려고 돌리면서 휘발유 냄새를 맡았습니다. 그런데 뚜껑이 열리지 않았습니다. 그러자 자동차의 문을 열려고 했습니다. 그러니 차가 막 소리를 냈습니다. 제가 "당신, 누군데 남의 차를 그렇게 하세요?"라고 해도 대답도 하지 않고 자꾸 차의 문을 열려고 하면서 이상한 짓을 했습니다. 그래서 제가 그 사람을 끌어내어 옥신각신하고 있는데 부르릉 하는 소리가 났습니다. 어떤 사람이 차 문을 열고 차를 타고 도망을 가고 있었습니다. 이 사람과 차를 타고 도망가는 사람이 한 조직으로 차 도둑이었던 것입니다. 차가 생긴 지 하루 만에 차를 잃어버렸으니 제 마음고생이 한이 없었습니다. 제가 따라간들 그 차를 따라갈 수 있겠습니까? 그래서 경찰서에 신고하려고 공중전화 부스에 가서 전화하다가 깨어 보니 꿈이었습니다. 꿈이란 사실을 알고 '괜히 걱정했구나' 하고 후회했습니다.

여러분, 꿈에서 깨니 아무것도 아니었습니다. 새 차도 없고, 도둑맞은 적도 없고, 휘발유 냄새 맡던 사람도 보이지 않았습니다. 괜한 걱정을 했던 것입니다.

우리는 새 자동차를 사면 좋아하고, 그 차를 잃어버리면 가슴 아파하며 걱정을 합니다. 그러나 우리가 세상을 떠날 때는 그런 것들이 아무것도 아닙니다.

제가 어젯밤에 또 다른 꿈도 하나 더 꾸었습니다. 제가 대학을 졸업하는데 수석을 해서 상장과 상품을 많이 받고 상금 388만 원도 받았습니다. 그 상금을 제가 오른쪽 호주머니에 잘 넣었습니다. 그런데 깨어 보니 꿈이었습니다. 호주머니에 넣어 둔 돈이 없었습니다. 꿈에서 받은 것은 아무것도 아닙니다.

부귀와 영화도 한낱 꿈일 뿐입니다. 우리가 국회의원이 되고 대통령이 되고 노벨상을 받고 할 때는 좋지만 세상을 떠날 때는 그 모든 것이 아무것도 아닙니다. 꿈과 같을 뿐입니다. 결국 요단강을 건널 때는 오직 하나, 믿음이 있으면 천국이고, 믿음이 없으면 지옥입니다.

그래서 세상일에는 목숨을 걸 일이 없습니다. 생명을 걸 일이 없습니다. 믿음뿐입니다. 꿈에서 깨면 꿈에서 일어난 일은 아무것도 아니듯이 세상을 떠날 때는 좋은 집에서 살았든, 좋은 자동차를 탔든, 좋은 학교를 다녔든, 좋은 지위에 있었든, 좋은 사람과 결혼했든 아무것도 아닙니다. 그때는 예수님을 믿었느냐, 믿지 않았느냐로 모든 것이 결정되는 것입니다.

그럼에도 불구하고 꿈에서 깨기 전까지는 자동차 때문에 걱정하고 상금을 받고 좋아했듯이, 우리가 이 세상을 떠나기 전까지는 그래도 이 세상일이 심각합니다. 그래서 이 세상일도 형통하기를 바랍니다. 꿈이더라도 좋지 않은 꿈을 꾸고 머리 아파하는 것보다는 좋은 꿈을 꾸면 기분이 좋습니다. 이처럼 별로 대수롭지 않은 인생살이지만 사는 동안에는 형통하기를 바랍니다. 복되기를 바랍니다. 그렇게 살려면 하나님의 도우심이 있어야 되는 것을 믿고 하나님을 의지해야 합니다.

하나님께서 책임져 주시는 인생

제가 팜 스프링스 교회에서 집회를 인도했습니다. 팜 스프링스는 천당이라 할 정도로 날씨가 좋고 공기가 맑아서 부자들이 많이 와서 삽니다. 그러나 여름 3개월 동안은 보통 섭씨 42도, 어떤 날은 45도, 48도까지 올라가서 지옥과 같습니다. 그래서 여름 3개월 동안은 학교마다 방학입니다. 천당과 지옥을 다 경험하는 곳이 팜 스프링스인데 그래도 9개월 동안은 좋으니 미국의 부자들이 그곳에 별장을 많이 두고 있습니다. 여러분도 성공해서 팜 스프링스에 별장을 둘 수 있기 바랍니다.

검소하게 살아야 하지만 잘사는 것도 중요합니다. 하나님을 섬기는 우리가 검소하게 살면서 남을 섬겨야 하지만 우리가 잘되고 앞서서 좋은 것을 누리며 사는 것을 보여주는 것도 귀한 일이라 생각합니다. 하나님을 섬기고 돈에도 'IN GOD WE TRUST'라고 새긴 미국이 잘되니 하나님께 영광이 되지 않습니까? 록펠러가 잘되니 하나님께 영광이 되지 않습니까? 부잣집 앞의 거지 나사로처럼 살다가 천당에 가는 것도 좋지만 그보다는 록펠러처럼 살다가 천당에 가는 것이 하나님께 더 영광이 되는 줄로 믿습니다. 우리 모두 성공하기를 바랍니다.

미국의 유명한 배우가 팜 스프링스에 별장을 두었는데 별장을 개조하고 싶어 시청 건축과에 개조 신청을 하니 안 된다고 했습니다. 새로 집을 짓는 것도 아니고 개조하는 건데도 안 된다고 하니 화가 났습니다. 그래서 시장 선거에 출마하여 시장에 당선된 다음 건축법을 고쳐서 기어이 별장을 개조했답니다. 그런데 별장을 개조한 후 기분이 좋아 스키를 타고 내려오다가 나무에 부딪혀 세상을 떠났다고 합니다. 인기 있는 배우에다 마음대로 시장도 되는 똑똑하고 실력 있는 사람이 스키를 타고 내려오다가 죽을 줄은 1분 전에도 몰랐던 것입니다.

전도서 9장 12절에 "분명히 사람은 자기의 시기도 알지 못하나니 물고기들이 재난의 그물에 걸리고 새들이 올무에 걸림같이 인생들도 재앙의 날이 그들에게 홀연히 임하면 거기에 걸리느니라"고 하였습니다.

물고기들이 그물에 걸리고 새들이 올무에 걸림같이 사람도 재앙에 걸려 망하는 것입니다. 잘나가는 것 같은데 부도가 나고, 하늘을 찌르듯이 올라가다가 떨어집니다. 그런데 사람은 그것을 모르는 것입니다.

하나님께서는 모든 것을 다 아십니다. 우리의 미래를 아십니다. 그러므로 우리는 하나님께서 도우시도록 하나님을 의지하고 하나님께서 열어 주시는 길로 가야 합니다. 하나님께서 성전을 지으라고 하실 때 유다 백성들이 결사적으로 성전을 지으니 하나님께서 길을 다 열어 주십니다.

우리가 인생을 살다 보면 따뜻한 봄이 있고, 더운 여름이 있고, 풍성한 가을이 있고, 추운 겨울이 있습니다. 하나님께서는 봄에도,

여름에도, 가을에도, 겨울에도 다스리십니다. 봄, 여름, 가을, 겨울 언제든지 어디서든지 상관없이 우리는 하나님 앞에 겸손하고 하나님을 의지해야 합니다. 내 인생길이 내게 있지 않습니다. 하나님께 있습니다. 늘 "하나님, 도와주세요" 하면서 하나님만 의지하고 나아가면 되는 것입니다.

앞으로 IMF보다 더 무서운 일이 올지도 모릅니다. 그래도 주일을 잘 지키고, 십일조 하고, 정직하게 살고, 부지런히 살면 우리는 아름다운 삶을 살게 되어 있습니다.

하나님 말씀은 세상을 초월합니다. 상황을 초월합니다. 미국 교회가 안 된다고 해도 되는 교회는 얼마나 잘되는지 모릅니다. 팜 스프링스에도 2만 명이 모이는 교회가 있습니다. 볼티모어에도 수만 명이 모이는 교회들이 있습니다. 독일에도 교인들이 엄청 많이 모이는 교회가 있습니다. 어디에서나 말씀대로 하면 되는 것입니다. 사업, 직장생활, 가정생활, 부부생활 등 안 되는 것이 없습니다. 하나님을 의지하고 말씀대로 하면 하나님께서 책임져 주십니다. 이 세상이 꿈 같지만 그래도 아름답고 복되게 살다가 영원한 세계에 가는 여러분과 제가 될 수 있기를 축원합니다.

10
하나님의 전 봉헌식

(에스라 6:1-18)

이에 다리오 왕이 조서를 내려 문서창고 곧 바벨론의 보물을 쌓아둔 보물전각에서 조사하게 하여 메대도 악메다 궁성에서 한 두루마리를 찾았으니 거기에 기록하였으되 고레스 왕 원년에 조서를 내려 이르기를 예루살렘에 있는 하나님의 성전에 대하여 이르노니 이 성전 곧 제사 드리는 처소를 건축하되 지대를 견고히 쌓고 그 성전의 높이는 육십 규빗으로, 너비도 육십 규빗으로 하고 큰 돌 세 켜에 새 나무 한 켜를 놓으라 그 경비는 다 왕실에서 내리라 또 느부갓네살이 예루살렘 성전에서 탈취하여 바벨론으로 옮겼던 하나님의 성전 금, 은 그릇들을 돌려보내어 예루살렘 성전에 가져다가 하나님의 성전 안 각기 제자리에 둘지니라 하였더라 이제 유브라데 강 건너편 총독 닷드내와 스달보스내와 너희 동관 유브라데 강 건너편 아바삭 사람들은 그 곳을 멀리하여 하나님의 성전 공사를 막지 말고 유다 총독과 장로들이 하나님의 이 성전을 제자리에 건축하게 하라 내가 또 조서를 내려서 하나님의 이 성전을 건축함에 대하여 너희가 유다 사람의 장로들에게 행할 것을 알리노니 왕의 재산 곧 유브라데 강 건너편에서 거둔 세금 중에서 그 경비를 이 사람들에게 끊임없이 주어 그들로 멈추지 않게 하라 또 그들이 필요로 하는 것 곧 하늘의 하나님께 드릴 번제의 수송아지와 숫양과 어린 양과 또 밀과 소금과 포도주와 기름을 예루살렘 제사장의 요구대로 어김없이 날마다 주어 그들이 하늘의 하나님께 향기로운 제물을 드려 왕과 왕자들의 생명을 위하여 기도하게 하라 내가 또 명령을 내리노니 누구를 막론하고 이 명령을 변조하면 그의 집에서 들보를 빼내고 그를 그 위에 매어달게 하고 그의 집은 이로 말미암아 거름더미가 되게 하라 만일 왕들이나 백성이 이 명령을 변조하고 손을 들어 예루살렘 하나님의 성전을 헐진대 그 곳에 이름을 두신 하나님이 그들을 멸하시기를 원하노라 나 다리오가 조서를 내렸노니 신속히 행할지어다 하였더라 다리오 왕의 조서가 내리매 유브라데 강 건너편 총독 닷드내와 스달보스내와 그들의 동관들이 신속히 준행하니라 유다 사람의 장로들이 선지자 학개와 잇도의 손자 스가랴의 권면을 따랐으므로 성전 건축하는 일이 형통한지라 이스라엘 하나님의 명령과 바사 왕 고레스와 다리오와 아닥사스다의 조서를 따라 성전을 건축하며 일을 끝내되 다리오 왕 제육 년 아달월 삼 일에 성전 일을 끝내니라 이스라엘 자손과 제사장들과 레위 사람들과 기타 사로잡혔던 자의 자손이 즐거이 하나님의 성전 봉헌식을 행하니 하나님의 성전 봉헌식을 행할 때에 수소 백 마리와 숫양 이백 마리와 어린 양 사백 마리를 드리고 또 이스라엘 지파의 수를 따라 숫염소 열두 마리로 이스라엘 전체를 위하여 속죄제를 드리고 제사장을 그 분반대로, 레위 사람을 그 순차대로 세워 예루살렘에서 하나님을 섬기게 하되 모세의 책에 기록된 대로 하게 하니라 무슨 일을 하든지 규칙적으로 하는 것이 중요합니다. 우리가 건강을 위해서 애쓰지만 아침, 점심, 저녁을 정시에 정량을 먹는 것이 건강에 가장 중요하다고 하지 않습니까? 정시에 정량을 먹으면 위가 음식이 들어올 때를 알아서 위액을 분비하여 소화를 시키는 것입니다. 소화시킬 준비를 해놓았는데 음식이 들어오지 않으면 위가 상하고, 소화시킬 준비를 하지 않았는데 음식이 들어오면 위가 당황해서 고장을 일으키게 됩니다. 그래서 정시에 정량을 꼬박꼬박 먹는 사람은 위장병이 잘 생기지 않는 것입니다.

영혼의 양식인 말씀도 마찬가지입니다. 주일 낮과 밤, 수요일, 이렇게 정기적으로 나와서 받는 것이 영적 건강의 지름길입니다. 기도도 정기적으로 하는 것이 얼마나 귀한지 모릅니다.

노만 필 박사님이 장개석 총통의 초청을 받아 그 집무실에 들어갔을 때 깜짝 놀랐다고 합니다. 장개석 총통이 나이에 비해 너무 젊었기 때문입니다. 해맑은 눈에 얼굴에는 주름도 없고 너무나 생기찬 모습이라 필 박사님이 깜짝 놀라서 이렇게 물었답니다.

"각하께서는 어찌 이렇게 건강하시고 생기차십니까? 어찌 이렇게 젊게 사십니까? 그 비결이라도 있습니까?"

"있고말고요. 그 비결은 아주 간단합니다. 저는 하루에 세 번씩 정기적으로 기도합니다. 하루에 세 번씩 오늘 살 걱정을 하나님께 맡깁니다. 오전에 살 것도, 오후에 살 것도 다 하나님께 맡기니 마음이 평안하고 즐거워서 건강한 것이지요."

정기적으로 예배드리고, 정기적으로 말씀을 받고, 규칙적으로 기도하는 것, 이것이 승리 생활의 비결임을 믿으시기 바랍니다. 오늘도 정기적인 예배에 나오셔서 말씀을 받고 기도하는 여러분을 하나님께서 영육 간에 건강하게 해주시기를 축원합니다.

하나님의 성전을 짓는 일은 하나님께서 기뻐하시는 일이요, 세상을 구원하는 전초기지를 만드는 하나님의 사업인데도 방해를 받아 15-16년간 중단되었습니다. 그런데 학개와 스가랴 선지자가 나타나 하나님의 말씀을 강하게 증거하니 이스라엘 백성들이 충격을 받습니다.

"맞아! 우리가 하나님의 전은 뒤로하고 15년 동안 우리 집만 돌보고 이렇게 뼈가 빠지도록 일해서 얻은 게 뭐냐? 헛수고만 했지 않느냐? 하나님 교회부터 먼저 지어야 돼."

그래서 그들이 무섭게 복종합니다. 무섭게 복종하면 다릅니다.

알렉산더 대왕이 철벽 성을 치러 갔는데 그 성이 너무 견고해서 치기가 어려웠습니다. 그래서 성주를 불러 항복하라고 했지만 성주가 거절하니 자기 군대를 보라고 한 후 군사들에게 명령했습니다.

"앞으로 가!"

그러자 군인들이 절벽이 있는데도 그대로 앞으로 걸어가 떨어집니다. 앞에 절벽이 있으면 멈추어 서야 하는데도 왕의 명령대로 복종하는 것입니다. 왕이 다시 명령했습니다.

"제자리에 서!"

군인들이 모두 멈추어 섰습니다.

다시금 알렉산더가 성주에게 물었습니다.

"항복하겠소, 안 하겠소?"

그러자 성주가 바들바들 떨면서 "대왕의 군사들이 대왕께 이렇게 무섭게 복종하는데 내가 항복하지 않을 수 없습니다" 하고 성문을 열어 주었다고 합니다.

무섭게 복종하는 군대는 상대방이 겁을 냅니다. 무섭게 복종하는 군대가 승리를 쟁취하게 됩니다.

우리가 하나님께 무섭게 복종하면 우리를 건드릴 자가 없을 것입니다. 우리 모두 하나님께 무섭게 복종할 수 있기 바랍니다.

이스라엘 백성들이 15년 동안 자기 사업만 해도 얻어지는 것이 없으니 '맞아! 하나님 성전부터 지어야 해' 하고 하나님 말씀에 무섭게 복종해서 성전을 건축합니다. 그러니 총독이 두려워서 감히 성전 건축을 막지 못하고 다리오 왕에게 보고했습니다. 다리오 왕은 자기가 좋아하는 고레스 왕의 조서를 발견하고 자기도 그대로 조서를 내립니다. 닷드내를 비롯해서 그 총독들, 지방 유지들에게 조서를 내렸습니다.

"왕의 재산과 세금으로 성전 짓는 일을 신속히 도와주라. 그리고 예루살렘 제사장이 청하는 대로 소든지 양이든지 소금이든지 밀이든지 포도주든지 기름이든지 무엇이든 신속히 주어 그들이 하나님께 향기로운 예물을 드려 왕과 왕자들의 생명을 위해 기도하게 하라. 만일에 누구든지 이 명령에 복종하지 않고 이 명령을 변개하고자 하거든 그 집의 대들보를 빼내어 그를 그 위에 달아 죽이고 그 집을 거름터가 되게 하라. 어느 나라나 백성이 이 명령을 반대하거나 하나님의 전을 헐거든 하나님께서 그들을 멸하시기를 원하노라."

그래서 총독과 지역 유지들이 도와주니 다리오 왕 2년에 재건을 시작한 성전이 놀랍게 진행되어 다리오 왕 6년에 완성되었습니다. 그날이 주전 516년 3월 12일입니다.

포로로 있다가 70년 만에 귀환한 사람들이 천신만고 끝에 하나님의 도움으로 성전을 지으니 감격해서 하나님 앞에 성전 봉헌식을 합니다. 황소 100마리, 숫양 200마리, 어린 양 400마리, 숫염소 12마리, 모두 712마리를 바치면서 하나님 앞에 즐겁게 예배합니다.

물론 솔로몬이 지은 성전의 봉헌식과는 비교가 되지 않습니다. 솔로몬이 지은 성전을 봉헌할 때는 소, 양들이 너무 많아 14일을 지켰다고 했는데, 기록에 보면 소가 2만 2천 마리, 양이 12만 마리로 엄청난 예물을 드렸습니다. 솔로몬은 그때 부강한 나라의 왕이라 그처럼 많이 드렸고, 이들은 가난했기 때문에 그렇게 많이 드리지는 못했지만 하나님 앞에 즐겁게 봉헌식을 했습니다.

방해자와 장애물까지 사용하시는 하나님

오늘 우리가 여기에서 얻는 교훈은 무엇입니까?

알파와 오메가가 되시는 하나님, 처음과 나중이 되시는 하나님께서 시작하신 일은 그 누가 방해해도, 아무리 방해꾼이 많아도 기어이 이루신다는 것입니다.

그리고 그 방해도 하나님께서 허락하신 것입니다. 만일 하나님께서 허락하지 않으시면 방해도 되지 않습니다. 그래서 마귀나 세상의 악한 자, 악한 권세가 방해하려고 하지만 하나님의 일을 조금 귀찮게는 하더라도 막을 수는 없는 것입니다.

아닥사스다 왕이 성전 재건을 방해하도록 하나님께서 허락하신 것은 아닥사스다 왕을 컨트롤하지 못해서가 아닙니다.

"왕의 마음이 여호와의 손에 있음이 마치 봇물과 같아서 그가 임의로 인도하시느니라"(잠 21:1).

왕의 마음을 하나님께서 마음대로 하신다고 말씀하셨는데, 왜 하나님께서 고레스와 다리오 왕은 마음대로 하시고 아닥사스다 왕은 마음대로 하지 못하셨을까요? 그것은 아닥사스다 왕이 못된 사람이어서가 아닙니다. 그 당시 성전을 짓는 백성들이 하나님의 일을 하면서도 '이거 하루 이틀도 아니고, 한두 달도 아니고 하나님의 전을 적어도 5년 동안 지어야 될 텐데, 5년 동안 성전을 지으면 우리 집은 언제 돌보고 사업은 언제 하고 농사는 언제 짓나?' 하면서 마음에 불평이 있고 기쁨이 없으니 하나님께서 그런 마음으로는 성전을 짓지 못하게 하신 것입니다.

그러나 그들이 15년 동안 농장을 경영하고 목축을 하고 사업을 해도 열매가 없자 선지자 학개와 스가랴의 설교를 들을 때 '아하! 우리가 하나님의 전을 짓다가 그냥 두니 아무리 해도 복이 없구나. 우리 손이 헛수고하는구나'라고 깨닫고 기쁨으로 성전을 지으니 하나님께서 길을 열어 주신 것입니다.

그래서 본문 14절에 "유다 사람의 장로들이 선지자 학개와 잇도의 손자 스가랴의 권면을 따랐으므로 성전 건축하는 일이 형통한지라"라고 하는 것입니다.

그런데 그다음에 나오는 "이스라엘 하나님의 명령과 바사 왕 고레스와 다리오와 아닥사스다의 조서를 따라 성전을 건축하며 일을 끝내되"라는 말씀을 읽을 때는 헷갈릴 수 있습니다. 고레스와 다리오는 성전을 짓게 했지만 아닥사스다는 성전을 짓지 못하게 막았는데 왜 아닥사스다의 조서를 따라 성전이 건축되었다고 하였습니까?

아닥사스다가 성전 건축을 막았기 때문에 유다 백성이 더 순수한 마음, 하나님께서 기뻐하시는 마음으로 성전을 건립하게 되었기 때문입니다. 하나님께서 고레스와 다리오만 쓰신 것이 아니라 아닥사스다도 쓰셔서 하나님의 전을 이루신 것입니다.

우리 교회도 장애물이 나온 적이 있었습니다. 장애물이 나올 때가 아닌데도 나왔습니다. 저는 그것 때문에 하루에도 몇 번씩 손을 들고 기도했습니다. 미국에 갔을 때에도 계속 손을 들고 기도했는데 제가 미국에 있는 동안에 그 문제가 다 해결되었습니다. 그것 때문에 제 머리가 더 세었지만 지금 생각하니 그 문제 때문에 제가 늘 살얼음판을 걷듯이 "하나님! 도와주셔야 해요. 장애물을 제거해 주셔야 해요" 하고 간절히 기도하며 깨어 있을 수 있었습니다. 그래서 제가 영력을 얻고, 영적으로 얼마나 덕을 보았는지 모릅니다. 우리가 하나님의 일을 하면, 이래도 좋고 저래도 좋은 것입니다.

하나님께서는 원하시는 일을 반드시 이루십니다.

하나님의 뜻에 따를 때

우리는 하나님의 기업입니다.

"모든 일을 그의 뜻의 결정대로 일하시는 이의 계획을 따라 우리가 예정을 입어 그 안에서 기업이 되었으니…이는 우리 기업의 보증이 되사 그 얻으신 것을 속량하시고 그의 영광을 찬송하게 하려 하심이라"(엡 1:11-14).

하나님께서는 모든 것을 원하시는 대로 하시는데, 우리는 그분의 기업이 되었습니다. 그러므로 우리가 하는 모든 일이 하나님께 영광이 되고 찬송거리가 되어야 하는 것입니다.

하나님의 교회를 위해서 일할 때에도 하나님의 뜻에 따라야 하지만 자녀를 기르는 것, 가정생활, 직장생활, 사업도 하나님의 뜻을 따라 하나님의 기업으로 행해야 하나님께서 도와주시고 이루어 주십니다.

1959년 9월 27일은 주일이었습니다. 그때 미국에는 아이젠하워 대통령의 초청으로 당시 세계 초강대국 소련의 수상 흐루시초프가 국빈으로 와 있었습니다. 그날 아침, 아이젠하워 대통령이 흐루시초프 수상에게 전화를 해서 "오늘은 주일이니 함께 교회에 가서 예배를 드립시다"라고 했습니다. 흐루시초프 수상이 거절하자 아이젠하워 대통령이 그러면 예배를 드리고 올 때까지 기다리라고 했습니다. 예배를 마치고 흐루시초프 수상을 만나러 온 아이젠하워 대통령이 물었습니다.

"내가 예배를 드리고 오는 동안 당신은 무엇을 했습니까?"

"먼 나라에서 온 나를 내동댕이쳐 놓고 교회에 예배드리러 간 당신이 나타나서 내게 무슨 변명을 할까 그것만 생각했습니다."

당시 소련은 군사력 등 여러 면이 미국보다 앞서 있는 굉장한 나라였습니다. 그런 초강대국의 수상을 초청해 놓고 한 시간 이상을 기다리게 하는 것은 외교적 상식으로는 상상할 수 없는 일이었습니다. 외교에 큰 불이익을 당할 수 있음에도 불구하고 아이젠하워 대통령이 그렇게 행동한 것은 예배를 가장 귀히 여겼기 때문입니다.

하나님께서는 하나님의 뜻에 따르는 사람을 세워 주시고 지켜 주십니다. 그래서 우리는 나라를 다스리든, 회사를 경영하든, 가정을 이끌어가든, 자녀를 기르든 내 소견대로 하지 말고 나의 주인 되시는 하나님께서 원하시는 것이 무엇인가를 깨달아 그 뜻을 따라야 하는 것입니다.

빌립보서 2장 13절에 "너희 안에서 행하시는 이는 하나님이시니 자기의 기쁘신 뜻을 위하여 너희에게 소원을 두고 행하게 하시나니"라고 하였습니다.

우리는 내 소원, 내 야망, 내 비전대로 행하는 것이 아니라 하나님께서 내 속에 일으켜 주시는 소원을 꽉 잡고 나아가야 합니다. 하나님께서 복 주시기 어려운 사업이나 일을 하면서 복 받을 생각을 하면 안 되는 것입니다. 하나님께서 기뻐하시면서 마음놓고 하늘의 문을 열어 복을 주실 수 있는 일을 해야 하는 것입니다.

목회도 자기 생각대로 하면 안 됩니다. 제가 집회를 섬겼던 미국의 한 교회 목사님께서 12년 동안 목회를 했는데 회개한다고 하셨습니다. 그동안 하나님을 제쳐놓고 '어떻게 설교할까? 어떻게 목회할까?' 하면서 인간적인 지혜로 목회를 했다고 고백하셨습니다. 이후부터는 순간순간 하나님만 의지하고 하나님의 뜻을 따르겠다고 하셨습니다.

기도할 때도 '한국에서 가장 큰 교회'가 되게 해달라고 하는 것보다 '한국에서 전도를 가장 많이 하는 교회, 한 영혼이라도 더 많이 구원하는 교회'가 되게 해달라고 하는 것이 하나님께서 더 기뻐하시는 제목인 줄 믿습니다.

목회를 하거나 사업을 하거나 무슨 일을 하거나 그 소원이 하나님께서 기뻐하시는 뜻에 맞추어지면 그 일을 하나님께서 기쁘게 이루어 주실 것입니다. 우리 모두 하나님께 맞추어서 하나님께서 일으켜 주시는 복을 누리기를 축원합니다.

감사로 사는 하나님의 백성

우리는 오늘 말씀에서 참 재미있는 일을 볼 수 있습니다.

이스라엘 백성들이 하나님의 성전을 지을 때는 요즘처럼 좋은 장비가 없었습니다. 바위나 나무도 손으로 들어올려야 했고, 돌도 망치로 깼을 것입니다. 그러다 보면 다리도 다치고 손발도 다치고 머리도 다치고 많은 상처를 입으며 갖은 고생을 다 했을 것입니다. 우리가 2년 동안 이 성전을 짓는 것도 쉽지 않았는데 그 당시 5년 동안 성전을 지을 때 얼마나 힘들었겠습니까?

그런데 그들이 손도 다치고 피도 흘리면서 시간과 물질과 땀을 다 바쳐 하나님의 성전을 지어 놓고 "하나님, 성전을 잘 짓게 해주시니 감사합니다. 하나님, 이 성전을 받으소서"라고 합니다. 이 마음이 얼마나 향기롭습니까?

세상 사람들 같으면 "5년 동안 이렇게 일했으니 우리의 품삯을 주십시오. 이 손을 보십시오. 다 터졌습니다. 이 발을 보십시오. 이렇게 다 터졌습니다"라고 생색을 냈을 것입니다. 그러나 하나님의 백성은 손과 발이 다 터져도 그런 것에 대해서는 한마디도 하지 않고 "하나님, 감사합니다. 우리를 통하여 하나님의 전을 짓게 하시니 감사합니다" 하고 하나님께 감사를 드립니다. 이것이 성령 충만한 사람의 가슴인 것입니다.

우리는 한 달 동안 나쁜 공기를 마시면서 기계와 싸우고 마음 써서 일하고 월급을 받으면 "하나님, 감사합니다"라고 합니다. 부인이 잉태해서 열 달 동안 고생하고 아이를 낳아 첫돌이 되면 "하나님, 잘 길러 주셔서 감사합니다"라고 합니다. 아이들이 6년, 10년 동안 고생하며 공부해서 시험 쳐놓고는 "하나님, 오늘 시험 잘 치게 해주셔서 감사합니다"라고 하나님께 감사를 드립니다. 이것이 바로 기독교인의 특징입니다.

농부가 땅을 갈고 김을 매고 거름을 주고 길러 추수한 것을 곳간에 들여놓고는 하나님 앞에 갖고 와서 "하나님, 감사합니다"라고 합니다. 감사로 사는 것이 하나님의 백성이라는 증거입니다.

우리는 언제나 하나님의 은혜를 잊지 않아야 합니다. 일할 수 있는 건강도 하나님께서 주셨습니다. 일거리도 하나님께서 주셨습니다. 비도, 태양도 하나님께서 주셨습니다. 그러니 하나님께 감사해야 합니다. 언제나 이런 감사가 넘치는 여러분과 제가 되기를 축원합니다.

하나님께서 원하시는 기쁨의 교회생활

그리고 이스라엘 백성들이 소 100마리, 숫양 200마리, 어린 양 400마리, 숫염소 12마리를 바치면서 즐겁고 기뻐서 어쩔 줄을 모릅니다. 우리도 그들처럼 봉헌을 하거나 예배를 드리거나 교회 봉사를 할 때 마음속에 기쁨의 강이 흘러야 합니다.

기독교는 기쁨의 종교입니다. 사도행전 2장 46절을 보면 "날마다 마음을 같이하여 성전에 모이기를 힘쓰고 집에서 떡을 떼며 기쁨과 순전한 마음으로 음식을 먹고"라고 하였습니다.

건강한 교인은 날마다 한 번은 교회에 나오고 싶어 합니다. 하나님을 사랑하는 마음이 뜨거우면 일주일에 한 번으로는 안 됩니다. 계속 교회에 오고 싶습니다. 교회를 자꾸 그리워하게 됩니다. 연인끼리는 얼마나 보고 싶어 합니까? 일주일에 한 번 하는 데이트로는 안 됩니다. 또 만나고 싶고, 또 만나고 싶습니다.

우리가 하나님을 사랑하고 예수님을 사랑하면 교회에 자주 오게 됩니다. 사도행전 2장 46절의 '집에서 떡을 떼며'에서 집은 교회를 말합니다. 우리가 사는 집도 집이지만 우리의 참 집은 하나님 아버지의 집입니다.

예수님께서 요셉과 마리아에게 "내가 내 아버지의 집(교회)에 있어야 할 줄을 몰랐습니까?"라고 하셨습니다. 요셉과 마리아의 집이 자기 집이지만 '교회가 내 집'이라고 하셨습니다.

여러분과 저의 집은 여기, 교회입니다. 교회가 우리의 진짜 집입니다. 교회에서 떡을 떼며 기쁨과 순전한 마음으로 음식을 먹고 하나님을 찬미하니 이 땅에 하나님 백성이 불어나게 하셨다고 하였습니다.

기쁜 교회가 부흥됩니다. 기쁘게 예배드리고, 기쁘게 봉사하는 교회는 하나님께서 기뻐하셔서 부흥시켜 주십니다. 미워하며 싸우는 교회는 하나님께서 고개를 흔드십니다.

기쁨으로 드릴 때 얻는 축복

지금 이스라엘 백성들의 창고는 비어 있습니다. 외양간도 비어 있습니다. 그들은 15년간 사업에 실패한 사람들입니다. 그런데 소 100마리, 숫양 200마리, 어린 양 400마리, 숫염소 12마리를 아낌없이 하나님께 드렸습니다. 그렇게 드린다는 것은 대단한 것입니다.

역대상 28-29장을 보면, 다윗이 하나님께 드리고는 기뻐서 어쩔 줄 몰라 했습니다. 그런데 그렇게 드린 사람들이 굶어 죽어 망한 것이 아니라 역사에 남는 재벌이 되었습니다. 우리가 하나님 앞에 드릴 때 움츠려서는 안 됩니다.

한 왕이 사복을 입고 변장하여 신하를 데리고 시가지를 다니다가 거지 한 사람을 만났습니다. 거지의 자루에 많은 것이 들어 있는 것을 보고 왕이 말했습니다.

"이 사람아, 자네는 일생 동안 그렇게 얻어먹는데 오늘은 자네가 내게 좀 주게. 자네도 좀 주면서 살아보게."

거지가 움츠리며 아무것도 주려 하지 않았습니다.

"그러지 말고 좀 주게."

거지가 아주 아까워하면서 자루를 열더니 겨우 옥수수 다섯 알을 왕의 손에 넣어 주었습니다. 그러자 왕이 신하에게 "여봐라! 이 사람에게 금돈 다섯 개만 주어라"고 했습니다. 신하가 금돈이 가득 들어 있는 자루에서 금돈을 다섯 개만 꺼내어 주었습니다. 그러자 거지가 "아이구! 이럴 줄 알았으면 자루째 줄 걸…" 했답니다.

왕은 옥수수를 받아도 금돈을 줄 수 있습니다. 하물며 하나님께서 우리에게 받으시고 그냥 계시겠습니까? 그런데 왜 우리가 하나님께 드릴 때 손을 움츠립니까? 우리가 작은 것을 바쳐도 하나님께서는 우리에게 크게 주십니다. 언제나 풍성하게 드리는 여러분과 제가 될 수 있기를 축원합니다.

그런데 그 봉헌식에 가장 기뻐서 어쩔 줄 몰라 한 사람들은 누구였을까요?

그저 한 달에 몇 번 와서 도와준 사람은 그렇게 기뻐하지 않았을 것입니다. 멀리서 구경한 사람들은 미안했을 것입니다. 정성과 시간과 땀을 다 바쳐서 목숨을 걸고 성전을 지은 사람들은 기뻐서 어쩔 줄 몰랐을 것입니다.

고레스 왕이 한 귀빈을 자기 정원에 초대했습니다. 그 귀빈이 아름다운 나무와 꽃들을 보고 놀라서 시를 짓기도 하고 읊기도 했습니다. 그리고 차를 마시면서 말했습니다.

"폐하, 어찌 이렇게 아름다운 정원이 있습니까? 이 정원 때문에 제 마음이 너무 기쁩니다."

그때 고레스 왕이 "내 기쁨은 당신의 기쁨보다 몇 갑절 더하오. 나무 한 그루 한 그루를 내가 심었고, 꽃을 내가 심었기 때문에 내가 이 나무와 꽃을 보고 정원을 보는 기쁨은 한량이 없소"라고 했습니다.

이처럼 우리가 주님의 일에, 하나님 일에 충성하고 땀을 바치면 기쁨이 한이 없습니다.

그리고 이스라엘 백성들은 자기들의 소견대로 하지 않고 하나님의 법대로, 성경대로 봉헌식을 했습니다. 교회 일은 사람의 소견대로 하는 것이 아닙니다. 성경의 가르침대로 하는 것입니다.

우리가 일생 동안 하나님의 교회를 섬길 때 정성과 시간과 땀을 다 바치면서도, 우리의 소견대로 하지 말아야 합니다. '하나님께서 어떻게 인도하시는가?' 하며 하나님께서 기뻐하시는 믿음생활을 하게 되시기를 축원합니다.

11
어떻게 유월절을 지킬까?

(에스라 6:19-22)

사로잡혔던 자의 자손이 첫째 달 십사 일에 유월절을 지키되 제사장들과 레위 사람들이 일제히 몸을 정결하게 하여 다 정결하매 사로잡혔던 자들의 모든 자손과 자기 형제 제사장들과 자기를 위하여 유월절 양을 잡으니 사로잡혔다가 돌아온 이스라엘 자손과 자기 땅에 사는 이방 사람의 더러운 것으로부터 스스로를 구별한 모든 이스라엘 사람들에게 속하여 이스라엘의 하나님 여호와를 찾는 자들이 다 먹고 즐거움으로 이레 동안 무교절을 지켰으니 이는 여호와께서 그들을 즐겁게 하시고 또 앗수르 왕의 마음을 그들에게로 돌려 이스라엘의 하나님이신 하나님의 성전 건축하는 손을 힘 있게 하도록 하셨음이었더라

한 사람이 꿈을 꾸었습니다. 해변을 거닐다가 이상한 상자 하나를 발견했습니다. 호기심에 상자를 여니 '펑' 하면서 한 거인이 나타나 "주인님! 명령만 하십시오. 무엇이든지 해드리겠습니다. 그러나 제 기한이 다 되고 제 사명이 끝나서 이제는 한 가지밖에 해드릴 수 없으니 신중하게 말씀해 주십시오"라고 했습니다.

그는 주식에 투자하는 사람이라 '1년 후의 주식 시세가 상세하게 나타나 있는 1년 후의 신문'을 달라고 했습니다. 그러자 거인이 '펑' 하고 사라지더니 잠시 후에 나타나 "주인님! 여기에 있습니다" 하고는 다시 사라졌습니다. 신문을 보니 1년 후의 주식 시세가 나와 있는데, 엄청나게 주가가 오른 주식이 있었습니다.

"나는 이제 재벌이 됐다! 나는 이제 부자가 됐다! 1년 뒤에 올라갈 이것만 사놓으면 되니 나는 땡 잡았다."

그는 기분이 좋아 어쩔 줄 몰랐습니다. 그러면서 1년 뒤에는 무슨 사건이 있을지 궁금해 신문을 넘겨 뒷장을 보니 부고난에 자기가 죽었다는 소식이 실려 있었습니다. 그래서 그가 잠깐 좋았다가 만 것입니다. 예수님 밖의 소식, 세상이 주는 소식은 이렇듯 잠깐 좋다가 맙니다. 죽음으로 다 끝납니다.

어느 대학에서, 학회에서, 회사에서, 방송에서 주는 세상의 모든 소식은 잠깐 좋다가 결국 죽음으로 다 끝납니다. 그러나 교회에서 하나님께서 주시는 말씀은 영원히 복됩니다.

우리는 시간마다 교회에 나와서 그저 잠깐 좋다가 사라지는 찰나적인 것을 얻는 것이 아니라 영원을 얻고 있습니다. 오늘 주시는 말씀도 오늘만 좋은 것이 아니라 내일도 좋고 영원히 좋습니다. 이렇게 우리에게 좋은 것을 주시며 우리를 사랑하시는 하나님께 영광의 박수를 올려 드립시다.

행사가 이어지는 것은 축복

이스라엘 백성들이 성전 봉헌식을 했습니다. 그 어려운 성전 재건을 페르시아의 왕 다리오가 도와주어서 잘 마쳤습니다. 그래서 소 100마리, 숫양 200마리, 어린 양 400마리, 숫염소 12마리, 모두 712마리의 짐승을 잡아 봉헌식을 하고 백성들이 즐거워했습니다. 그리고 얼마 후에 일주일간 유월절을 지켰습니다. 행사가 계속된 것입니다. 행사가 계속되면 힘들기도 합니다. 소와 양을 잡고 또 무엇을 잡는 것이 쉬운 일이 아닙니다. 그러나 이런 행사가 이어지는 것은 축복입니다.

세상의 행사도 많은 도움이 됩니다. 1일 평균 사망자 수가 있는데 설이나 추석 같은 명절 전에는 사람들이 거의 죽지 않는답니다. 행사에 대한 기대감이 있으면 죽음도 이기는 것 같습니다.

또 사람들이 은퇴를 하면 갑자기 늙거나 5년 안에 죽는 사람이 많다고 하는데 그것은 집중할 일, 마음 쓸 일이 없기 때문이라고 보는 것입니다.

사람은 육신만 있는 것이 아니라 영이 있고 정신이 있습니다. 정신적인 것이 사람에게 얼마나 큰 영향을 끼치는지 모릅니다. 그래서 걱정은 건강에 좋지 않고, 신바람 나는 일이나 흥미 있는 일에 기대감을 갖고 집중해서 마음을 쓰는 것은 우리 몸에 좋습니다.

우리는 참 행복한 사람들입니다. 우리는 천국에 갈 때까지 일할 수 있습니다. 교회 일은 은퇴해도 할 수 있습니다. 전도할 일이 있습니다. 기도할 일이 있습니다. 또 교회에는 행사가 계속됩니다. 부활절, 맥추감사절, 추수감사절, 성탄절이 있습니다. 교회 창립일도 있고, 임직식도 있고, 총동원전도주일도 있습니다. 그때마다 우리는 "야! 축복이 계속되는구나" 하며 감사해야 하는 것입니다.

절기를 앞두고 행한 정결예식

오늘은 이스라엘 백성들이 지킨 유월절을 통해 우리가 어떻게 믿음생활을 할 것인가를 배우게 됩니다. 교회생활이나 교회 행사는 사람이 의논해서 하는 것이 아니라 하나님께서 하라고 하시는 대로 해야 합니다.

이스라엘 백성들은 유월절을 어떻게 지켰습니까? 먼저, 제사장과 레위인들이 일제히 자기 몸을 성결하게 했습니다. 그러면 백성들은 그냥 유월절을 지켰습니까? 아닙니다. 백성들도 모두 일제히 성결하게 했습니다.

하나님의 행사, 절기를 치를 때는 먼저 몸을 깨끗하게 해야 합니다. 하나님은 영의 하나님이신 동시에 몸의 하나님이십니다. 그래서 제물 같은 우리 몸을 깨끗하게 해야 하는 것입니다. 몸만 깨끗하게 하는 것이 아니라 집안의 누룩도 다 제거해야 합니다. 여기에서 누룩은 죄를 상징합니다. 우리 몸만 깨끗하게 하는 것이 아니라 죄도 회개하여 영혼도 정결하게 해야 합니다. 그리고 옷도 깨끗하게 해야 합니다.

유대인들은 지금도 유월절 전에 6주간 대청소를 합니다. 집안의 먼지를 털고 침대를 햇빛에 말려서 곰팡이를 죽입니다. 커튼을 세탁하여 새로 달고, 선반 위의 물건도 다 내려놓고 청소를 합니다. 냉장고도 다시 정리합니다. 찬장의 그릇들도 다 꺼내어 쇠로 된 것은 불에 그을리고, 유리로 된 것은 3일간 물에 담가놓는데 해가 질 때마다 새 물로 교환합니다. 그리고 다른 그릇들은 펄펄 끓는 물에 소독을 합니다. 그렇게 깨끗하게 하니 유대인들은 병이 적습니다. 그들은 유월절을 앞두고만 그렇게 하는 것이 아니라 안식일 전에도 정결하게 합니다. 안식일을 지키기 위해 언제나 먼저 목욕을 합니다. 그리고 속옷부터 깨끗한 것으로 갈아입고 안식일을 지킵니다.

이 정결, 성결이 얼마나 귀한지 모릅니다. 꽃의 상징은 아름답고 깨끗한 향기입니다. 하나님의 사람인 우리의 상징은 정결, 깨끗함입니다. 그러므로 우리에게는 깨끗하고 아름다운 향기가 나야 합니다. 하나님께서 친히 말씀하셨습니다.

"나는 너희의 하나님이 되려고 너희를 애굽 땅에서 인도하여 낸 여호와라 내가 거룩하니 너희도 거룩할지어다"(레 11:45).

하나님께서는 제사장이 입을 옷까지 지시해 주셨습니다. 우리는 하나님께서 기뻐하시는 옷을 입어야 하는데, 특별히 하나님 앞에 나올 때는 집 안팎을 깨끗이 정리하고 몸과 옷을 깨끗이 해야 합니다. 그러면 하나님만 기쁘신 것이 아니라 우리의 몸과 마음이 깨끗해지니 우리도 기쁩니다. 그리고 우리에게 복이 옵니다. 언제나 하나님께 순종할 수 있는 우리 모두가 되기 바랍니다.

양의 피로 인해 넘어가는 유월절

그리고 그들은 양을 잡았습니다. 하나님께서 양을 잡으라고 말씀하셨기 때문입니다. 성전 봉헌식 때는 소도 잡고 양도 잡고 염소도 잡았는데 유월절에는 양을 잡으라고 하셨습니다. 그 이유가 무엇입니까?

유월절은 애굽에서 구원받은 것을 감사하는 절기, 특별히 양의 피 때문에 죽음의 재앙에서 구원받은 것을 감사하는 절기이기 때문입니다.

출애굽기 12장 1절에서부터 보면, 하나님께서 그들의 식구 수대로 어린 양을 잡되 일 년 된 수컷으로 잡으라고 하셨습니다. 양이 없으면 염소를 잡되 식구가 적으면 이웃 사람과 숫자를 맞추어 잡아서 전체를 먹으라고 하셨습니다. 그리고 그 피를 좌우 문설주와 문 인방에 바르라고 하셨습니다. 그 밤에 하나님께서 애굽 땅을 두루 다니시며 사람이나 짐승을 막론하고 애굽 땅에 있는 모든 처음 난 것을 죽이시는데 그 피가 있는 집은 죄가 아무리 많아도 그냥 넘어가겠다고 하셨습니다.

"내가 너를 넘어가리라."

그것이 유월절입니다.

재앙을 받고 죽어야 하는데 피가 있어서 그냥 넘어가는 것, 그것이 유월절입니다. 그 피가 양의 피입니다. 양의 피로 구원받은 것입니다. 그래서 양을 잡아먹으라고 하신 것입니다. 그것은 양의 고기만 즐기라는 것이 아닙니다.

'우리는 이 많은 천하 백성들 중에 하나님께서 특별히 재앙을 넘어가게 하시고, 특별히 보호하시는 축복의 민족이다'라는 정신적인 즐거움을 누리라는 것입니다. 정신적인 즐거움은 보람이 있습니다.

대단히 송구스러운 말씀을 하겠습니다. 전에 어느 곳에서 큰 행사를 치르는데 제가 참석해야 하는 행사라 가서 뒷자리에 앉아 있었습니다. 그런데 어느 귀한 분이 제게 오셔서 "목사님, 단 위로 올라가시지요"라고 하셨습니다. 저는 부족한 사람이라 앞자리에 앉으면 안 된다는 생각이 들어 뒤에 앉았는데 저를 기어코 앞자리에 앉도록 하셨습니다. 그렇게 앞자리에 앉아 있으니 '아무것도 아닌 나를 이렇게 귀히 여겨 주시는구나'라는 생각에 정신적인 보람이 있었습니다.

주일은 우리의 유월절

이스라엘 백성이 양고기를 먹을 때 양고기 맛만 보는 것이 아니었습니다. '애굽 땅의 사람들과 짐승들은 다 죽었는데 우리가 이렇게 산 것은 하나님의 특별한 사랑 때문이야. 하나님께서 특별히 구원의 길을 열어 주셔서 우리가 이렇게 살았는데…. 그 구원의 길이 양이고 양의 피였다'라고 생각하게 되는 것입니다. 그래서 그들이 귀하다는 것을 기억하며 살도록 양을 먹게 하신 것입니다.

그들을 위해 얼마나 많은 양이 피를 흘렸습니까? 그것은 예수님의 예표이고, 예수님께서 우리의 구원을 다 이루셨습니다. 그래서 세례 요한이 예수님께서 걸어오시는 것을 보고 이렇게 말했습니다.

"보라! 세상 죄를 지고 가는 하나님의 어린양이로다."

하나님의 어린양은 출애굽기 12장의 양을 말하는 것입니다. 그래서 누구든지 예수님을 영접하여 예수님의 피가 그 영혼에 있으면 지옥의 권세, 사망의 권세가 그에게 접근하지 못하고, 죄가 있어도 하나님께서 재앙을 넘어가게 하시고 구원해 주십니다. 얼마나 감사합니까?

오늘 우리가 성찬식을 하는데 성찬식을 하면서 빵맛을 즐기는 것입니까? 아닙니다. 이 빵은 주님께서 "이것은 내 살이다" 하시며 주신 것이니 주님의 살을 먹는 감사와 감격이 있는 것입니다. 구원의 감격이 있는 것입니다. 포도주를 마시면서 '이것은 주님의 피인데…' 하며 은혜를 받는 것입니다. 그래서 하나님께서 이스라엘 백성에게 양을 잡아먹으라고 하신 것입니다.

그런데 여기에서 우리가 또 알아야 할 것은 하나님은 영혼의 하나님이어서 우리를 영혼의 양식인 하나님 말씀으로 먹이시는 동시에 육신의 하나님이어서 육신의 양식도 먹이신다는 것입니다. 하나님께서는 우리에게 일용할 양식을 주십니다. 그러므로 우리는 하나님 말씀도 잘 먹고 일용할 양식도 잘 먹어야 합니다. 하나님 앞에서 양식의 은혜를 즐기는 우리가 되어야 합니다. 특별히 하나님의 교회가 즐거움이 되어야 합니다.

하나님은 우리와 똑같습니다. 아들딸이 술집에 가서 먹고 마시면 부모의 근심이지만 내 집에서 엄마가 해준 음식을 즐겁게 먹으면 그것이 부모의 기쁨입니다. 우리가 다른 데서 세상 쾌락을 즐기면 하나님께서 가슴을 치시지만 하나님의 교회에서 먹고 마시고 즐거워하면 그것이 하나님의 기쁨이 됩니다. 하나님의 교회에서 즐거워하는 것은 하나님의 자녀로서 하나님께 순종하는 것이기 때문입니다.

교회에서 설교를 들을 때나 음식을 먹을 때나 언제나 웃으며 기뻐하시기 바랍니다.

우리가 가장 즐거워할 곳은 바로 교회입니다. "주의 궁정에서의 한 날이 다른 곳에서의 천 날보다 나은즉"이라고 고백하며 기뻐하고 즐거워하는 우리 모두가 되기를 원합니다. 특별히 주일은 우리의 유월절입니다. 우리가 구원받은 감격을 하나님께 올려드리는 날입니다.

이날은 이날은 주의 지으신 주의 날일세
기뻐하고 기뻐하며 즐거워하세 즐거워하세
이날은 주의 날일세 기뻐하며 즐거워하세
이날은 이날은 주의 날일세

할렐루야! 이런 즐거움이 영원히 계속되기를 축원합니다. 이런 즐거움이 계속되도록 양을 잡아먹으라고 하신 것입니다.

온 세상이 구원의 즐거움을 누릴 때까지 해야 하는 전도

이스라엘 백성들은 이방인들도 즐거워하게 했습니다. 본문 21절을 보면, 그 땅에 사는 이방 사람의 더러운 것으로부터 스스로를 구별하여 하나님을 찾는 사람은 함께 먹으라고 하셨습니다. 이스라엘 땅에 사는 이방인이라도 자기들이 섬기는 우상과 악한 습관을 버리고 하나님을 믿기로 했으면 함께 유월절을 즐거워하라는 것입니다.

하나님께서 이스라엘 백성을 택하신 이유는 이스라엘 백성만 축복하심이 아닙니다. 세계를 구원하시기 위하여 이스라엘 백성을 택하신 것입니다. 아브라함을 택하신 것은 아브라함만 잘되게 하심이 아닙니다.

"아브라함아, 네 씨로 말미암아 천하 만민이 복을 받으리라."
하나님께서는 온 세계, 지구촌이 복 받기를 원하십니다.
오늘 우리가 예수님을 믿어 구원받은 것은 하나님의 은혜입니다.

"너희는 그 은혜에 의하여 믿음으로 말미암아 구원을 받았으니 이 것은 너희에게서 난 것이 아니요 하나님의 선물이라"(엡 2:8).

하나님의 선물로 구원받은 것은 우리만 즐거워하고 우리만 영생 얻으라는 것이 아닙니다. 우리 때문에 세상이, 이웃이 구원받도록 우리를 세우신 것입니다. 그래서 이 세상 사람들도 함께 구원의 즐거움을 누리도록, 어린양의 피의 축복을 받도록 전도해야 하는 것입니다.

전도는 어려운 것 같아도 쉽습니다. 전도하는 곳에 하나님께서 역사하시기 때문입니다. 우리가 보기에 전도할 수 없을 것 같은 사람도 하나님께서는 가능하게 해주시는 것입니다.

윌리엄 스타링이라는 사람은 모두가 포기한 술주정꾼이고 악한 사람이었습니다. 그는 술을 마시고 늘 아내와 아이들을 구타했습니다. 그러나 믿음이 좋은 그의 아내는 매일 가정예배를 드리고 아이들에게 성경을 가르쳤습니다. 하루는 아이들과 함께 마태복음 25장 말씀, 우리 주님께서 재림하실 때 우편에는 양 같은 의인을, 좌편에는 염소 같은 악인을 구분해 놓고 의인은 영생에, 악인은 영벌에 들어가게 하신다는 말씀을 읽었습니다.

"그때에 임금이 그 오른편에 있는 자들에게 이르시되 내 아버지께 복 받을 자들이여 나아와 창세로부터 너희를 위하여 예비된 나라를 상속받으라…또 왼편에 있는 자들에게 이르시되 저주를 받은 자들아 나를 떠나 마귀와 그 사자들을 위하여 예비된 영원한 불에 들어가라"(마 25:34, 41).

이 말씀을 읽은 후 아이들에게 "우리는 하나님의 양으로 살아야 한다"라고 했습니다. 그때 술 취한 남편이 들어오면서 "뭣들 하는 거야?"라고 소리쳤습니다. 그러자 그의 어린 아들 톰이 "엄마, 우리 아빠는 염소지? 우리 아빠는 지옥불에 들어갈 염소지?"라고 했습니다. 어린 아들의 그 말에 술주정꾼이 충격을 받았습니다. 그날로 술을 끊고 예수님을 믿게 되었습니다.

전혀 불가능해 보이는 사람도 되는 것입니다. 그러므로 우리는 '저 사람은 예수님을 믿지 않을 거야'라고 하면 안 됩니다. 그런 사람도 믿을 수 있습니다. 그런 사람에게도 전도해야 합니다. 우리가 전하는 그 한마디가 그 사람을 살릴 수 있습니다.

코카콜라 회사는 엄청난 돈을 들여서 광고를 합니다. 창립한 지 백 년이 넘은 코카콜라가 200개국에 들어가 있고, 52억 명이 코카콜라를 마신다고 합니다. 코카콜라를 모르는 사람이 없습니다. 그런데도 계속 광고를 합니다.

어떤 사람이 코카콜라 광고 책임자에게 물었답니다.

"이 세상에 코카콜라를 모르는 사람이 없습니다. 세 살 먹은 어린이도 코카콜라를 아는데 왜 이렇게 자꾸 광고를 합니까? 광고하지 않아도 얼마든지 팔릴 텐데 왜 계속 광고를 합니까?"

그러자 그 책임자가 이렇게 대답했습니다.

"지금 코카콜라를 아는 사람은 자꾸 죽어 가고 있습니다. 그리고 지금 태어나는 아기는 코카콜라를 모릅니다."

지금 코카콜라를 모르는 사람이 없어도, 아는 사람은 죽어 가고 있고 새로 태어나는 아기들은 모르니 미래를 위해 계속해서 광고를 해야 된다는 것입니다.

우리가 '예수님을 모르는 사람이 누가 있겠나? 하나님을 모르는 사람이 누가 있겠나? 예수님을 믿지 않아도 전도는 다 받아보지 않았겠나? 지금 교회에 다니지 않는 사람들 중에 전도를 받아보지 않은 사람이 누가 있겠나? 저 사람은 내가 전도하지 않아도 다른 사람이 하겠지'라고 생각하면 큰일 납니다.

지금 예수님을 믿는 사람은 자꾸 천국으로 이사를 갑니다. 그리고 예수님을 모르는 사람이 계속 태어나고 있습니다. 예수님을 아는 것 같아도 확실히 모르니 믿지 않는 것입니다. 그러므로 계속 예수님을 전해야 합니다. 우리나라 모든 사람이 구원의 유월절을 즐길 수 있도록 때를 얻든지 못 얻든지 전해야 합니다.

무슨 일이든 기도하는 마음으로 하면 하나님의 일

하나님을 찾는 자들이 다 함께 유월절 양을 먹으며 즐거워했습니다. 어떤 사람은 양을 먹이고, 어떤 사람은 농사를 짓고, 어떤 사람은 공무원이고, 어떤 사람은 레위인입니다. 하는 일이 다 달랐지만 그들은 함께 먹으며 즐거워했습니다.

우리 모두 직업이 다르고, 직장이 다르고, 하는 일이 다릅니다. 그러나 교회에 와서는 함께 즐거워합니다. 그리고 우리의 은사와 달란트가 달라서 하는 일이 다르고 직업이 다르지만 무슨 일이든 기도하는 마음으로 하면 하나님의 일입니다. 장사를 해도 하나님의 마음으로 기도하면서 하면 하나님의 일이고, 의사 선생님의 일도, 구두를 닦는 일도 기도하면서 하면 하나님의 일입니다.

어느 장로님은 신부전증에 간경화가 와서 모두가 돌아가실 것이라고 했습니다. 그런데 수년이 지난 지금도 건강하십니다. 그 장로님께서 제게 말씀하셨습니다.

"목사님, 제 아내가 밥을 지을 때도 기도합니다. 부엌에서 '하나님! 하나님…' 하고 기도하며 밥을 짓습니다. 저는 제 아내의 기도로 제 병이 나은 줄 믿습니다."

밥을 지어도, 식당에서 웨이터로 심부름을 해도, 주방에서 설거지를 해도 기도하는 마음으로 하면 그것이 하나님의 일입니다. 무슨 일을 하든 하나님 앞에서 하면 귀한 일이 됩니다. 그러니 서로 존중하며 즐거워해야 합니다.

이런 재미난 이야기를 읽었습니다.

형은 농사를 짓는 농부였고, 동생은 선비였습니다. 그래서 형은 늘 소 엉덩이를 따라다니며 밖에서 일을 하고, 동생은 의관을 정제하고 앉아 글만 읽었습니다. 하루는 형이 자기는 일을 하느라 고생만 하는데 동생은 팔자 좋게 방에서 책만 읽으며 편안히 앉아 있는 것을 보고 '나도 팔자를 고치자'라고 생각했습니다. 그래서 농사를 짓지 않고 동생처럼 도포를 입고 겹버선을 신고 상을 펴놓고 앉아 천자문을 읽었습니다. 그때가 마침 음력 오뉴월이었습니다. 늘 밭을 갈고 산과 들을 헤매던 사람이 옷을 차려입고 방에 앉아 있으니 갑갑해서 미칠 것만 같았습니다. 몇 시간 동안 그렇게 앉아 있다가 도저히 참을 수 없어 옷을 다 벗어던지고 천자문도 집어던진 후 소를 끌고 들로 나갔습니다. 그리고 밭을 갈다가 "이놈의 소야! 너, 말을 안 들으면 오뉴월에 도포 입히고 겹버선 신겨서 천자문을 읽힐 것이다"라고 했답니다.

농사짓는 일이 좋은 사람은 농사를 짓고, 공부하는 것이 좋은 사람은 학자가 되어야 합니다. 그러니 무슨 일을 하든, 직업이 어떻든 그것으로 사람을 판단하지 말고, 하나님의 자녀로서 모두가 함께 사랑하고 귀히 여기고 기뻐해야 합니다. 그것이 유월절을 지키는 것입니다.

기쁨의 샘을 주시는 하나님

본문 22절을 보면, 하나님께서 그들을 즐겁게 해주셨습니다. 하나님께서는 이미 기쁨의 샘을 주셨습니다. 그 기쁨의 샘이 무엇입니까?

'애굽에 열 가지 재앙을 내려 바로를 꺾고 인도해 내신 하나님, 홍해를 가르신 하나님, 40년간 불기둥과 구름기둥으로 지켜 주신 하나님, 만나를 내려주시고 옷이 해어지지 않게 하시고 신이 닳지 않게 하신 하나님, 메추라기를 내려주시고 반석에 샘물이 나게 하신 하나님…'

이 하나님을 생각하면 기쁘고, 이 하나님이 자기들 편이라고 생각하면 기쁜 것입니다. 우리도 마찬가지입니다. 주님께서 능력을 행하셔서 마귀의 노예에서 우리를 풀어주셨습니다.

　처녀 마리아가 잉태한 것만 기적입니까? 우리가 예수님을 믿게 된 것도 기적입니다. 어떻게 우리가 예수님을 믿습니까? 성령께서 임하지 않으시면 믿을 수가 없습니다. 성령으로 예수님이 잉태되신 것처럼 성령으로 우리 안에 믿음이 잉태된 것입니다.

　홍해는 세례를 뜻합니다. 우리가 세례 받음으로 홍해가 갈라졌습니다. 구름기둥과 불기둥보다 더 확실한 성령님께서 우리 안에 계십니다. 우리는 해어지지 않는 옷보다 더 귀한 성령의 세마포를 입었습니다. 우리는 닳지 않는 신발보다 더 귀한 복음의 신을 신었습니다. 얼마나 감사합니까?

　그리고 이스라엘 백성은 앗수르 왕의 마음을 돌려 성전을 짓게 하신 하나님께 감사하며 기뻐했습니다. 앗수르 왕은 다리오 왕을 말합니다. 다리오는 페르시아 왕이지만 앗수르를 그대로 인수했기 때문에 앗수르 왕이라고 표현한 것입니다. 하나님께서 모든 것이 합력하여 성전을 짓도록 돕게 하셨으니 하나님께 감사했다는 말입니다.

　오늘의 우리에게도 로마서 8장 28절 말씀대로 모든 것이 합력하여 선이 되고 있습니다. 이것을 생각하면 우리에게도 기쁨의 샘물이 솟아나는 것입니다. 옆에 옹달샘이 있어도 내가 퍼 마셔야 샘물을 맛볼 수 있습니다. 하나님께서 이미 즐거워할 수 있는 샘물을 교회에 주셨습니다. 그러니 우리가 퍼 마시기만 하면 됩니다. 시간마다 잘 깨달아 기쁨의 물, 즐거움의 물을 마시면서 기쁘게 믿음생활 하시기를 축원합니다.

12
에스라를 통해 주시는 교훈

(에스라 7:1-10)

이 일 후에 바사 왕 아닥사스다가 왕위에 있을 때에 에스라라 하는 자가 있으니라 그는 스라야의 아들이요 아사랴의 손자요 힐기야의 증손이요 살룸의 현손이요 사독의 오대 손이요 아히둡의 육대 손이요 아마랴의 칠대 손이요 아사랴의 팔대 손이요 므라욧의 구대 손이요 스라히야의 십대 손이요 웃시엘의 십일대 손이요 북기의 십이대 손이요 아비수아의 십삼대 손이요 비느하스의 십사대 손이요 엘르아살의 십오대 손이요 대제사장 아론의 십육대 손이라 이 에스라가 바벨론에서 올라왔으니 그는 이스라엘의 하나님 여호와께서 주신 모세의 율법에 익숙한 학자로서 그의 하나님 여호와의 도우심을 입음으로 왕에게 구하는 것은 다 받는 자이더니 아닥사스다 왕 제칠 년에 이스라엘 자손과 제사장들과 레위 사람들과 노래하는 자들과 문지기들과 느디님 사람들 중에 몇 사람이 예루살렘으로 올라올 때에 이 에스라가 올라왔으니 왕의 제칠 년 다섯째 달이라 첫째 달 초하루에 바벨론에서 길을 떠났고 하나님의 선한 손의 도우심을 입어 다섯째 달 초하루에 예루살렘에 이르니라 에스라가 여호와의 율법을 연구하여 준행하며 율례와 규례를 이스라엘에게 가르치기로 결심하였더라

성경에 수많은 인물들이 등장합니다. 믿음의 조상 아브라함을 통하여, 죽기까지 순종한 이삭을 통하여 우리는 좋은 것을 많이 배웁니다. 다윗은 최고의 왕이 되어도 겸손했습니다. 이런 인물들은 우리의 좋은 모델입니다.

그러나 사울 왕은 교만하다가 망했습니다. 롯은 세상을 사랑하다가 망했습니다. 그런 사람에게서도 우리는 '교만하면 망하니 교만하지 말자. 세상을 사랑하고 욕심을 부리면 망한다'는 것을 배웁니다. 아간은 도둑질하다가 망했습니다. 우리는 아간을 통해 '도둑질하면 망한다'는 것을 배웁니다.

우리는 성경에 등장하는 모든 인물들을 통해 배웁니다. 좋은 본보기가 되는 인물들은 복된 사람들이지만 나쁜 본보기가 되는 인물들은 영원히 불행한 사람들입니다. 우리 모두는 좋은 본보기가 되는 인물들이 되기 바랍니다. 오늘 본문의 주인공, 에스라가 바로 좋은 본보기입니다.

모든 사람을 빛나게 하는 사람, 에스라

에스라는 제사장 중의 제사장, 학사 중의 학사, 지도자 중의 지도

자입니다. 흠을 찾기 어려운, 좋은 본보기입니다. 그리고 에스라서의 저자입니다.

그는 2차 바벨론 포로 귀환 때의 지도자로서, 아닥사스다 왕의 사랑을 받고 많은 것을 얻어 예루살렘으로 오는 데 성공한 사람입니다. 그해 정월 초하루에 자기 백성들을 이끌고 예루살렘으로 향했는데 오 월 초하루에 도착했으니 4개월 동안의 긴 여행길이었습니다. 그때는 차가 없어서 어린이들은 짐승에 태우고 그 먼 길을 걸었으니 얼마나 힘들었겠습니까? 또 오는 길에 강도의 위험, 원수들의 매복이 있었습니다. 그런데도 하나님의 선하신 도움으로 예루살렘에 잘 도착했습니다. 그리고 예루살렘과 유다 나라를 품에 안고 말씀을 가르쳐 빛나는 나라로 만들었습니다.

에스라는 귀한 인물입니다. 그가 제사장이니 제사장이 빛나고, 그가 학자이니 학자가 빛나고, 그가 지도자이니 지도자가 빛납니다. 그가 족보에 들어가니 그의 가문인 아론의 가문이 빛이 납니다.

스룹바벨도 세상을 떠났고, 예수아도 세상을 떠났고, 학개 선지자와 스가랴 선지자도 세상을 떠나간 시대입니다. 성전을 재건해 봉헌한 후 많은 세월이 흘렀으니 이스라엘 백성을 지도하던 지도자들과 하나님의 선지자들은 세상을 떠났을 것입니다. 그래서 가르치는 사람이 없으니 습관에 따라 예배는 드리고 하나님은 섬겨도 백성의 신앙심이 나태하고 태만했습니다. 그들의 신앙생활이 참 아슬아슬했습니다.

그때 예루살렘에 돌아온 에스라가 큰 결심을 합니다.
'저렇게 두었다가는 하나님께 채찍을 맞겠다. 내가 하나님의 율법을 연구하고 준행하며 율례와 규례를 백성들에게 가르쳐야겠다.'

이처럼 에스라는 좋은 본보기의 인물이었습니다. 그가 접하는 모든 사람을 빛나게 하는 사람이었습니다.

처칠이 말했습니다.

"네 직업이 너를 돋보이게 하지 못하거든 네가 네 직업을 돋보이게 하라."

우리 모두 우리가 속한 가문을 빛내고, 지역을 빛내고, 교회를 빛내는 에스라 같은 좋은 본보기의 사람이 될 수 있기를 축원합니다.

실력 있는 하나님의 사람, 에스라

그러면 에스라는 어떤 인물이어서 그렇게 빛이 났습니까? 그는 한마디로 굉장한 실력자였습니다. 본문 6절에 '모세의 율법에 익숙한 학자'라고 했는데, 여기에서 '익숙하다'는 '습관이 들다'는 것이 아니라 '정통하다'는 것입니다. 에스라는 율법학자인데 율법에 정통했습니다. 그래서 아닥사스다 왕도 그를 '하늘의 하나님의 율법에 완전한 학자 겸 제사장'이라고 했습니다(스 7:12). 그런데도 그는 율법을 연구하기로 결심합니다. 높은 학자, 남들과 비교하지 못할, 남들이 추월하지 못할 자리에 있으면서도 "나는 율법을 깊이 공부하리라"고 합니다. 이것이 바로 실력자의 자세입니다.

에디슨은 발명의 왕입니다. 발명의 왕인 그가 80세가 넘어서도 계속 연구했습니다. 그러니 그 누구와도 견줄 수 없는 인물이 된 것입니다.

실력이 있으면 존경을 받습니다. 아무리 선한 사람이라도 실력이 없으면 직장에서 밀려날 수 있습니다. 가정주부도 요리 솜씨가 좋으면 더 많은 사랑을 받을 것입니다.

우리 모두 자기 자리에서 실력을 쌓아갈 수 있기 바랍니다. 저는 세계 최고의 설교자가 되고 싶습니다. 그래서 설교 준비에 시간을 쏟다 보니 성탄절에 카드를 받아도 읽을 시간이 없어 바로 읽지 못합니다. 그런데 한번은 책상 위에 성탄절 카드가 와 있는데, 초등학생이 보낸 것이었습니다. 어른이 보낸 것이라면 나중에 읽었을 텐데 어린아이가 보낸 것이라 바로 읽었습니다.

"목사님, 목사님 말씀에 시간, 시간마다 은혜를 받고 있어요. 제가 생각하기에 세계에서 목사님이 설교를 제일 잘하시는 것 같아요. 목사님을 위해 기도하고 있어요. 목사님, 건강하세요."

얼마나 그 아이가 예쁜지, 제가 그 카드를 책상 위에 세워 놓았습니다. 다른 카드들은 박스에 넣어 놓는데 그 카드는 책상 위에 세워 놓았습니다. 그 아이가 세상을 몰라서 그렇게 썼겠지만 어쨌든 저는 설교와 성경에 대해서는 최고의 실력자가 되고 싶습니다.

여러분! 사업하는 사람은 사업에, 의사 선생님들은 그 의술에 정통하기 위해 연구하시기 바랍니다. 그럴 때 든든한 사람이 되고, 가문을 빛내고 그 자리를 빛내는 사람이 되는 것입니다. 우리 교회에서도 큰 인물들이 줄줄이 나오기를 바랍니다. 열심히 공부해서 큰 인물들이 되기를 바랍니다. 그럴 때 교회를 빛내게 되는 것입니다. 우리가 부잣집 대문 앞의 나사로처럼 가난해도 예수님을 믿으면 귀한 일이지만 교회를 빛나게 하기는 어렵습니다. 나사로 때문에 나사로의 가문에 빛이 나지는 않는 것입니다. 실력이 있고 성공할 때 빛이 나게 되는 것입니다.

중학교에 다니다가 집이 가난해서 중퇴하고 중국집에서 자장면을 배달하는 소년이 있었습니다. 그러나 그는 자장면을 배달하면서도 "하나님, 나는 공부하기 원해요. 나는 박사님이 되기 원해요"라고 했습니다. 그러다 우연히 농구 실력을 인정받아 어느 중학교의 농구 선수가 되어 등록금을 내지 않고 학교에 다니게 되었습니다. 그는 농구하면서도 박사가 되고 싶어 계속 공부하여 대학교를 졸업했습니다. 그리고 미국에 유학을 가기 위해 시험을 치렀는데, 계속 떨어졌습니다. 여섯 번이나 떨어졌는데도 포기하지 않고 일곱 번째에 합격하여 미국으로 가게 되었습니다. 미국에 도착했을 때 그에게는 성경 한 권과 7달러뿐이었습니다. 그러나 꿈을 갖고 계속 노력하니 박사 학위를 받고 우리나라 모 대학의 총장이 되었습니다.

뜻이 있으면 길이 있습니다. 그리고 하나님께서는 우리의 마음을 읽고 계십니다. 그래서 노력하면 길을 열어 주십니다. 가정주부들도 미래를 위해 자꾸 준비해야 합니다. 우리가 준비해 놓으면 그것이 우리 후손에게도 복이 됩니다.

우리의 자녀들도 실력 있게 키워야 됩니다. 비디오나 만화를 보고 있는데 "그래, 보아라"고 했다가 나중에 학교에서, 회사에서 밀려나면 어떻게 하실 것입니까? 그러니 "놀 때는 놀아야 하고 즐길 것은 즐겨야 하지만 만화는 한 권만 보면 된다. 이제는 공부해라" 하고 채찍질도 하면서 길러야 합니다.

에스라가 만고에 빛나는 별 같은 사람이 된 것은 실력이 있었기 때문입니다. 저도 여러분도 실력 있는 사람이 됩시다. 우리 한국의 모든 크리스천들은 학교에서나 회사에서나 군에서나 실력이 쟁쟁한 하나님의 사람이 되기를 바랍니다. 예수님을 믿지 않는 사람들이 혀를 내두르는 실력자들이 되기를 바랍니다. 그런 실력 있는 사람들이 되려면 노력해야 합니다.

삶이 경건하고 깨끗한 사람, 에스라

에스라는 그의 삶이 경건하고 깨끗했습니다. 그가 아무리 실력이 있고 자기 분야에 정통한 성공자라도 생활이 지저분하다면 누가 그를 존경하겠습니까?

에스라는 자기가 공부한 대로 살고자 결심하고 살았습니다. 그러니 생활이 경건하고 깨끗했습니다. 그래서 사람들의 존경을 받은 것입니다. 그는 세상을 떠날 때까지 경건하고 깨끗했습니다.

제가 평소에 좋아하는 한 분이 계셨습니다. 그런데 그분이 국민들에게 오해를 받고 자살했다는 이야기를 들었습니다. 참 훌륭한 정치가이고 학자였는데 그렇게 자살하니 그의 일생이 무너지고 말았습니다. 얼마나 안타까운지 모릅니다.

우리는 처음부터 끝까지 귀하게 살 수 있기를 바랍니다. 그러면 누구든지 존귀하게 됩니다.

"내 아들아 나의 법을 잊어버리지 말고 네 마음으로 나의 명령을 지키라"(잠 3:1).

"그리하면 네가 하나님과 사람 앞에서 은총과 귀중히 여김을 받으리라"(잠 3:4).

"이로써 그리스도를 섬기는 자는 하나님을 기쁘시게 하며 사람에게도 칭찬을 받느니라"(롬 14:18).

우리가 말씀을 배운 그대로 살면 하나님께서 우리를 예뻐하셔서 은총의 옷을 입혀 주시고 무릎에 앉혀 놓고 사랑하십니다. 사람들도 '아! 저분은 참 귀한 분이구나' 하며 칭찬하고 사랑할 것입니다. 우리뿐 아니라 우리 자녀들도 그런 귀한 인물이 되도록 교육해야 합니다.

제가 가슴 찡한 글을 읽었습니다.

프랑스를 빛내고 세계의 화가들을 빛나게 한 밀레의 그림을 보면 마치 설교를 듣는 것처럼 마음이 편안해지고 하나님을 생각하게 됩니다. 특별히 부부가 들에서 일하다가 교회 종소리가 들리니 살포시 고개를 숙이고 기도하는 모습의 그림을 보면 얼마나 은혜로운지 모릅니다.

그런데 작품만 그런 것이 아닙니다. 그의 생활도 경건했습니다. 그래서 그가 많은 사람들의 사랑을 받는 것입니다. 그가 그렇게 된 것은 그의 부모도 귀했지만 그의 할머니 때문이라고 합니다.

파리로 유학을 떠날 때 할머니가 "사랑하는 나의 손자야, 만일 네가 하나님을 섬기는 데 게으르고 신앙생활에 실패했다면 살아오지 말아라. 나는 네가 신앙생활에 실패했다는 소식을 듣기보다는 네가 죽었다는 소식을 듣기 원한다"라고 했습니다.

밀레는 할머니를 무척 사랑했고, 할머니가 자기를 너무나 사랑한다는 것을 알았습니다. 그런데 할머니가 그렇게 말씀하신 것입니다. 밀레는 할머니의 그 말씀을 잊을 수가 없었습니다. 그가 청년이니 유혹도 많이 받고 시험들 일도 많았지만 할머니가 하신 "신앙생활을 잘못할 바에는 차라리 죽으라"는 말씀이 그를 지켜 주었던 것입니다.

그런데 우리는 어떠합니까? 주일 밤 예배에 참석하지 못한 아이들을 보며 "오늘 피곤했니?" 하고 그냥 넘어가지는 않습니까? 성경을 읽지 않고 딴짓하는 것을 보아도 그냥 두지는 않습니까? 아이들을 철저하게 교육해야 합니다. "우리 아버지, 어머니는 믿음생활, 주일성수, 성경 읽는 데는 빈틈이 없어요"라고 할 수 있도록 철저하게 가르쳐야 하는 것입니다.

저희 가정 이야기를 해서 죄송하지만, 저는 아들이 군에서 외출을 나와 모처럼 집에 와서 잠을 자고 일어나도, 밥상에 앉아 있어도 "성경 읽었니?" 하고 물어보았습니다. 만일 읽지 않았다고 하면 "숟가락 놓고 가서 읽고 와라"고 했습니다. 지금도 밥이 식고 국이 식어도 꼭 먼저 성경을 읽게 합니다. 하나님의 은혜를 받지 못하는 것보다는 찬밥, 식은 국을 먹는 것이 낫습니다. 우리도 경건하게 살아야 하지만 우리 자녀들이 하나님 앞에 귀하게 살도록 부모의 책임을 다 할 수 있기 바랍니다.

끈질긴 기도의 사람, 에스라

에스라는 하나님의 도움으로 형통했습니다. 에스라는 이리 가도 형통하고, 저리 가도 형통했습니다. 특별히 아닥사스다 왕이 에스라를 사랑해서 그가 구하는 것을 다 주었습니다. 에스라가 아닥사스다 왕에게 "폐하, 이것이 필요합니다"라고 하면, 왕이 "그래, 갖고 가라" 했습니다. 아닥사스다 왕이 그에게 무엇이든 그냥 다 주니 백성들이 "야! 에스라는 대단한 사람이야. 왕께 무엇을 구하든 왕이 다 허락하다니…"라고 했습니다.

사람들은 그가 왕 가까이에 있고 왕의 사랑을 받아서 구하는 모든 것을 왕에게 다 받은 줄로 알았겠지만, 그것이 아닙니다.

"그의 하나님 여호와의 도우심을 입음으로 왕에게 구하는 것은 다 받는 자이더니"(스 7:6).

"왕의 마음이 여호와의 손에 있음이 마치 봇물과 같아서 그가 임의로 인도하시느니라"(잠 21:1).

하나님께서 왕의 마음이 그렇게 되도록 하신 것입니다. 그러면 하나님께서 왜 아닥사스다 왕의 마음을 그렇게 다스리셨을까요? 왜 그렇게 에스라를 사랑하게 하시고, 꼼짝 못하고 에스라를 도와주게 하셨을까요? 에스라는 끈질긴 기도의 사람이었기 때문입니다.

에스라 8장을 보면, 에스라가 자기 백성들, 어린아이들까지 데리고 예루살렘을 향해 먼 길을 갈 때 '강도와 적들이 많은데 어떻게 갈까?' 하고 걱정이 되니 금식을 선포합니다. 그리고 백성들에게 기도하자고 합니다.

"우리가 도착할 때까지 무사하도록 하나님의 선한 도우심을 위해 기도하자. 우리가 왕의 마병이나 군사보다 하나님의 도우심을 구하자."

그는 하나님만 의지하고 금식하면서 기도합니다. 그래서 하나님의 선하신 도우심으로 형통했습니다. 왕 앞에서 형통하고, 예루살렘으로 올 때도 형통했습니다. 이렇게 하는 일마다 하나님의 도우심을 받은 것은 그가 기도의 용장이었기 때문입니다. 그는 기도하다가 마는 사람이 아니라 끈질기게 기도해서 끝장을 보는 사람이었습니다.

루터나 칼빈, 어거스틴처럼 큰 역사를 이룬 사람은 모두 기도의 사람들입니다. 우리 모두 이런 기도의 사람이 되기를 바랍니다. 누가복음 18장의 과부처럼 끈질긴 기도의 사람이 되기 바랍니다.

오래전, 제가 어머니를 뵈러 갔더니 작은어머니도 저희 집에 와 계셨습니다. 그 옆에는 방학을 맞아 고향에 내려온, 서울에 사는 제 사촌동생의 딸도 있었습니다. 그런데 그 아이가 저의 어머니 무릎에 딱 붙어 앉더니 다정한 목소리로 "할머니!" 하고 불렀습니다.

"왜?"

"자전거 타고 싶다."

"안 돼! 너 지난봄에도 자전거 타다가 고장내 놓고…. 안 된다!"

"자전거 타고 싶다."

"안 돼! 절대 안 된다!"

"자전거 타고 싶다."

"안 돼! 네가 아무리 그래도 안 돼!"

"자전거 타고 싶다."

"아무리 졸라도 안 된다. 절대로 안 돼!"

"할머니! 자전거 타고 싶다."

아이가 얼마나 끈질긴지 나중에는 제 어머니의 얼굴은 보지도 않고 어머니의 무릎에 자기 얼굴을 대고 "자전거! 자전거! 자전거…"라고 했습니다. 5분쯤 지나니 어머니께서 항복하시고 자전거를 내주셨습니다.

그때 제가 깨달았습니다. '아하! 기도를 해도 이렇게 해서 끝장을 보아야 되겠구나.'

기도를 할 때 하나님께서 '쟤는 기도를 시작했다면 끝을 보니 내가 안 주고는 배기지 못한다' 하시고 항복하시듯이 응답을 주실 수 있도록 기도하는 여러분과 제가 되기를 바랍니다. 하나님을 이기는 것은 기도뿐입니다. 하나님께서 야곱에게 "내가 졌다. 네가 이겼다" 하셨습니다. 야곱이 기도로 하나님을 이긴 것입니다.

여러분, 아버지가 어린 아들과 씨름하면 누가 이깁니까? 아들이 이깁니다. 저도 막내아들과 씨름을 수없이 했는데 제가 이긴 적이 없습니다. 제가 다 져주었기 때문입니다. 그러나 제가 바로 져주지는 않았습니다. 씨름을 하려고 붙으면 처음에는 아들을 들었다 놓았다, 아들이 재미있게 씨름을 하도록 한참은 그냥 둡니다. 그러면 아들은 있는 힘을 다해 제 다리를 들었다 놓았다 합니다. 그러다 아들이 힘이 빠지면 씩씩거리는데 금방 울음이 터질 것 같습니다. 그러면 제가 누울 자리를 보고 쓰러지듯 눕습니다.

기도는 우리가 하나님과 씨름하는 것입니다. 하나님께서는 씨름을 통해 우리를 기도의 용장으로 만드시려고 하는데 우리가 조금 기도하다가 그만두면 하나님께서 어떻게 그것을 주시겠습니까? 그런 사람은 기도 응답을 받을 생각을 하면 안 되는 것입니다. 에스라처럼 끈질기게 기도할 수 있어야 합니다.

기도하면 신비한 일이 일어납니다. "기도의 무게"라는 글을 보았습니다.

1차 대전 직후 어느 가게에 한 부인이 들어와서 말했습니다.

"크리스마스 때 제 아이들에게 먹일 식료품이 없어요. 그런데 제 남편이 전쟁터에서 죽어서 저희 집에는 돈이 없어요. 대신에 제가 당신을 위해 기도해 드릴 테니 식료품을 좀 주세요."

예수님을 믿지 않는 가게 주인이 농담 삼아 말했습니다.

"그 기도를 종이에 써서 주시오. 기도 무게가 얼마나 나가는지 달아 보고 기도 무게만큼 식료품을 주겠소."

그러자 부인이 주머니에서 종이 한 장을 꺼내어 주인에게 건네주었습니다. 가게 주인이 수평저울의 한쪽에 기도문이 적힌 종이를 얹고 다른 쪽에 식료품을 얹기 시작했습니다. 그런데 신기하게도 식료품을 얹은 쪽의 저울이 밑으로 내려가지를 않았습니다. 당황한 주인이 발개진 얼굴로 계속해서 식료품을 저울에 올려놓았지만 저울은 그대로 있었습니다. 나중에는 주인이 그 부인에게 "내가 바빠서 그러니 당신이 알아서 가져가시오"라고 했습니다. 그래서 부인이 식료품을 담아 간 후 주인이 저울을 살펴보니 고장이 나 있었습니다. 여러분, 왜 하필 그때 저울이 고장났겠습니까? 우리가 기도하면 일은 하나님께서 하십니다.

1차 대전 말엽, 영국의 왕이 명장인 알렌비 장군에게 예루살렘을 정복하라는 명령을 내렸습니다. 그때 예루살렘에는 터키군이 주둔해 있었습니다. 알렌비 장군이 예루살렘을 에워싸긴 했지만 그는 믿음이 좋은 신앙인이었기 때문에 우리 주님께서 걸어 다니신 발자국이 있는 예루살렘에 대포를 쏘기 싫었습니다. 거룩한 성에서 피를 흘리는 것이 싫었습니다. 그래서 왕에게 "국왕 폐하, 저는 우리 주님께서 걸어 다니신 흔적이 있는 예루살렘에 피를 흘리기 싫습니다"라고 했습니다. 왕이 "그러면 기도하시오"라고 했습니다. 그때부터 그는 모든 군사들에게 "모두 기도하자. 하나님께서 직접 탈환해 주셔서 피를 흘리지 않고 예루살렘을 정복할 수 있도록 기도하자"라며 금식기도를 했습니다. 알렌비 장군의 명령을 받은 군사들도 기도하기 시작했습니다.

터키의 대장은 '알렌비'라는 이름만 들어도 겁이 나는데 알렌비 장군이 성을 에워싸더니 공격을 해오지 않고 가만히 있으니 '무슨 전략으로 저렇게 공격하지 않나?' 하며 고민하다가 스스로 성문을 열고 항복했습니다. 그래서 알렌비 장군은 총 한 발 쏘지 않고 예루살렘을 정복했습니다. 기도하면 지금도 놀라운 일이 일어나는 것입니다.

나라와 민족을 품은 사람, 에스라

에스라는 자기 가족만 생각하는 한 가정의 가장이 아니라 나라를 품은 나라의 장, 나라의 지도자였습니다. 에스라는 '우리 민족이 이렇게 예배를 드리지 않으면 안 되는데…. 이렇게 살다가는 하나님께 채찍을 맞겠는데…. 우리 민족을 살리려면 내가 부지런히 하나님 말씀을 연구해서 백성들에게 율법을 가르쳐야 되겠다'라고 생각했습니다.

그는 나라를 끌어안은 사람이었습니다. 그러니 큰 인물이 된 것입니다.

여러분과 저는 우리의 아들딸을 잘 돌보아야 합니다. 그러나 조금 나아가 우리 교회를, 조금 더 나아가 우리 한국을, 거기서 더 나아가 세계를 끌어안고 하나님 앞에서 기도해야 합니다.

저는 우리 교회의 다니엘 회원들을 위해, 장로님들을 위해, 부목사님들과 직원들과 교우들을 위해, 또 우리나라를 위해 아침과 저녁, 그리고 한낮에 기도합니다. 세계를 위해서는 저녁에는 기도하지 않았는데 이제는 잠잘 때도 꼭 이 지구촌을 위해 기도합니다. 제 방에 있는 지구의를 안고 "하나님! 이 지구촌을 붙잡아 주시고 악령과 강도와 도적을 묶어 주십시오. 이 지구촌에 평안을 주십시오. 우리 양곡교회가 5대양 6대주에 선교사를 파송하고 제가 전하는 말씀이 5대양 6대주를 살릴 수 있게 해주십시오"라고 기도합니다.

저는 여러분도 이 세계를 품기 원합니다. 그래서 지구의를 우리 교회 강단에 올려놓았습니다. 우리 양곡교회 성도들, 우리 아이들도 세계를 품고 큰 뜻을 품으라고 강단에 지구의를 둔 것입니다. 사람은 그 뜻대로 나아가게 됩니다.

포이어슈타인은 매사추세츠 주의 작은 도시 로렌스에서 섬유공장을 하고 있었습니다. 그런데 도시의 여러 가지 조건이 안 좋아져 공장들이 하나둘 이사를 가서 도시가 아주 어렵게 되었습니다. 그러자 그도 '곧 이사를 가야 하지 않겠나?'라는 생각을 했고, 다른 사람들도 그렇게 생각하고 있었습니다. 그러는 중에 불이 나서 그의 공장이 잿더미가 되었습니다. 그때 모든 사람들이 "이제 포이어슈타인도 떠나가겠구나. 이제 우리 로렌스 사람들은 일터를 다 잃겠네. 3,000명의 직원들이 다 실직하겠네"라고 했습니다. 그러나 잿더미를 바라보던 그는 '다른 도시로 옮기면 나는 이익이 있겠지만 내 공장까지 옮기면 3,000명의 직원은 어떻게 되지?'라는 생각을 하게 되었습니다. 그래서 가슴에 그 도시를 품고 그 땅에 큰 공장을 지어 1,000명의 직원을 더 고용했습니다. 그리고 "나는 로렌스를 버리지 않는다. 나는 로렌스를 사랑한다"라고 했습니다. 그래서 모든 미국인들에게 '포이어슈타인은 경제 논리로 사는 사람이 아닌, 가슴이 큰 사람이다'라는 훈훈한 감동을 안겨주게 되었고, 클린턴 대통령으로부터 표창을 받았습니다. 그때 영부인이 그를 "미국의 보배, 기업인의 보배"라고 칭찬했고, 미국 국민들이 그 공장의 물건을 더 많이 이용해서 공장이 더 잘되었습니다.

우리가 큰 뜻을 품으면 하나님께서 우리를 큰 인물로 키워 주십니다. 도시를 품으면 도시를 품을 만한 인물이 되게 하시고, 나라를 품으면 그만한 인물이 되게 하시며, 세계를 품으면 그만한 인물이 되게 하시는 것입니다.

우리가 세계를 품고 기도하면 하나님께서 우리도 세계를 위해 일할 길을 열어 주시지만 우리 자자손손도 세계적인 인물이 되게 하실 것입니다.

에스라는 나라를 품었습니다. 다니엘도 나라를 품고 하루 세 번씩 기도하니 그런 인물이 되었습니다. 느헤미야도 나라를 품고 기도하니 그렇게 되었습니다.

저와 여러분도 실력 있는 사람이 되고, 생활이 경건하고, 기도해서 형통하기 바랍니다. 큰 뜻을 품어 좋은 본보기의 사람이 되기 바랍니다. 그래서 우리 때문에 우리와 관계되는 모든 것이 빛이 나는, 복 있는 오늘의 에스라가 될 수 있기를 축원합니다.

13
하나님의 손

(에스라 7:11-28)

여호와의 계명의 말씀과 이스라엘에게 주신 율례 학자요 학자 겸 제사장인 에스라에게 아닥사스다 왕이 내린 조서의 초본은 아래와 같으니라 모든 왕의 왕 아닥사스다는 하늘의 하나님의 율법에 완전한 학자 겸 제사장 에스라에게 조서를 내리노니 우리 나라에 있는 이스라엘 백성과 그들 제사장들과 레위 사람들 중에 예루살렘으로 올라갈 뜻이 있는 자는 누구든지 너와 함께 갈지어다 너는 네 손에 있는 네 하나님의 율법을 따라 유다와 예루살렘의 형편을 살피기 위하여 왕과 일곱 자문관의 보냄을 받았으니 왕과 자문관들이 예루살렘에 거하시는 이스라엘 하나님께 성심으로 드리는 은금을 가져가고 또 네가 바벨론 온 도에서 얻을 모든 은금과 및 백성과 제사장들이 예루살렘에 있는 그들의 하나님의 성전을 위하여 기쁘게 드릴 예물을 가져다가 그들의 돈으로 수송아지와 숫양과 어린 양과 그 소제와 그 전제의 물품을 신속히 사서 예루살렘 네 하나님의 성전 제단 위에 드리고 그 나머지 은금은 너와 너의 형제가 좋게 여기는 일에 너희 하나님의 뜻을 따라 쓸지며 네 하나님의 성전에서 섬기는 일을 위하여 네게 준 그릇은 예루살렘 하나님 앞에 드리고 그 외에도 네 하나님의 성전에 쓰일 것이 있어서 네가 드리고자 하거든 무엇이든지 궁중 창고에서 내다가 드릴지니라 나 곧 아닥사스다 왕이 유브라데 강 건너편 모든 창고지기에게 조서를 내려 이르기를 하늘의 하나님의 율법 학자 겸 제사장 에스라가 무릇 너희에게 구하는 것을 신속히 시행하되 은은 백 달란트까지, 밀은 백 고르까지, 포도주는 백 밧까지, 기름도 백 밧까지 하고 소금은 정량 없이 하라 무릇 하늘의 하나님의 전을 위하여 하늘의 하나님이 명령하신 것은 삼가 행하라 어찌하여 진노가 왕과 왕자의 나라에 임하게 하랴 내가 너희에게 이르노니 제사장들이나 레위 사람들이나 노래하는 자들이나 문지기들이나 느디님 사람들이나 혹 하나님의 성전에서 일하는 자들에게 조공과 관세와 통행세를 받는 것이 옳지 않으니라 하였노라 에스라여 너는 네 손에 있는 네 하나님의 지혜를 따라 네 하나님의 율법을 아는 자를 법관과 재판관을 삼아 강 건너편 모든 백성을 재판하게 하고 그 중 알지 못하는 자는 너희가 가르치라 무릇 네 하나님의 명령과 왕의 명령을 준행하지 아니하는 자는 속히 그 죄를 정하여 혹 죽이거나 귀양 보내거나 가산을 몰수하거나 옥에 가둘지니라 하였더라 우리 조상들의 하나님 여호와를 송축할지로다 그가 왕의 마음에 예루살렘 여호와의 성전을 아름답게 할 뜻을 두시고 또 나로 왕과 그의 보좌관들 앞과 왕의 권세 있는 모든 방백의 앞에서 은혜를 얻게 하셨도다 내 하나님 여호와의 손이 내 위에 있으므로 내가 힘을 얻어 이스라엘 중에 우두머리들을 모아 나와 함께 올라오게 하였노라 사람은 태어나면서부터 더불어 살기를 원합니다. 그리고 누군가를 기다립니다. 막 태어난 갓난아기는 엄마가 품어 주고 젖 먹여 주기를 기다리고 아빠가 '까꿍까꿍' 하면서 예뻐해 주기를 기다립니다. 조금 자라면 친구들을 기다리고, 사춘기가 되면 동성 친구보다는 이성 친구를 기다립니다. 그래서 공부와 이성 교제 간의 갈등 속에서 생활합니다. 청년기가 되면 본격적으로 아냇감, 신랑감을 찾으며 기다립니다. 그러다가 배우자를 만나 결혼을 하면 아들딸을 기다립니다. 아들딸을 낳으면 돌잔치를 하고, 그 아들딸을 키워 놓으면 며느릿감, 사윗감을 기다립니다. 그래서 며느리를 보고 사위를 보면 또 손주를 기다립니다.

참된 만족, 참된 만남

사람은 이렇게 늘 기다리며 사는데, 기다리는 것을 다 얻어도 만족함이 없습니다. 우리의 좋은 친구이신 예수님의 품에 안기기 전까지는 아무리 좋은 부모, 아무리 좋은 친구, 아무리 좋은 배우자, 아무리 좋은 자녀를 만나도 만족함이 없습니다. 예수님을 만날 때 참 만족이 있습니다. 참 만남은 예수님뿐입니다. 그래서 예수님을 만난 우리는 항상 기뻐해야 합니다.

영국의 한 신문사에서 '영국 끝에서 런던까지 오는 가장 빠른 방법이 무엇인가?'에 대해 현상 공모를 했습니다. '비행기를 타야 한다', '빠른 자동차를 타야 한다', '고속 기차를 타야 한다', '말을 타고 지름길로 달려야 한다' 등 이런 여러 가지 답이 많았지만 1등으로 뽑힌

답은 '사랑하는 친구와 함께 가는 것'이었습니다.

'어떻게 하면 인생을 재미있게 사느냐?'에 대한 답이 여기에 있습니다. '어휴! 지겨워. 지겨워'가 아니라 '아! 재미있어. 세월이 어찌 이렇게 빨리 가나?' 할 정도로 재미있게 사는 길은 예수님과 더불어 사는 것입니다. 사랑하는 가족, 이웃, 친구와 함께하는 것도 좋지만 우리의 참 귀한 친구이신 예수님과 더불어 사는 것이 최고의 길입니다. 이 사랑을 만끽하며 사시기를 축원합니다.

우리를 향한 하나님의 사랑

오래전, 고향에 갈 때 제 아들이 운전을 했습니다. 그때 아들이 운전을 시작한 지 얼마 되지 않았을 때라 제가 운전석 옆자리에 앉아 아들에게 '이렇게 해라. 저렇게 해라. 지금은 잔소리 같지만 다 너의 앞길에 도움이 된다' 하며 운전에 대해 이런저런 것들을 가르쳐 주었습니다. 그리고 아내가 구워 온 오징어를 찢어서 아들의 입에 넣어 주었습니다. 저는 오징어 몸통을 좋아하는데도 아들이 옆에 있으니 그 몸통을 제 입에 넣을 수 없었습니다. 그래서 몸통은 아들의 입에 넣어 주고 나이가 많은 저는 딱딱한 다리를 씹어 먹었습니다. 그런데도 아들은 아무것도 모르는지 덥석덥석 잘 받아먹었고, 그렇게 받아서 맛있게 먹는 아들을 보니 기뻤습니다.

그때 제가 하나님의 사랑을 깨달았습니다. 우리가 자식을 사랑하는 이상으로 하나님께서는 우리를 사랑하십니다. 우리 주님께서 말씀하셨습니다.

"너희 중에 누가 아들이 떡을 달라 하는데 돌을 주며 생선을 달라 하는데 뱀을 줄 사람이 있겠느냐 너희가 악한 자라도 좋은 것으로 자식에게 줄 줄 알거든 하물며 하늘에 계신 너희 아버지께서 구하는 자에게 좋은 것으로 주시지 않겠느냐"(마 7:9-11).

하나님의 그 사랑이 얼마나 진한지, 우리가 자식을 사랑하는 이상으로 우리를 사랑하십니다.

"여인이 어찌 그 젖 먹는 자식을 잊겠으며 자기 태에서 난 아들을 긍휼히 여기지 않겠느냐 그들은 혹시 잊을지라도 나는 너를 잊지 아니할 것이라"(사 49:15).

이것을 깨달으면 우리는 흥분합니다. 너무 기뻐서 감격합니다. 이것을 깨닫지 못하면 예수님을 믿고 하나님을 모시고 살면서도 무료합니다. 그래서 "외롭다, 허전하다"라는 말을 합니다. 그것은 주님을 모독하는 것입니다. 우리 안에 성령님께서 계십니다.

성령이 계시네 할렐루야 함께하시네
좁은 길을 걸으며 밤낮 기뻐하는 것
주의 영이 함께함이라(찬송가 191장)

여러분 안에, 제 안에 성령님께서 계십니다.

"너희가 아들이므로 하나님이 그 아들의 영을 우리 마음 가운데 보내사 아빠 아버지라 부르게 하셨느니라"(갈 4:6).

"성령이 친히 우리의 영과 더불어 우리가 하나님의 자녀인 것을 증언하시나니"(롬 8:16).

성령님이 아니고는 예수님을 믿을 수가 없습니다.
예수님을 영접한 자는 하나님의 자녀가 되었고, 예수님을 영접한 그 시간에 성령님께서 임하셨습니다. 그래서 성령님께서는 늘 우리와 함께 계십니다. 하나님의 사랑이 함께하십니다. 그런데 외로워하고 우울해하면 그것은 하나님을 모독하는 것입니다. 우리는 늘 하나님의 사랑에 취해서 힘 있게, 행복하게 살아야 하는 것입니다.
제가 아들에게 운전을 가르치듯이 하나님께서는 우리를 위해 모든 인생길을 가르쳐 주시고 우리를 도와주시기를 원하십니다. 그런데 하나님의 손은 아버지의 손과 다릅니다. 아버지보다 우리를 더 잘 아시는 하나님께서는 여호와 이레로 준비해 주시되, 어떤 것은 그 상황을 갖추어야 주십니다. 하나님의 손은 그 사람의 그릇대로 준비하셔서 도우십니다. 우리 모두는 하나님께서 크게 쓰실 수 있는 사람, 하나님의 큰 손이 도우시는 사람으로 성장할 수 있기를 축원합니다.

우리를 도우시는 하나님의 손

에스라는 전쟁포로입니다. 그는 지성인이고 귀한 사람이지만 전쟁 때 끌려간 전쟁포로입니다. 그런데 왕의 특별한 사랑을 받아 지위가 높아지고 왕에게 구하는 것을 다 받습니다. 그래서 에스라가 자기 동족을 데리고 고국 이스라엘로 돌아가 성전을 재건하게 됩니다. 더구나 그가 고국으로 돌아갈 때 왕이 내탕고(자기 개인 창고)를 열어 은, 금과 예물을 엄청나게 주면서 하나님의 전을 위해 마음대로 쓰라고 합니다. 왕이라고 해서 자기 재산이 아깝지 않겠습니까? 어른이든 아이든 왕이든 그 누구든 사람은 다 욕심이 있습니다.

초등학교 저학년 아이가 지각을 했답니다. 선생님이 왜 지각을 했느냐고 물으니 아이가 이렇게 대답했답니다.

"어떤 아저씨가 길에서 동전을 잃어버렸는데, 제가 그것을 찾는 곳에 있어서 지각했습니다."

"애야, 잃어버린 동전을 찾아 주는 것도 선한 일이지만 학생에게는 지각하지 않는 것이 중하다."

"아니에요, 동전을 찾아 주려고 있었던 것이 아니에요."

"뭐? 그럼 왜 늦었냐?"

"그 아저씨가 떨어뜨린 동전을 제가 발로 밟고 있었어요. 그 아저씨가 간 다음에 동전을 주워 오려고…."

사람은 아이나 어른이나 모두 욕심이 있는데, 왕이 자기가 오랫동안 모아 놓은 내탕고의 재산을 내어주며 하나님의 전을 위해 마음대로 쓰라고 했습니다. 그리고 강 건너편 관리들에게 조서를 내려 에스라가 원하는 것은 무엇이든지 다 주라고 했습니다. 또 에스라가 원하는 대로 사람들을 세워 다스리라고 했습니다. 그래서 에스라는 이스라엘의 왕 같은 총독이 된 것입니다.

어떻게 왕이 한 사람에게 그토록 엄청나게 베풀 수 있습니까? 그것은 왕이 베푼 것이 아니라 하나님의 손이 그렇게 하도록 하신 것입니다. 아닥사스다는 자기를 '왕 중의 왕'이라 할 정도로 큰 나라의 왕이었습니다. 지금의 미국처럼 당시 세계 최고 나라의 왕이었습니다. 그런 왕이 자기 마음을 에스라에게 다 빼앗겨 꼼짝 못하고 모든 것을 주도록 하나님께서 섭리하신 것입니다.

그 결과가 본문에 나와 있습니다.

"또 나로 왕과 그의 보좌관들 앞과 왕의 권세 있는 모든 방백의 앞에서 은혜를 얻게 하셨도다 내 하나님 여호와의 손이 내 위에 있으므로 내가 힘을 얻어 이스라엘 중에 우두머리들을 모아 나와 함께 올라오게 하였노라"(스 7:28).

여러분, 에스라가 '내 하나님 여호와의 손이 내 위에 있으므로'라고 했습니다.

어느 초등학교 1학년의 한 아이가 미술 시간에 그림을 그리다가 울었습니다. 선생님이 달려와 물었습니다.

"왜 우니?"

"그림이 마음대로 안 그려져요."

"내가 도와줄게."

선생님이 아이의 손을 잡고 그림을 그리니 아주 멋진 그림이 되었습니다.

선생님이 도우면 선생님의 솜씨가 나옵니다. 하나님의 손이 우리 한 사람 한 사람을 도우시기를 원합니다. 우리 자녀를 도우시기 원합니다.

저는 우리 양곡교회의 오래전 사진, 아주 작은 교회 사진을 제 책상 바로 앞에 두고 매일 봅니다. 아침에도 보고 저녁에도 봅니다. 우리 교회가 앞으로 100만 명이 모이는 교회가 되어도 그때를 생각하며 그때의 마음을 가지기 위해서입니다. 우리 교회가 아무리 부흥되어도 저는 그때 그 모습을 지니고 겸손하기를 원합니다. 만일 우리 교회가 부흥했다고 해서 고개를 들면 하나님께서 "안 되겠네"라고 하실 것입니다. 그러면 망하는 것입니다.

지난 송구영신예배 때 꽉 찬 자리를 보면서 '하나님의 손이 이렇게 일하셨구나. 하나님께서 우리 양곡교회를 이렇게 도우셨구나'라는 생각으로 감사를 드렸습니다. 우리 교회를 도우신 하나님의 손, 하나님의 영광을 위해 큰 박수를 올려 드립시다.

여러분, 전쟁포로인 에스라가 무슨 일을 할 수 있겠습니까? 그러나 하나님의 손이 도우시니 왕이 그를 왕 같은 총독으로 세우고 필요한 모든 것을 다 줍니다. 우리가 우리의 힘으로 무엇을 할 수 있겠습니까? 그러나 하나님께서 손을 들어 도우시면 100만 명도 구원할 수 있습니다. 하나님께서 우리와 함께하시면 세상이 깜짝 놀랄 일을 할 수가 있습니다.

"할 수 있거든이 무슨 말이냐 믿는 자에게는 능히 하지 못할 일이 없느니라"(막 9:23).

"내게 능력 주시는 자 안에서 내가 모든 것을 할 수 있느니라"(빌 4:13).

이런 믿음으로 사시기를 바랍니다. 오늘 세상이 아무리 경제적으로 어렵고 암울하다 해도 그것은 세상의 상황입니다. 하나님께서는 세상을 얼마든지 바꾸실 수 있습니다. 하나님의 손은 능력이 있습니다. 전쟁포로도 왕같이 세우신 하나님께서 못하실 일이 있겠습니까? 하나님께서 우리 민족을 도와주시기를 축원합니다.

말씀을 사랑하는 자와 함께하시는 하나님의 손

그러면 하나님께서 왜 에스라를 통해 그렇게 역사하셨을까요? 제가 이 말씀을 3일 동안 묵상했습니다. 하나님께서 떠오르게 하신 교훈을 나누면서 은혜를 받고자 합니다.

에스라가 자기 생애에 가장 중히 여기고 사랑하며 자신을 바친 것이 무엇이었습니까? 바로 말씀이었습니다.

"에스라가 여호와의 율법을 연구하여 준행하며 율례와 규례를 이스라엘에게 가르치기로 결심하였었더라"(스 7:10).

우리 성경에는 '결심하였었더라'로 되어 있는데 영어 성경에는 'had devoted, 헌신하였더라'로 되어 있습니다. devote(헌신하다)는 나의 모든 것, 백 퍼센트를 다 쏟는다는 말입니다.

에스라가 자기 전체를 다 쏟았는데, 무엇에 쏟았습니까? 말씀을 연구하고, 그대로 순종하고, 가르치는 데 다 쏟았습니다. 에스라에게는 말씀이 가장 중했습니다. '나와 내 민족이 사는 길은 하나님 말씀뿐이다'라고 믿었습니다. 그래서 말씀을 가장 사랑한 것입니다.

사랑하는 여러분, 하나님께서는 말씀을 중히 여기는 사람, 말씀을 사랑하는 사람에게 하나님의 손으로 역사하십니다. 따라 해 보시기 바랍니다. "말씀이 하나님이시다."

말씀이 하나님이십니다.

"태초에 말씀이 계시니라 이 말씀이 하나님과 함께 계셨으니 이 말씀은 곧 하나님이시니라"(요 1:1).

우리가 말씀을 사랑하는 것은 하나님을 사랑하는 것과 같습니다. 그리고 말씀이 예수님이십니다.

"말씀이 육신이 되어 우리 가운데 거하시매 우리가 그의 영광을 보니 아버지의 독생자의 영광이요 은혜와 진리가 충만하더라"(요 1:14).

말씀이 예수님이시기 때문에 이 말씀을 사랑하는 것은 하나님의 외아들을 사랑하는 것입니다.

저희 어머니의 이야기 자루는 한이 없습니다. 제가 어릴 때 어머니께서는 양말을 꿰매시면서, 스웨터를 짜시면서 계속해서 이야기를 해주셨습니다. 그중의 한 이야기입니다.

어느 날 시골의 아주머니들이 산에서 산나물을 캐다가 양지 바른 바위 밑에 있는 고양이 비슷한 동물들을 발견했습니다. 새끼 고양이인 줄 알고 "아이, 예쁘다! 예쁘다! 귀엽다!" 하며 쓰다듬어 주었습니다. 그런데 그것이 고양이가 아니라 새끼 호랑이였고, 산 위에 있던 어미 호랑이가 자기 새끼들을 귀엽다고 쓰다듬어 주는 아주머니들을 보고 기뻐서 '어흥' 하고 웃었습니다. 그 아주머니들은 '어흥' 하는 호랑이 소리를 듣고 너무나 놀라 신발을 벗어던진 채 도망을 갔습니다. 그런데 아침에 일어나 보니 신발과 보자기와 다래끼가 다 자기 집에 와 있었습니다. 호랑이가 얼마나 영특한지, 그 물건의 주인을 알고 그 집에 갖다 두었다는 것입니다.

이것은 물론 지어낸 이야기입니다. 하지만 호랑이도 자기 새끼를 귀여워해 주면 좋아한다는 것을 가르쳐 주기 위한 것입니다.

우리가 하나님 말씀을 기뻐하고 사랑하면 하나님의 독생자 예수님을 기뻐하고 사랑하게 됩니다. 그런 우리에게 하나님께서 아무것도 아끼지 않으시는 것입니다.

"할렐루야, 여호와를 경외하며 그의 계명을 크게 즐거워하는 자는 복이 있도다 그의 후손이 땅에서 강성함이여 정직한 자들의 후손에게 복이 있으리로다 부와 재물이 그의 집에 있음이여 그의 공의가 영구히 서 있으리로다 정직한 자들에게는 흑암 중에 빛이 일어나나니 그는 자비롭고 긍휼이 많으며 의로운 이로다"(시 112:1-4).

'여호와를 경외하며 그의 계명을 크게 즐거워하는 자', 즉 하나님 말씀을 가장 즐거워하는 사람, 취미생활 정도의 기쁨이 아니라 너무 기뻐서 어쩔 줄 모를 정도로 말씀을 기뻐하고 즐거워하는 사람을 하나님께서 복 있게 하시는 것입니다.

그 첫째 복은 '그의 후손이 땅에서 강성함이여'입니다. 하나님의 말씀을 사랑하는 자에게 하나님께서는 첫 번째로 그 자녀를 잘되게 하십니다. 둘째는 부와 재물이 그 집에 있게 해주십니다. 셋째는 '그의 공의가 영구히 서 있으리로다'입니다. 남에게 존경을 받게 해주시는 것입니다. 넷째는 '흑암 중에 빛이 일어나나니'입니다. 흑암이 무엇입니까? 깜깜함, 걱정입니다. 걱정거리가 있는데 하나님께서 빛을 일으키시어 전화위복이 되게 해주시는 것입니다. 이것이 바로 말씀을 사랑하는 자가 받는 복입니다.

시편 119편 165절에도 "주의 법을 사랑하는 자에게는 큰 평안이 있으니 그들에게 장애물이 없으리이다"라고 하였습니다. 말씀이 하나님이시고, 말씀이 예수님이시기 때문에 말씀을 사랑하는 사람을 하나님께서 특별히 사랑해 주시는 것입니다.

제가 부족해도 한 가지 노력하는 것은 말씀을 사랑해서 어디에 가든 꼭 제 성경을 갖고 갑니다. 한번은 제가 감옥에 가는 꿈을 꾸었습니다. 그런데 감옥에 들어가서 보니 제 성경이 없었습니다. 그래서 막 울면서 감옥을 지키는 아저씨에게 부탁하여 집으로 가서 성경을 갖고 왔습니다. 제가 성경을 갖고 감옥에 들어가서 춤을 추며 기뻐했습니다.

저는 평소에도 꼭 제 성경을 갖고 다닙니다. 그런 제게 꼭 그 무거운 성경을 갖고 다녀야만 하느냐고 말하는 사람도 있지만 저는 그것이 큰 기쁨입니다. 만일 우리가 성경을 갖고 다니는 것을 짐스럽게 여긴다면 하나님께서 얼마나 섭섭해하시겠습니까? "내가 짐이 되냐? 나도 네가 짐이 된다"라고 하시면 어떻게 하시겠습니까?

우리는 언제나 하나님의 말씀을 사랑하고 중히 여깁시다. 그것이 하나님의 기쁨이요, 우리에게는 복입니다. 그리고 하나님의 말씀을 중히 여기고 사랑하는 것은 하나님의 손이 일하시게 하는 것입니다.

포클레인 한 대가 2,000명의 사람이 할 일을 다 합니다. 기계손도 그렇게 큰 일을 하는데 하나님의 손이 하시는 일은 얼마나 위대하겠습니까? 하나님의 손은 말씀을 사랑하고 중히 여기는 사람과 함께하십니다.

의롭고 성결한 자를 통해 역사하시는 하나님

에스라는 의인이었습니다. 에스라는 하나님의 말씀을 배우고 가르치고 그대로 살았습니다. 그러니 의로웠습니다. 하나님께서는 죄인을 불쌍히 여기시고 긍휼히 여기시지만 죄인을 통하여 큰 역사를 이루지는 않으십니다. 의롭고 성결한 사람을 통하여 크게 역사하십니다.

"하나님을 사랑한다. 말씀을 사랑한다"라고 하면서 갈 데 안 갈 데 다 가고, 할 짓 안 할 짓 다 하고, 손이 더러운 사람을 하나님께서 어떻게 도우시겠습니까?

"여호와의 손이 짧아 구원하지 못하심도 아니요 귀가 둔하여 듣지 못하심도 아니라 오직 너희 죄악이 너희와 너희 하나님 사이를 갈라놓았고 너희 죄가 그의 얼굴을 가리어서 너희에게서 듣지 않으시게 함이니라 이는 너희 손이 피에, 너희 손가락이 죄악에 더러워졌으며 너희 입술은 거짓을 말하며 너희 혀는 악독을 냄이라"(사 59:1-3).

죄가 하나님과의 사이를 갈라놓고, 손과 손가락이 더러워져서 하나님께서 돕지 않으시는 것입니다. 손이 거룩해야 합니다. 같은 몸이지만 씻은 몸과 씻지 않은 몸은 다릅니다. 이처럼 같은 교인이지만 예수님의 피로 죄를 씻은 사람과 씻지 않은 사람은 다릅니다. 우리가 아무리 씻어도 다시 몸에 때가 끼지만 그래도 매일 아침저녁으로 씻는 사람과 전혀 씻지 않는 사람은 다릅니다. 우리는 매일 주님의 피로 우리 죄를 씻어야 합니다.

　　나의 죄를 씻기는 예수의 피밖에 없네
　　다시 정케 하기도 예수의 피밖에 없네(찬송가 252장)

아무리 깨끗하게 살아도 몸에 때가 끼듯이 우리가 아무리 거룩하게 산다 해도 하나님 앞에 누가 거룩합니까? 그러나 주님의 피로 씻은 사람, 부지런히 용서받는 사람은 거룩하게 됩니다. 그래서 말씀대로 살고 실수했을 때 회개하면 하나님께서 기뻐하셔서 "내가 네게 영광을 나타내리라. 네 소원을 이루어 주리라. 너를 높여 주겠노라. 내 손이 너를 도와주겠노라" 하시는 것입니다.

기도할 때 역사하시는 하나님의 손

에스라는 아닥사스다 왕이 그렇게 자기를 사랑해도 그 왕을 믿지 않고 하나님만 의지했습니다. 하나님 앞에 기도하며 끝장을 보는 사람이었습니다.

"그때에 내가 아하와 강가에서 금식을 선포하고 우리 하나님 앞에서 스스로 겸비하여 우리와 우리 어린아이와 모든 소유를 위하여 평탄한 길을 그에게 간구하였으니 이는 우리가 전에 왕에게 아뢰기를 우리 하나님의 손은 자기를 찾는 모든 자에게 선을 베푸시고 자기를 배반하는 모든 자에게는 권능과 진노를 내리신다 하였으므로 길에서 적군을 막고 우리를 도울 보병과 마병을 왕에게 구하기를 부끄러워하였음이라 그러므로 우리가 이를 위하여 금식하며 우리 하나님께 간구하였더니 그의 응낙하심을 입었느니라"(스 8:21-23).

이때는 에스라가 지도자가 되어 포로들을 이끌고 제2차로 귀환할 때입니다. 그러니 왕의 사랑을 받는 에스라가 왕에게 "군사 만 명만 주세요"라고 할 수 있습니다. 그러면 왕이 흔쾌히 줄 텐데, 에스라는 "하나님을 믿는 내가 왕에게 보병과 마병을 구하는 것은 부끄러운 일이다. 우리가 금식하고 기도하여 하나님의 손이 직접 우리를 구하시게 하자"라고 합니다. 그래서 금식하고 기도한 다음에 가니 정월 초하루에 출발해서 5월 초하루에 무사히 도착합니다. 4개월 동안 여행했는데 경호원이 없어도, 군대가 없어도 하나님의 손이 막아 주시니 악한 자가 접근하지 못한 것입니다.

하나님께서는 부르짖어 기도하는 자가 있는 곳에서 일하십니다. 예레미야 33장 1절에서 3절을 보면 예레미야가 시위대 뜰에 갇혀 있을 때에 하나님께서 예레미야에게 "부르짖으라. 그러면 응답하겠고 크고 은밀한 일을 보여주겠다"라고 말씀하십니다.

"예레미야가 아직 시위대 뜰에 갇혀 있을 때에 여호와의 말씀이 그에게 두 번째로 임하니라 이르시되 일을 행하시는 여호와, 그것을 만들며 성취하시는 여호와, 그의 이름을 여호와라 하는 이가 이와 같이 이르시도다 너는 내게 부르짖으라 내가 네게 응답하겠고 네가 알지 못하는 크고 은밀한 일을 네게 보이리라"(렘 33:1-3).

요나는 물고기 뱃속에서 "내가 하나님께 쫓겨났을지라도 다시 주의 성전을 보리이다"라고 기도합니다. 물고기 뱃속에 들어갔으니 이제 그의 인생은 끝이 났는데도, 그의 앞이 캄캄한데도 그는 "내가 비록 잘못해서 하나님께 쫓겨났지만 하나님께서는 내게 주의 성전을 다시 보여주실 것을 믿습니다"라고 부르짖은 것입니다. 그러니 하나님께서 일하셔서 요나가 다시 성전을 볼 수 있게 하셨습니다.

오늘 여러분의 상황이 물고기 뱃속에 있는 요나만큼 어렵습니까? 우리나라가 아무리 어려워도 물고기 뱃속에 있는 요나처럼 어렵습니까? 어려움이 있고 부족함이 있을 때는 기도할 때입니다.

"너희 중에 고난당하는 자가 있느냐 그는 기도할 것이요 즐거워하는 자가 있느냐 그는 찬송할지니라"(약 5:13).

여러분, 하나님께 넘치도록 받았으면 넘치게 바치시기 바랍니다. 그리고 부족함이 많을 때는 구하시기 바랍니다. 하나님께서 우리에게 어려움을 주시고 부족함을 주시는 것은 기도하라는 것입니다. 우리가 기도할 때 하나님께서 일하시고, 또 하나님께서 일하실 때 우리가 하나님의 일하심을 알고 감사하기 때문입니다.

"환난 날에 나를 부르라 내가 너를 건지리니 네가 나를 영화롭게 하리로다"(시 50:15).

"아, 저 집은 망했네. 저 집은 끝났네."
"아이고! 저 장로님은 끝났네."
그러나 부르짖어 기도하여 다시 일어나면 "아! 저 집을 하나님께서 돌보아 주셨구나" 하게 되는 것입니다. 하나님께서 그것을 원하시는 것입니다.

에스라는 말씀을 중히 여겼고, 의롭게 살려고 애썼으며, 기도하는 사람이었습니다. 그때 하나님의 손이 그와 함께하였습니다. 우리도 오늘의 에스라가 되기를 축원합니다.

14
은혜의 기회

(에스라 8:1-14)

아닥사스다 왕이 왕위에 있을 때에 나와 함께 바벨론에서 올라온 족장들과 그들의 계보는 이러하니라 비느하스 자손 중에서는 게르솜이요 이다말 자손 중에서는 다니엘이요 다윗 자손 중에서는 핫두스요 스가냐 자손 곧 바로스 자손 중에서는 스가랴니 그와 함께 족보에 기록된 남자가 백오십 명이요 바핫모압 자손 중에서는 스라히야의 아들 엘여호에내니 그와 함께 있는 남자가 이백 명이요 스가냐 자손 중에서는 야하시엘의 아들이니 그와 함께 있는 남자가 삼백 명이요 아딘 자손 중에서는 요나단의 아들 에벳이니 그와 함께 있는 남자가 오십 명이요 엘람 자손 중에서는 아달리야의 아들 여사야니 그와 함께 있는 남자가 칠십 명이요 스바댜 자손 중에서는 미가엘의 아들 스바댜니 그와 함께 있는 남자가 팔십 명이요 요압 자손 중에서는 여히엘의 아들 오바댜니 그와 함께 있는 남자가 이백십팔 명이요 슬로밋 자손 중에서는 요시뱌의 아들이니 그와 함께 있는 남자가 백육십 명이요 베배 자손 중에서는 베배의 아들 스가랴니 그와 함께 있는 남자가 이십팔 명이요 아스갓 자손 중에서는 학가단의 아들 요하난이니 그와 함께 있는 남자가 백십 명이요 아도니감 자손 중에 나중된 자의 이름은 엘리벨렛과 여우엘과 스마야니 그와 함께 있는 남자가 육십 명이요 비그왜 자손 중에서는 우대와 사붓이니 그와 함께 있는 남자가 칠십 명이었느니라

   미모가 빼어나고 학식과 교양을 갖춘 한 아가씨가 철학자 임마누엘 칸트를 무척 좋아했습니다. 칸트도 그 아가씨에게 관심이 있어 때때로 시선을 보냈습니다. 아가씨는 칸트와 결혼하고 싶어 칸트의 청혼을 기다렸지만 아무리 기다려도 결혼하자는 말이 없었습니다. 아가씨는 자존심을 뒤로하고 칸트에게 "나는 당신을 사랑합니다. 나와 결혼해 주세요"라고 청혼을 했습니다.

 칸트는 자신의 생애에 두 번 만나기 어려울 정도로 귀한 여자가 청혼을 해오니 기뻤습니다. 그러나 바로 답하지 않고 그때부터 도서관에 가서 결혼에 대한 책을 다 뽑아 놓고 그것을 보며 큰 노트에 결혼에 대해 좋은 점과 나쁜 점을 기록했습니다. 그리고 결론을 내렸습니다. '결혼하면 불편한 점, 나쁜 점이 많지만 좋은 점도 많으니 하지 않는 것보다는 하는 것이 좋겠다.'

 그는 이발을 하고 멋있는 양복을 입고 그 아가씨의 집으로 가서 문을 두드렸습니다. 아가씨에게 정중하게 "내가 당신의 청혼을 받아들입니다. 우리 결혼합시다"라고 말하려고 간 것입니다. 그런데 아가씨는 나오지 않고 아가씨의 아버지가 나왔습니다.

"제가 따님의 청혼을 받아들이러 왔습니다."

"허허, 당신이 망설이는 사이에 내 딸은 결혼해서 두 아이의 엄마가 됐다오."

그래서 칸트가 결혼의 기회를 놓쳤다고 합니다.

전도서 3장 1절에 "범사에 기한이 있고 천하 만사가 다 때가 있나니"라고 하였습니다. 전도서 3장 11절에는 "하나님이 모든 것을 지으시되 때를 따라 아름답게 하셨고"라고 하였습니다.

때가 있습니다. 그때를 우리가 놓쳐서는 안 되는 것입니다.

기회를 잘 잡고 결단한 에스라

에스라는 똑똑한 지성인이고 학자 중의 학자로 귀한 사람이지만 노예의 신분입니다.

에스라 9장 9절을 보면 그가 "우리가 비록 노예가 되었사오나…"라고 합니다. 그도 노예로서 바벨론, 페르시아에 살았습니다. 애굽 왕 바로의 노예 생활보다는 조금 나았겠지만 자기 입으로 노예라고 했습니다.

그러나 하나님께서 은혜를 주시니 오히려 아닥사스다 왕이 에스라를 보면서 '하나님께 잘해야 하지. 하나님 백성을 돌려보내어 하나님의 성전을 아름답게 하고 하나님께 예배를 드리게 해야지' 하며 두려워합니다.

하나님께 잘하지 않고 하나님 백성을 돌려보내지 않으면 자기와 자기 왕자들에게 화가 임할 것이라는 두려운 마음을 하나님께서 아닥사스다 왕에게 주신 것입니다. 그래서 왕이 에스라를 불러서 에스라가 원하는 대로 다 해주고, 금과 은을 주고, 또 자기의 내탕고를 열어 필요한 대로 다 주고, 세금 받는 것 중에서도 떼어주었습니다. 그리고 에스라가 자기 임의대로 사람을 세워 예루살렘과 이스라엘을 다스리게 하였습니다. 또 이스라엘 백성은 레위인이든 제사장이든 원하는 사람은 다 예루살렘으로 돌아가도 좋다는 허락을 내렸습니다.

그때 에스라가 주춤하며 고민하고 연구했다면 아닥사스다 왕의 마음이 바뀔 수도 있었습니다. 또 그동안에 왕이 죽거나 정변이 일어나 새 왕이 들어올 수도 있었습니다. 그러면 그 기회가 끝나 에스라와 이스라엘 백성은 예루살렘으로 돌아갈 수 없게 되었을 수도 있습니다.

그런데 에스라는 그때 바로 결단을 내립니다. '아, 지금이 우리가 힘을 내어 돌아가야 할 때구나' 하고 깨닫습니다. 그래서 아닥사스다 왕이 왕위에 있을 때에 서둘러 "우리, 조국으로 돌아갑시다" 하면서 사람들을 독려하고 일으켜 예루살렘으로 돌아갑니다.

그때 귀환한 사람이 레위인까지 합하여 어른 남자만 1,754명입니다. 레위인들은 처음에는 가지 않으려고 했습니다. 레위인에게는 하나님께서 땅을 기업으로 주지 않으시고 이스라엘 백성들이 드리는 헌금, 예물을 기업으로 주셨습니다. 그런데 그 당시 예루살렘은 신앙이 좋지 않았기 때문에 하나님 앞에 드리는 예물이 적어서 레위인들은 예루살렘으로 돌아가면 먹고 살 길이 없는 줄 알았습니다. 바벨론에서는 비록 노예이지만 먹고 사는 데 지장이 없으니 가지 않으려고 한 것입니다. 그러나 에스라가 "당신들이 가야 우리가 하나님을 섬길 수 있다"라고 해서 레위인들도 가게 된 것입니다. 그래서 가게 된 남자의 수가 1,754명이었으니 여자들, 어린아이들까지 합하면 5,000명 정도가 예루살렘으로 돌아가게 되었습니다.

바벨론에서 예루살렘까지의 거리가 직선으로는 840km이지만 길을 따라가면 1,450km입니다. 그 길을 걸어서 가니 4개월이 걸렸는데 한 사람도 낙오되지 않고 모두가 예루살렘에 잘 도착했습니다.

여러분, 그들이 얼마나 기뻤겠습니까? 바벨론에 살면 노예가 아니더라도 외국인으로 차별을 받으며 살아야 합니다. 지금도 미국에 사는 우리 한국사람들이 불편해하는 점이 있습니다. 사람은 자기 나라에 사는 것이 좋습니다. 이스라엘 사람은 이스라엘에서 사는 것이 가장 좋은데, 에스라가 결단하여 조국에 와서 사람 대접 받으며 자기 땅에서 자기 물을 마시며 살게 되었으니 얼마나 좋습니까? 에스라가 기회를 잘 잡은 것입니다.

특별한 은혜와 축복의 기회

하나님께서는 우리에게 항상 은혜를 주십니다. 그리고 항상 우리를 살펴 주십니다. 그러나 하나님께서 특별한 일을 행하실 때가 있습니다.

하나님께서는 이스라엘 백성이 바벨론에 노예로 있을 때도 그들을 돌보시고 그들의 기도를 들어주셨습니다. 그러나 아닥사스다 왕을 통해 자유를 주실 때는 특별한 은혜와 축복의 기회였습니다. 에스라는 그것을 붙잡았습니다.

하나님께서 우리에게 항상 은혜를 주시지만 특별한 일을 행하실 때 그때를 잘 붙잡아야 합니다. 구름기둥과 불기둥은 항상 있어도 홍해는 항상 갈라지는 것이 아니듯이, 구름기둥과 불기둥이 항상 있어도 반석이 항상 터지는 것이 아니듯이, 하나님께서 항상 은혜를 주시지만 특별한 일을 행하실 때가 있습니다. 그때를 잘 붙잡아야 합니다.

오순절 다락방에 성령님께서 임하신 날은 하늘에서 불의 강이 흘러내린 날입니다. 그런데 그 불의 강이 흘러내리기 전에 예수님께서 성도들에게 하신 말씀이 무엇입니까? "예루살렘을 떠나지 말고 내게서 들은 바 아버지께서 약속하신 것을 기다리라. 세례 요한은 물로 세례를 베풀었거니와 너희는 몇 날이 못 되어 성령으로, 불로 세례를 받으리라."

특별한 은혜가 있을 것이라는 사실을 우리 주님께서 승천하시기 직전에 알려 주셨습니다. 5백 명이 그 말씀을 들었지만, 120명만 그 기회를 포착하고 마가의 다락방에서 열심히 기도하다가 성령의 불로 세례를 받았습니다. 다른 380명은 성령의 세례를 받지 못했습니다. 기회를 놓쳤습니다. 오순절 다락방의 성령은 특별했습니다. 하늘에서 불덩이가 내려와 120가닥으로 각 사람에게 임했습니다. 5백 명이 다 왔으면 그 성령의 은혜가 부족했겠습니까? 아닙니다. 5백 명이 다 와도 5백 가닥으로 채워 주시는 하나님이십니다. 그러나 그곳에 참석한 사람만 그 큰 은혜를 받았습니다.

모세가 일생 동안 하나님 앞에 있었습니다. 하지만 불타는 떨기나무를 보고 "내가 가까이 가서 보리라" 하고 그곳에서 하나님의 음성을 들은 때는 모세 일생 중 특별한 은혜의 때였습니다. "모세야!

모세야! 네 발의 신을 벗으라. 네가 선 땅은 거룩한 땅이라." 모세는 그 은혜의 기회를 잡은 것입니다.

사도행전 9장을 보면 사울이 다메섹으로 가다가 하나님의 빛을 보고 땅에 엎드러집니다. 그때 하늘에서 음성이 들립니다.

"사울아! 사울아! 왜 네가 나를 핍박하느냐?"

"오, 주여! 뉘시나이까?"

그날이 바울 일생에 최고의 때, 특별한 은혜의 때였습니다.

1979년 4월, 제가 하루 금식하고 아침부터 계속해서 기도하는데 이런 기도가 나왔습니다.

"하나님! 이 땅에 훌륭한 부흥강사를 많이 일으켜 주세요. 세계교회를 일으킬 강사를 일으켜 주세요. 지성인이 들어도 유치하지 않고, 어린이들이 들어도 어렵지 않고, 오래 믿은 사람이나 처음으로 교회에 온 사람이나 모두에게 은혜가 되고 영적으로 뜨거운 말씀을 전하는 훌륭한 주의 종들을 많이 일으켜 주세요…."

그렇게 기도하는데 오후 3시쯤 되었을 때 하나님께서 이런 감동을 주셨습니다.

"왜 그렇게 힘든 일을 남이 하게 하려느냐? 네가 해라."

"하나님, 저는 내성적이고 발음도 좋지 않습니다. 그래서 저는 부흥강사가 될 수 없습니다."

"네가 해라."

"저는 할 수 없는 것을 하나님께서 아시잖아요."

"네가 해라."

계속 그렇게 기도하다가 6시가 되었을 때 "하나님, 그러면 제가 할 테니 저를 써주세요"라고 기도했습니다. 그때부터 1년 동안 제가 준비를 하여 오늘까지 이렇게 복음을 전하고 있습니다. 만일 그때 제가 끝까지 싫다고 했으면 하나님께서 저를 쓰지 않으셨을 것입니다. '그때', 기회를 잡아야 합니다. 이것이 중요합니다.

찰스 피니는 변호사였습니다. 그가 자기 사무실에서 인생에 대해 생각하고 있는데, 성령님께서 "너, 지금 뭐 하니?" 하고 물으셨습니다.

"변호사 일을 하고 있지요."

"변호사 일을 하면 뭐 하니?"

"돈도 벌고 어려움을 당한 사람들을 도와주기도 하지요."

"그러면 넌 어떻게 되지?"

"조금 편하게 되고 노후도 준비하게 되지요."

"노후를 준비하면 어떻게 되니?"

"노후를 편하게 살겠지요."

"그 후엔 어떻게 되지?"

"죽겠지요."

"죽으면?"

"심판이 있지요."

"지금 네 길이 최선이냐?"

그때 그가 깨달았습니다.

'아! 내가 돈을 좀 벌고 변호사로 잘살아 봐도 마지막에는 심판이구나.'

그는 심각하게 주님께 물었습니다.

"주님! 제가 어떻게 해야 하지요?"

그 순간 그에게 성령님께서 불같이 임하셨습니다. 그래서 그가 얼마나 위대한 하나님의 사람이 되었는지 모릅니다.

그가 하루는 큰 방직공장에 가고 싶어 들어가는데, 이미 공장 안에 은혜가 넘쳐 사람들이 울며 회개하고 있었습니다. 그러니 공장 사장님이 '아, 이때는 특별한 은혜의 때이구나' 하고 일을 중단시키고 3일간 부흥회를 하게 했습니다. 그래서 공장 직원들이 다 구원을 받았다고 합니다.

우리 모두도 기회를 잘 붙잡을 수 있기 바랍니다. 북한이 공산화될 때 성령님께서 북한 교회에 '이 땅은 공산화된다'라는 감동을 주셨습니다. 그래서 수백 마지기, 수십 마지기의 땅과 좋은 집을 다 뒤로하고 믿음 때문에 남한으로 내려온 사람들은 새로운 터전을 잡고 믿음을 지키며 잘살게 되었습니다. 그러나 그 땅과 그 집을 버리지 못해 거기에 있었던 사람들은 재산을 다 빼앗기고, 끌려가서 죽기도 하고 망했습니다.

하나님께서는 특별한 은혜를 주실 때 감동을 주십니다. 그때 그 기회를 잘 잡아야 합니다.

사모하는 자에게 임하는 특별한 은혜

그런데 특별한 은혜는 누가 받습니까? 바로 사모하는 사람이 받습니다.

에스라가 자유를 사모하고 조국을 사모하며 기도하니 하나님께서 길을 열어 주셨습니다. 드와이트 라이먼 무디는 길을 가다가 성령을 너무 충만히 받아 "하나님! 그만요! 제가 감당을 못하겠어요. 그만 주세요. 은혜를 그만 주세요"라고 했다고 합니다. 그런데 하나님께서 무디에게 그런 은혜를 그냥 주셨습니까? 아닙니다. 무디가 항상 "하나님, 저는 초등학교도 졸업하지 못했습니다. 그런데 복음을 전해야 하니 제게 능력을 주세요. 성령의 능력을 주세요" 하고 계속해서 기도했기 때문입니다. 길을 가면서, 앉으나 서나 계속해서 구하니 하나님께서 주신 것입니다.

"나는 목마른 자에게 물을 주며 마른 땅에 시내가 흐르게 하며 나의 영을 네 자손에게, 나의 복을 네 후손에게 부어 주리니"(사 44:3).

"그가 사모하는 영혼에게 만족을 주시며 주린 영혼에게 좋은 것으로 채워 주심이로다"(시 107:9).

우리가 목말라 할 때, 은혜를 사모할 때 하나님께서 은혜를 주시는 것입니다. 우리가 가난해도 그냥 팔자라 생각하면 그대로 삽니다. 하지만 야베스처럼 하나님께 부르짖어 구하는 사람은 야베스가 받은, 그런 은혜를 받습니다.

은혜를 사모하시기 바랍니다. 은혜를 받으면 기쁘고 좋고 영만 잘되는 것이 아닙니다. 야베스가 은혜를 받으니 대성하게 되고, 다윗이 은혜를 받으니 양치기였던 그가 왕이 되었습니다. 요셉이 은혜를 받으니 감옥의 죄수였던 그가 총리가 되었습니다. 에스더가 은혜를 받으니 시골 처녀였지만 왕비가 되었습니다. 은혜를 받으면 모든 것이 풀리는 것입니다. 저와 여러분이 은혜 받기를 바랍니다.

그러기 위해서는 사모해야 합니다. 간절한 마음으로 사모해야 합니다. 우리 양곡교회가 5만, 10만 명을 구원하기 바랍니다. 천만 명을 구원하기 바랍니다. 그런데 주시는 대로 있으면 안 됩니다. "하나님! 우리가 5만 명, 10만 명을 구원하게 해주세요. 천만 명을 구원하게 해주세요" 하고 갈급한 마음으로 사모하며 부르짖어야 하나님께서 허락해 주시는 것입니다.

아가씨들도 '내 얼굴이 이만큼 예쁘니 신랑감이 나를 찾아오겠지' 하고 그냥 있으면 찾아오지 않습니다. "하나님, 제게 신랑감을 주세요. 제게 합당한 신랑감을 주세요" 하고 기도해야 합니다. 그렇게 구할 때 특별한 은혜를 주시는 것입니다. 우리는 모든 기회를 잘 잡아야 합니다.

제가 첫 목회를 할 때, 서울의 큰 교회 목사님을 통해 큰 은혜를 받았습니다. 그래서 그 목사님께 집회 인도를 부탁하니 안 된다고 하셨습니다. 시간이 없다고 하셨습니다. 그래서 제가 목사님을 찾아가서 꼭 도와달라고, 제발 도와달라고 부탁했지만 안 된다고 하셨습니다. 그래도 제가 누가복음 18장의 과부처럼 매달렸더니 허락하셨습니다. 얼마나 감사한지, 집회 때 제가 정성을 다해 사회를 하고 목사님께서 말씀을 전하실 때 맨 앞자리에 앉아 "아멘! 아멘!" 하며 말씀을 받고 또 올라가서 사회를 했습니다. 그리고 목사님을 정중히 모셨습니다. 그랬더니 목사님께서 제가 마음에 드셨는지 그때부터 저를 사랑해 주시고 지금까지도 아들처럼 저를 도와주십니다. 그 목사님을 통해 받은 사랑과 은혜가 얼마나 큰지 다 표현할 수 없을 정도입니다.

특별한 은혜를 주시는 때

여러분, 우리에게는 항상 특별한 은혜의 때가 옵니다. 그때를 잘 붙잡아야 합니다.

우리에게 특별한 은혜의 때가 오지만, 일반적으로 특별한 은혜의 때는 예배 시간입니다. 그래서 월, 화, 수, 목, 금, 토요일에도 하나님께서 은혜를 주시지만 주일 낮과 밤 예배 시간이 특별한 은혜를 주시는 때입니다.

　　이날에 하늘에서 새 양식 내리네
　　성회로 모이라고 종소리 울리네(찬송가 43장)

우리가 아들딸을 늘 사랑하지만 생일에는 특별히 마음을 써서 위해 주듯이 하나님께서 일주일 내내 우리를 사랑하시지만 주일에는 특별한 사랑을 주심을 믿고 주일을 붙잡아야 하는 것입니다.

또 삼일 예배와 새벽 예배 시간도 하나님께서 특별히 은혜를 주시는 때입니다. 새벽에 내린 만나가 해가 뜨면 없어지니 새벽에 나가 끌어 모아야 하듯이, 정기적인 예배에 참석해서 하나님께서 주시는 특별한 은혜를 붙잡아야 하는 것입니다.

그리고 부흥회가 특별한 은혜를 주시는 때입니다. 부흥회 때 은혜를 받고 변했다고 간증하는 사람들이 얼마나 많습니까? 저도 부흥회를 인도하러 다녀 보면 부흥회 때 많은 사람들이 변하는 것을, 새로워지는 것을 보게 됩니다. 그래서 우리는 부흥회가 은혜의 기회임을 알고 잘 붙잡아야 하는 것입니다.

그런데 우리는 미련해서 언제 하나님의 특별한 은혜를 받을지 모릅니다. 그러니 항상 깨어 있어야 합니다. 모세가 그 특별한 때를 알고 산으로 간 것이 아니라 가다 보니 불타는 떨기나무를 만나고 하나님의 음성을 들은 것입니다. 바울이 특별한 때를 알아서 다메섹으로 간 것이 아니라 가다 보니 하나님을 만난 것입니다. 이처럼 우리도 언제 하나님의 특별한 은혜를 받을지 모릅니다.

미국 동부 해안의 한 마을이 재정난으로 어려움을 겪다 못해 마을 유지들이 모여 회의를 했습니다. 그러나 아무리 의견을 제시해도 수십만 불의 적자를 해결할 길이 없었습니다. 그때 한 낯선 신사가 일어서더니 "주제넘지만 제가 한 말씀 드려도 될까요?"라고 했습니다. 그러자 옆에 있던 유지가 "아니, 당신이 뭘 안다고 그래요? 우리 마을 사람도 아니면서 무슨 참견이오? 오늘 처음 보는 얼굴인데…. 입 닥치세요"라고 했습니다. 신사가 아주 어려운 표정으로 "예" 하고는 밖으로 나갔습니다.

얼마 후 그 마을의 다른 유지가 급하게 들어와 사람들에게 물었습니다.

"여러분, 방금 나가신 분이 무슨 말씀을 하셨습니까?"

"아니, 왜 그걸 물어요?"

"그분의 요트가 우리 마을에 들어와서 그분도 우리 마을에 오셨는데…."

"그분이 누군데 그래요? 낯선 사람이 한마디 하려고 해서 입 닥치라고 했는데…."

"아이고! 그분이 말씀하시려는데 막았단 말이에요? 그분이 우리 마을의 재정을 도와주는 것은 식은 죽 먹기인데…. 그분이 록펠러

14_ 은혜의 기회

씨란 말이에요."

그 마을 사람들이 몇십만 불 때문에 힘들어하는 것을 보고 록펠러가 도와주려고 한마디 하려 했는데 "입 닥치세요"라고 해서 복을 까불러 버린 것입니다.

록펠러가 한마디 하려는 것도 입 닥치라고 해서 복을 까불러 버렸는데, 하나님께서 우리에게 감동을 주실 때 그것을 붙잡지 않으면 정말 큰 복을 까불러 버리는 것입니다. 늘 깨어 있어서 하나님의 음성을 들어야 합니다.

"보라 지금은 은혜 받을 만한 때요 보라 지금은 구원의 날이로다" (고후 6:2).

하나님께서는 항상 일하십니다. 항상 은혜를 주십니다. 하나님께서 은혜를 주시면 가난한 자가 부요하게 됩니다. 병든 자가 낫게 됩니다. 불행한 자가 웃게 됩니다. 용기 없는 자가 용기백배하게 됩니다. 그래서 우리는 항상 '주님! 주님!' 하며 주님을 붙잡고 살아야 합니다.

마귀와 싸워 이겨야 할 때

우리가 더 나아가 조심해야 할 것이 있습니다. 하나님께서 늘 우리에게 은혜를 주시고 성령님께서 늘 우리를 도와주시며 일하시지만 마귀도 일하고 있음을 알아야 합니다. 마귀는 우리의 행복과 기쁨을 빼앗아 가려고 일합니다. 그래서 우리들이 싸울 것은 혈과 육이 아니라 마귀입니다.

예배를 마치고 집에 가니 아이들이 집을 엉망진창으로 만들어 놓고 좋지 않은 것을 보고 있어도 아이들에게 함부로 말하면 안 됩니다. 그때는 '아, 내가 조심할 때이구나. 사탄이 우리 집을 까부르는구나'라고 깨닫고 마음속으로 '사탄아! 물러가라! 예수 이름으로 명한다. 사탄아! 물러가라!' 하고 아이들에게 부드럽게 말해야 합니다.

새벽기도를 마치고 집에 가니 늦잠을 잔 아내가 좋지 않은 말을 해도 '지금 마귀가 우리 집에 접근하는구나' 하고 마귀를 물리치고 아내를 위해서 기도해야 합니다. 남편이 말도 안 되는 말을 하며 속상하게 해도 '지금은 마귀와 싸워 이길 때구나' 하고 꾹 참아야 합니다.

교회에서도 마찬가지입니다. 기쁘고 좋을 때는 찬양할 때이지만 이상한 사람이 있거나 수군수군하는 사람이 있을 때는 '아, 마귀와 싸울 때이구나'라고 깨달아야 합니다.

우리는 은혜 받을 때와 싸워야 할 때, 조심할 때를 분간할 수 있어야 합니다. 그래서 날마다 은혜를 받고 날마다 사탄과 싸워 이기면 날마다 행복하고, 승리하고, 하나님의 마음을 시원하게 해드리는 은혜의 사람이 될 줄 믿습니다.

15
레위 사람들을 통해 주시는 교훈

(에스라 8:15-20)

내가 무리를 아하와로 흐르는 강가에 모으고 거기서 삼 일 동안 장막에 머물며 백성과 제사장들을 살핀즉 그중에 레위 자손이 한 사람도 없는지라 이에 모든 족장 곧 엘리에셀과 아리엘과 스마야와 엘라단과 야립과 엘라단과 나단과 스가랴와 므술람을 부르고 또 명철한 사람 요야립과 엘라단을 불러 가시뱌 지방으로 보내어 그곳 족장 잇도에게 나아가게 하고 잇도와 그의 형제 곧 가시뱌 지방에 사는 느디님 사람들에게 할 말을 일러 주고 우리 하나님의 성전을 위하여 섬길 자를 데리고 오라 하였더니 우리 하나님의 선한 손의 도우심을 입고 그들이 이스라엘의 손자 레위의 아들 말리의 자손 중에서 한 명철한 사람을 데려오고 또 세레뱌와 그의 아들들과 형제 십팔 명과 하사뱌와 므라리 자손 중 여사야와 그의 형제와 그의 아들들 이십 명을 데려오고 다윗과 방백들이 레위 사람들을 섬기라고 준 느디님 사람 중 성전 일꾼은 이백이십 명이었는데 그들은 모두 지명 받은 이들이었더라 우리 하나님은 너무나 크고 깊으신 분이기 때문에 하나님께서 하시는 일을 우리가 측량할 수 없습니다. 그러나 세월이 흘러가면 '아하! 하나님께서 그래서 그렇게 하셨구나. 아하! 그때 하나님께서 그렇게 하셔서 내 길을 형통하게 하셨구나. 아하! 그래서 그때 나의 그 길을 막으셨구나' 하고 알게 됩니다.

하나님께서는 때로는 흘러가는 역사 속에서 표나지 않게 일하시고, 때로는 자연세계(현상)를 초월하셔서 일하십니다. 히스기야 왕 때에는 태양을 10도 뒤로 물러가게 하셨고, 여호수아 때에는 태양을 거의 온종일 움직이지 못하게 하셨습니다. 홍해를 가르실 때에도 초자연적으로 일하셨습니다.

그러나 대개의 사람들이 구원받는 역사를 보면 그런 극적인, 드라마틱한 일이 아니라 그저 이 사람이 저 사람을 전도하고, 저 사람이 이 사람을 전도함으로 구원을 받았습니다.

고국으로 돌아가지 않으려는 레위 사람들

그런데 바벨론에서 포로생활을 하는 사람들이 자유를 얻는 방법은 상식적인 상황으로 볼 때 도저히 길이 없었습니다. 그때 하나님께서 초자연적으로 개입하셔서 아닥사스다 왕의 마음에 '네가 만일 하나님의 백성을 그냥 붙잡고 있으면 네게 화가 임하고, 네 왕자들에게 화가 임한다. 이스라엘 백성이 예루살렘으로 돌아가서 성전을 아름답게 가꾸고 하나님을 예배하고 너와 네 왕자들을 위해 기도해야 네가 무사하다'라는 무서움과 두려움을 주셨습니다.

그래서 아닥사스다 왕이 두려워 떨면서 학사 겸 제사장인 에스라를 불러 조서를 내립니다.

"이스라엘 백성은 누구든지 고국으로 돌아가고 싶으면 가라. 가는 길을 내가 도와주겠다. 그리고 고국으로 가서 성전을 아름답게 만들어라. 하나님 앞에 예배드릴 소와 양을 충분히 갖고 가라. 돈도 충분히 갖고 가라. 혹시 돈이 부족하거든 내 창고에 있는 것을 써라. 그리고 하나님의 성전을 섬기는 사람들에게는 모든 세금을 면제해 주겠다. 가거든 내 왕자들을 위해 기도하라."

조서를 받은 에스라가 하나님을 송축하고, 이스라엘 백성들에게 "이스라엘 백성이여! 하나님께서 우리에게 꿈같은 일을 주셨으니 우리가 예루살렘으로, 고국으로 올라가자" 하고 아하와 강가에 모이도록 했습니다. 그러자 너도나도 꿈 같은 기회를 주신 하나님께 감사하며 아하와 강가로 모였습니다. 아하와 강은 바벨론에서 북서쪽으로 15km 떨어진 아하와 지역에 있는 작은 강으로, 그 물이 유브라데 강으로 흘러갑니다.

그 강변에 이스라엘 백성들이 모였습니다.

에스라는 일을 대충 하는 사람이 아니었습니다. 아주 명석하고 조직적이고 확실한 지도자인 그가 각 지파별로 정확하게 인구조사를 하면서 충격적인 사실을 발견합니다. 거기에 레위 사람이 한 사람도 없다는 것입니다. 레위 사람은 하나님을 예배하는 데 없어서는 안 될 예배의 전문가들입니다. 그리고 하나님의 전을 수종드는 데 꼭 필요한 사람들입니다.

에스라가 고국에 돌아가려고 한 것은 고국에서 그냥 자유롭게 살려는 것이 아니었습니다. 자유를 얻어 고국에 돌아가게 되면 자유를 주신 하나님께 예배하는 것이 첫째 목적이었습니다. 자기 기업을 가꾸고 가정생활을 하는 것은 그다음의 일이었습니다.

우리가 사는 첫째 목적도 예배입니다. 사업하고, 자녀를 기르고, 취미생활을 하며 즐기는 것이 우리 삶의 목적이 아닙니다. 사람의 제일 되는 목적은 하나님을 영화롭게 하는 것인데 그것이 바로 하나님을 예배하는 것입니다.

예배를 잘 드리려면 예배의 전문가인 레위인이 있어야 하는데, 레위인들이 아무도 없었습니다. 왜 그랬을까요?

그 당시 예루살렘 성전은 아주 피폐되어 있었고, 하나님을 섬기는 신앙생활이 아주 침체되어 있었기 때문입니다. 레위 지파를 제외한 다른 열한 지파는 고국에 가면 과거에 자기들이 하나님께 기업으로 받은 땅이 있습니다. 그것은 하나님께서 주신 것이기에 서로 사고팔지 않습니다. 사고팔아도 희년이 되면 다시 돌아오게 되어 있습니다. 그러니 열한 지파의 사람들은 고국으로 돌아가면 자기들이 살아갈 수 있는 기업이 있습니다.

그러나 레위 지파의 기업은 하나님입니다. 즉 하나님의 교회, 성도들이 바치는 예물, 제물이 그들의 기업입니다. 그런데 이스라엘 백성들의 신앙이 침체되어 예배를 잘 드리지 않으니 그들은 고국으로 돌아가면 살길이 막막한 것입니다. 자유가 없어 불편하긴 해도 바벨론에서 사는 것이 먹고사는 데 지장이 없기 때문에 레위인들은 고국으로 돌아가지 않으려고 한 것입니다.

에스라가 이 사실을 알고 레위인들이 많이 살고 있는 가시야 지방으로 백성의 지도자들을 보냅니다. 그래서 그들이 레위인들을 설득하여 약 40명을 데리고 오도록 했습니다. 또 다윗 왕 때에 레위인들이 하나님을 섬기는 데 불편하지 않도록 느디님 사람들로 하여금 레위인을 섬기게 하였는데, 느디님 사람도 220명이나 함께 왔습니다. 이제 비로소 이스라엘 백성들이 예루살렘으로 갈 수 있게 되었습니다.

질서의 하나님

우리는 본문을 통해 하나님께서 우리에게 주시는 교훈을 얻게 됩니다.

레위인은 하나님을 섬기는 데 없어서는 안 될 예배의 전문가들입니다. 그들이 없으면 하나님을 섬기는 데 지장이 있습니다. 그래서 갈 길이 멀고 급하지만 그들을 설득해서 데리고 온 것입니다.

모두가 하나님을 섬기고 예배에 동참하지만 예배 집례는 아무나 하는 것이 아닙니다. 지금도 전도사님이 목회하는 교회는 성찬식을 하지 못합니다. 세례를 베풀 수도 없습니다. 그래서 다른 교회의 당회장이 가서 성찬식을 베풀고 세례식을 합니다.

예배는 예배 전문가가 있어야 안정이 되고 예배답게 됩니다. 그래서 하나님께서 레위인들을 예배의 전문가로 세우신 것입니다. "너희는 다른 일을 하지 말고 하나님 섬기는 일만 하라. 하나님 섬기는 일에 전문가가 되라"고 하신 것입니다.

오늘날에도 마찬가지입니다. 장로님, 안수집사님, 권사님들이 교회의 큰 기둥이고, 온 교우가 없어서는 안 될 교회의 귀한 인물들이지만 목회의 전문가는 훈련받은 목회자인 것입니다. 전문가는 다릅니다. 한 가지 일에만 전념하는 사람이 전문가입니다. 우리는 다른 사람의 전공을 존중해야 합니다.

오래전에 샌프란시스코의 한 교회에서 있었던 이야기입니다.

목사님이 점잖고 지성적이고 훌륭한 분으로 10년 넘게 목회를 잘 하셨답니다. 그런데 사모님이 생각하기에는 목사님의 설교에 늘 부족한 점이 있었는지 자꾸 "내가 설교를 한번 해보고 싶어요. 내가 설교를 하면 교회가 부흥될 것 같아요"라고 하셨답니다. 목사님이 안 된다고 해도 사모님이 자기가 설교를 한 번만 해도 교회가 부흥될 것이라며 매일 졸라대니 목사님이 장로님들에게 "죄송하지만 제 아내가 설교를 한번 하고 싶답니다"라고 하셨답니다. 점잖은 목사님이 그렇게 말씀하시니 장로님들이 그렇게 하라고 하여 사모님이 설교를 하시게 되었답니다.

그런데 사모님이 설교하면서 얼마나 장로님들과 교인들을 나무랐던지 모두가 상처를 받아 몇 달 후에 목사님이 그 교회를 떠나시게 되었답니다. 사모님의 설교로 교회가 부흥된 것이 아니라 목사님의 목회가 실패하게 된 것입니다.

'내가 하면 더 잘하겠다'라고 생각되어도, 아닙니다. 그것이 쉬운 일이 아닙니다. 하루 이틀에 전문가가 되는 것이 아니기 때문입니다. 다른 사람의 전공이나 전문가를 존중할 수 있기 바랍니다. 전문가를 존중하며 교회생활을 할 수 있기 바랍니다.

우리 모두는 자기의 일에 전문가가 되어야 합니다. 전문가는 다르지 않습니까? 노래하는 것을 보아도 그렇습니다. 프로 가수가 마이크를 잡고 노래하면 안정되고 아름답고 감동이 옵니다. 그러나 아마추어가 하면 무언가 이상합니다. 권투선수도 그렇습니다. 아마추어

선수는 3회전만 뛰는데 경기를 마치고 나면 파김치가 됩니다. 그러나 프로 선수는 15회전을 뜁니다.

우리 모두는 자기 일에 "아! 저 사람은 프로네"라는 말을 들을 정도로 잘할 수 있기 바랍니다. "우리 회사에는 당신이 없으면 안 됩니다"라는 얘기를 들을 정도로 중요한 인물이 되시기 바랍니다. 그러려면 계속해서 노력해야 합니다. 의사도 낮에 하루 종일 진료하니 시간이 나면 쉬고 싶겠지만 새로운 의술을 계속 공부해야 합니다. 목회자도 기도하며 계속 공부하면서 열심히 해야 합니다. 그렇게 열심히 해서 전문가가 되면 성공은 따라오게 되어 있습니다.

하나님께서는 레위인에게만 예배를 인도하고 성전 일을 수종하게 허락하셨습니다. 레위인이 아닌데 레위인보다 하나님을 더 잘 섬길 사람, 예배를 더 잘 드릴 사람이 나올 수 있습니다. 만일 에스라가 유다 지파, 르우벤 지파, 베냐민 지파, 갓 지파 등 각 지파에서 똑똑한 사람을 불러내어 훈련시켜서 하나님을 섬기도록 하면 레위인보다 더 하나님을 잘 섬길 수 있는 사람이 나올 수 있습니다. 그러나 그러면 안 됩니다.

왜입니까? 하나님께서 레위인에게만 예배를 인도하고, 성전의 일을 수종하게 허락하셨기 때문입니다. 레위인에게만 그 사명을 주셨기 때문입니다. 이것이 중요합니다. B라는 사람이 A라는 사람보다 아무리 더 뛰어나더라도 하나님께서 A에게 하라고 하셨으면 A가 해야 하는 것입니다.

찬양대 지휘자가 지휘를 하는 것이 어느 장로님이 볼 때 '나보다 더 못하네. 내가 지휘하는 것이 더 낫겠네'라고 생각되어도 "지휘자님, 죄송하지만 제가 지휘를 할게요"라고 할 수 없습니다. 찬양대 지휘는 교회에서 임명을 받은 사람이 해야 하는 것입니다. 하나님의 소명을 받은 사람이 하게 되는 것입니다.

교인들 중에는 베드로보다 더 똑똑한 사람들이 많았을 것입니다. 베드로는 무식한 어부였습니다. 예루살렘에 교인들이 3천 명, 5천 명, 만 명, 이렇게 불어날 때 거기에는 베드로보다 성경을 더 잘 아는 제사장, 율법학자, 바리새인들도 있었을 것입니다. 그래도 베드로가 교회를 이끌어 나갔습니다. 하나님께서 베드로를 세워 주셨기 때문입니다.

교회생활을 할 때 장로님보다 더 유능하고 믿음생활을 더 잘한다 하더라도 장로님이 아닌 사람은 장로님 자리에 있을 수 없습니다. 자기 자리에서 충성해야 합니다. 맡은 자가 구할 것은 충성인 것입니다. 하나님께서 나를 교사로 세우셨으면 교사 일에 충성해야 합니다. 찬양대원은 찬양대에서 충성하고, 안내위원은 안내하는 일에 충성해야 합니다. 교회의 일은 소명을 받은 사람이 해야 합니다. 질서대로 해야 합니다.

어느 목사님이 새벽기도를 인도하기 위해 강단에 올라갔습니다. 기도하려고 보니 어떤 여집사님이 목사님 자리에 앉아 기도를 하고 있는 것입니다. 그래서 왜 강단에 올라와 기도하느냐고 하니 그 집사님이 "성령께서 오늘은 내게 설교하라고 하셨습니다"라고 하더랍니다. 그 집사님이 산에 가서 기도하다가 악신을 받아 그렇게 한 것이랍니다. 성령님은 질서의 하나님이십니다.

어느 교회에서는 여집사님이 교인들의 머리에 손을 얹고 기도하면서 "회개하라. 십일조를 떼먹은 ○○○야, 회개하라", "○○○야, 음란한 죄를 회개하라"고 했습니다. 교인들이 그런 죄를 지은 적이 있으니 모두 그 여집사님을 하나님의 선지자로 알았습니다. 그 여집사님이 장로님들의 머리에도 손을 얹고 안수기도를 했습니다. 담임목사님도 영적으로 좀 약해서 그 여집사님을 감당하지 못했습니다. 그러니 교회가 얼마나 어려웠겠습니까? 그러는 중에 제가 그 교회에 가게 되었습니다. 제가 그 여집사님을 앞에 놓고 아주 무섭게 혼냈습니다.

"은혜를 받으면 받을수록 겸손해야 되는데 왜 그렇게 까불어요?"
"아이고, 목사님! 성령께서 그렇게 하라고 하셔서요."
"성령님은 질서의 하나님이십니다. 교회를 그렇게 혼란하게 하지 않으십니다."

그러면서 제가 혼냈더니 그 여집사님이 정신을 차렸습니다. 그리고 그 후로 그 교회가 잠잠하게 되었습니다.

하나님께서 세워 주신 대로 일하며 충성해야 합니다. 교회에서 임명 받은 대로 충성해야 합니다. 다른 사람의 일은 간섭하지 말고 내가 맡은 일에 충성해야 합니다. 충성은 자기 자리를 잘 지키는 것입니다.

"장로님들이 잘하고 권사님들이 잘해야 우리도 잘하지"라고 한다면 그것은 마귀가 주는 마음입니다. 성령님께서는 "네 자리에서 네가 충성해라" 하십니다.

하나님께 기쁨이 되는 걸음

그리고 교회 일뿐 아니라 우리의 모든 일에는 우연이 없습니다. 하나님께서는 우리가 생각하는 것보다 훨씬 더 세밀하게 우리를 보십니다.

"그가 내 길을 살피지 아니하시느냐 내 걸음을 다 세지 아니하시느냐"(욥 31:4).

"여호와께서 사람의 걸음을 정하시고 그의 길을 기뻐하시나니"(시 37:23).

하나님께서는 우리의 걸음까지 세십니다. 그러시면서 우리 한 사람 한 사람에게 계획을 갖고 계십니다. 배우는 무대에서 자기 마음대로 하는 것이 아니라 각본대로 연기합니다. 하나님께서는 우리 한 사람 한 사람에 대한 각본을 갖고 계십니다. 그 각본대로 우리가 우리의 길을 가야 하는 것입니다. 제게는 양곡교회 목사로서의 각본, 사명을 주셨습니다. 저는 그 길을 잘 가야 합니다.

여러분도 하나님께서 주신 길을 잘 가실 수 있기 바랍니다. 그러려면 하나님께서 내게 주신 소명이 무엇인지, 하나님께서 내게 바라시는 것이 무엇인지 알아야 합니다.

알래스카의 경제를 일으켜 '알래스카의 요셉'이라 불렸던 김춘근 박사님은 장로님입니다. 제가 그분의 이야기를 들었는데, 그분은 자기 집에 페인트칠을 할 때도 그냥 하지 않고 "하나님, 하나님을 섬기는 저희가 사는 집을 푸른색으로 칠할까요, 베이지색으로 칠할까요, 회색으로 칠할까요, 흰색으로 칠할까요? 하나님, 어느 색깔이 좋나요? 하나님께서 정해 주세요"라고 한답니다. 그렇게 하나님께 여쭈면서 기다리면 어느 색깔이 떠오른답니다. 그러면 그 색으로 칠한답니다. 자동차를 살 때도 "하나님, 제가 어느 차를 탈까요?" 하고 묻고, 옷을 입을 때도 "하나님, 무슨 옷을 입을까요?" 하고, 매사에, 걸음걸음마다 하나님과 의논하면서 그 길을 따라간답니다. 그분이 많은 어려움 속에 있었지만 그렇게 사니 하나님께서 그분을 높이 세워 주신 줄 믿습니다.

우리가 하나님께서 정해 놓으신 길로 가면 하나님께서 기뻐하십니다. 그리고 하나님께서 우리 때문에 기뻐하시면 우리의 소원을 이루어 주십니다. 우리 모두 하나님께 기쁨을 드리는 길을 걸어갈 수 있기를 축원합니다.

레위인이 예배를 인도하고 성전에서 수종드는 사명을 받은 사람들이라고 해서 레위 지파만 하나님을 섬기는 일을 하고, 다른 열한 지파는 하나님을 섬기지 않아도 되는 것이 아닙니다. 다른 열한 지파는 사업을 하고, 농사를 짓고, 가축을 기르고, 각각 자기들의 일을 합니다. 그것이 바로 하나님을 섬기기 위해서 하는 일입니다. 이것이 아주 중요합니다.

로마서 14장 7-8절에 "우리 중에 누구든지 자기를 위하여 사는 자가 없고 자기를 위하여 죽는 자도 없도다 우리가 살아도 주를 위하여 살고 죽어도 주를 위하여 죽나니 그러므로 사나 죽으나 우리가 주의 것이로다"라고 하였습니다. 그러므로 운동을 하면서도, 음식을 먹으면서도 우리 마음에는 항상 주님이 계셔야 합니다.

"주님, 제가 건강해야 우리 주님의 일을 열심히 할 수 있으니 제게 건강을 주세요."

"주님, 제가 이 음식을 먹고 건강해야 우리 주님을 잘 섬기지요. 그러니 제게 건강을 주세요."

향수를 뿌릴 때도 "주님, 이 향수 괜찮나요?" 하고 주님의 마음에 드시는지 여쭈어야 합니다. 어제 저녁에 아내와 함께 손을 잡고 학교 운동장을 50분 정도 돌았습니다. 그때 한 여중학생이 옆으로 지나가는데 향수 냄새가 났습니다. 제가 '아, 한창 공부할 학생이 왜 향수를 뿌릴까? 대학생이 되어서 뿌리지'라는 생각을 해보았습니다. 향수를 뿌려도, 화장을 해도 "하나님! 하나님!" 하며 할 때 그 삶에 향기가 나는 줄로 믿습니다.

제가 눈물을 글썽이며 읽은 간증문이 있습니다.

한 도시의 교회가 초라하고 볼품이 없는데도 교인들이 교회 지을 생각을 하지 않고 장로님들은 서로 싸우기만 했습니다. 그러니 목사님이 어렵게 목회를 했습니다. 하루는 예배를 인도하러 가다가 교회학교 예배를 마치고 나오는 둘째아들을 만났습니다.

"아빠!"

"예배 마쳤냐?"

"예."

"아빠가 제종을 쳐야 되는데 시간이 다 되었으니 네가 좀 쳐라."

"예."

아들이 제종을 치고 아버지는 아들이 종 치는 것을 보고 싱긋이

웃으며 예배를 인도하러 들어갔습니다. 예배를 드리고 있는데 여기저기에서 수군거리는 소리가 나고, 뒤에서 한 여집사님이 예배를 빨리 마치고 나오라는 신호를 자꾸 보냈습니다. 분위기가 이상하다고 생각하면서 예배를 마치고 나오니 아들이 교통사고를 당했다고 했습니다. 종을 치고 큰길을 건너던 아들이 쏜살같이 달려오는 미군 부대의 차에 치어 그 자리에서 죽었다는 것입니다. 사모님은 졸도해 있고, 아들은 가마니로 덮여 있었습니다.

미군 부대의 장군이 와서 배상하겠다면서 용서를 빌었습니다. 목사님이 가만히 있으니 교인들이 목사님에게 대가를 톡톡히 받아내야 된다고 했습니다. 그런데 목사님은 "장군님, 배상할 필요 없습니다. 내 아들의 생명은 하나님의 것입니다. 하나님께서 내게 주셨다가 하나님께서 데려가셨는데 무슨 배상입니까? 배상은 필요 없습니다. 한 가지 부탁이 있는데 내 아들을 치어 죽인 그 군인을 벌하지 마세요. 젊은 혈기에 속력 내어서 그런 거니 제발 벌하지 마세요"라고 했습니다.

미군 부대의 장군과 모든 참모들이 감동을 받았습니다. 그래서 참모회의를 하면서 장군이 "어찌 이렇게 귀한 목사님이 계시는가? 우리가 어떻게 해야 할까?"라고 하자 참모들이 "교회가 찌그러져 가던데, 우리가 교회를 지어드립시다"라고 했습니다.

그래서 교회의 뜻과 상관없이 미군 부대에서 교회를 멋지게 지었습니다. 봉헌식 날, 미군 부대의 장군과 기관장들, 총회장이 참석하여 성대하게 봉헌 예식을 거행하는데, 클라이맥스가 교회의 열쇠함을 목사님께 드리는 것이었습니다. 교회 대표로 장로님이 목사님께 열쇠함을 맡기면서 "목사님, 하나님의 영광을 위해 이 교회의 문을 열고 닫으며 쓰세요"라고 해야 하는데, 열쇠함을 갖고 오던 장로님이 강단에 올라오지 않고 아래에서 막 울기만 했습니다.

"장로님, 왜 그러세요? 어서 올라오세요."

"저는 이 열쇠를 드리지 못하겠습니다."

"아니, 장로님! 왜 그러세요?"

"우리는 우리 교회 성전 건축을 위해 애쓴 적도 없고, 기도한 적도 없고, 관심도 갖지 않았습니다. 우리 교회의 부흥을 위해 한 일도 없는데 목사님의 둘째아들이 희생당해서 이 성전이 서게 된 것을 생각하니 이 열쇠함을 드릴 용기가 나지 않습니다. 우리는 한 일이 없고 뜯고 볶으며 싸운 것뿐이라 너무 부끄러워서 웁니다."

교인들도 모두 울며 회개하고, 내빈들도 함께 울었습니다.

그때 목사님이 "장로님, 마음 아파하지 마세요. 제 아들은 지금 하나님 아버지 나라에서 우리보다 더 잘 있습니다"라고 하셨답니다. 목사님의 둘째아들이 그 교회의 십자가를 진 것입니다. 그때부터 그 교회가 새롭게 되어 큰 역사를 이룬 줄 믿습니다.

우리가 하나님을 섬기다 보면 잘되는 일도 있고, 잘 안 되는 일도 있습니다. 그러나 하나님께서는 언제나 일하고 계십니다. 내가 잘되기 위해서 사는 사람은 잘 안 되면 불평합니다. 하지만 '살아도 죽어도 나는 주님의 것인데…' 하며 사는 사람은 일이 잘되어도 감사하고, 잘 안 되어도 감사합니다. 그리고 그 사람 때문에 하나님께서 영광을 받으시고 세상이 구원받게 될 것입니다.

우리 모두 주님의 것으로, 주님의 소유로 살아갈 수 있기를 축원합니다.

16
평탄의 길

(에스라 8:21-23)

그때에 내가 아하와 강가에서 금식을 선포하고 우리 하나님 앞에서 스스로 겸비하여 우리와 우리 어린아이와 모든 소유를 위하여 평탄한 길을 그에게 간구하였으니 이는 우리가 전에 왕에게 아뢰기를 우리 하나님의 손은 자기를 찾는 모든 자에게 선을 베푸시고 자기를 배반하는 모든 자에게는 권능과 진노를 내리신다 하였으므로 길에서 적군을 막고 우리를 도울 보병과 마병을 왕에게 구하기를 부끄러워하였음이라 그러므로 우리가 이를 위하여 금식하며 우리 하나님께 간구하였더니 그의 응낙하심을 입었느니라

하나님의 백성들이 하나님의 특별한 은총으로 아닥사스다 왕의 배려를 받아 포로로 있던 바벨론에서 정월 초하루에

출발했습니다. 그러나 바로 예루살렘으로 향하지 않고 바벨론에서 북서쪽으로 15km 떨어진 아하와 강변에 모여 철저하게 인구조사를 하고 지파별로 조직합니다. 그러다가 레위인이 한 사람도 없는 것을 깨닫고 놀랍니다.

배에 승객이 아무리 많아도 선장과 사공이 없으면 배를 운항할 수 없습니다. 버스에 손님이 가득해도 버스를 운전하는 기사가 없으면 버스가 갈 수 없습니다. 이스라엘 백성이 첫째로 해야 할 일은 하나님을 섬기는 것, 예루살렘 성전에서 하나님을 예배하는 것인데 예배를 주도할 레위인이 없고, 성전에서 봉사할 레위인이 없으면 안 되는 것입니다.

그래서 에스라가 백성의 지도자들을 보내 레위인들을 잘 설득해서 약 40명을 데리고 왔습니다. 그러니 이제 예루살렘으로 가도 됩니다. 하지만 에스라는 바로 가지 않고 거기에서 여러 날 동안 특별집회를 합니다. 하루 이틀 한 것이 아닙니다. 정월 초하루에 바벨론에서 길을 떠났는데 정월 12일에 아하와 강변에서 예루살렘으로 출발했으니 12일 동안 영적 준비를 한 것입니다.

12일간의 영적 준비

에스라는 아주 민첩하고 명석한 지도자입니다. 그런데 왜 12일 동안이나 그곳에 머물면서 그렇게 준비를 했을까요? 그가 예루살렘에 가는 길을 계산해 보니 약 4개월이 걸립니다. 그런데 그 당시에는 차나 비행기가 없으니 걸어서 가야 합니다. 더더구나 금, 은, 보배, 귀한 그릇들을 짐승에 싣고 가야 합니다.

지금도 산에는 산적이 있고, 길에는 강도가 있고, 바다에는 해적이 있습니다. 그래서 해외여행을 할 때 조심해야 합니다. 그래도 지금은 각 나라가 여행자를 보호하고 관련 국제법이 있어서 우리가 자유롭게 여행을 합니다. 그러나 옛날에는 강도가 더 많았고 질서가 없었습니다. 국제적인 기관이나 연합회가 없어서 어떤 일을 만나도 고소하거나 재판을 받을 수 없었습니다. 그리고 이스라엘 백성이 재기하는 것을 배 아프게 생각하는 나라들이 많았습니다. 그렇기 때문에 그들이 가는 길에 대적이 와서 치면 그리운 고국 땅을 밟기도 전에 죽을 수 있었습니다. 그래서 에스라가 그냥 출발하지 않고 영적 준비를 한 것입니다.

이 영적 준비가 하나님 앞에 상달되어 그들이 하나님의 선한 도우심을 받아 그들의 대적과 길에 매복한 자들의 손에서 건짐을 받게 됩니다.

> "첫째 달 십이 일에 우리가 아하와 강을 떠나 예루살렘으로 갈새 우리 하나님의 손이 우리를 도우사 대적과 길에 매복한 자의 손에서 건지신지라 이에 예루살렘에 이르러 거기서 삼 일간 머물고"(스 8:31-32).

이스라엘 백성이 가는 길에 대적이 있었고 그들을 치려고 매복한 적들이 많았지만 하나님께서 도우심으로 평탄한 길을 가게 된 것입니다.

오늘 우리도 마찬가지입니다. 우리의 새 예루살렘은 천국인데, 우리의 본향인 천국까지 가는 길목에 대적이 많습니다. 매복한 적들이 있습니다. 사탄이 있습니다. 흑암의 권세가 있습니다. 위험한 일이 많습니다. 그래서 우리도 영적인 준비를 하면서 나아가야 합니다.

하나님 앞에서 겸손하게 하는 금식

에스라는 구체적으로 어떻게 준비해서 하나님 앞에 평탄한 길을 가게 되었습니까?

그는 금식을 선포했습니다. 그래서 모든 백성이 금식을 하게 되었습니다. 금식은 아무 때나 하는 것이 아닙니다. 금식은 비상수단이고 긴급할 때 하는 것입니다. 음식을 앞에 놓고도 걱정이 있어서 음식을 제대로 먹지 못한다면 금식할 상황입니다. 음식은 생명과 같습니다. 음식을 먹으면 살고 먹지 않으면 죽습니다. 그러나 죽을병에 걸렸거나 생사가 걸린 일이 있을 때는 금식을 하는 것이 하나의 사는 방법입니다.

아하수에로 왕 때, 이스라엘 백성이 모르드개의 고집 때문에 하만 총리의 미움을 받아 모두가 전멸당하게 되었습니다. 그때 이스라엘 백성이 금식하고, 에스더가 3일간 금식하며 "죽으면 죽으리라" 하고 왕에게 나아가 호소하니 하나님의 선하신 도우심이 있었습니다. 그리하여 하만 총리와 그의 열 아들이 장대에 달려 죽고 이스라엘 백성이 살았습니다. 이스라엘 백성의 죽음이 삶으로 바뀌었습니다.

지금도 금식할 때 그런 능력이 나타납니다. 그래서 금식이 필요할 때는 금식을 해야 합니다. 하지만 중요한 것은 금식은 하나님 앞에서 겸손하게 해야 합니다. 사람들 앞에서 떠벌리며 금식하는 것은 하나님께서 싫어하십니다.

성 프랜시스는 특별히 40일 기도를 할 때는 무인도에 가서 했다고 합니다. 빵 하나를 들고 제자들에게 배를 태워 달라고 해서 무인도에 도착하면 40일 후에 자기를 태우러 오라고 했답니다. 제자들이 40일 후에 가니 빵 반쪽이 남아 있더랍니다. 왜 이렇게 반이 남아 있느냐고 물으니 "예수님께서 40일을 금식하셨는데 내가 어찌 예수님과 같이 40일을 금식하겠느냐?"라고 했답니다. 그것이 겸손입니다. 프랜시스의 한 제자가 환상 중에 천국을 보았는데, 천국에 가장 빛나는 의자가 있어서 누구의 의자인지 물으니 프랜시스의 의자라고 하더랍니다.

금식을 해도 하나님 앞에서 겸손하게 할 때 하나님께서 도와주십니다. 그렇다고 무조건 금식하면 안 됩니다. 한 끼만 금식해도 눈앞이 깜깜하거나 육체적으로 중한 일을 하는 사람들은 잘 먹으면서 기도해야 합니다. 수십 킬로미터를 달려야 하는 군인들이 금식하면 안 됩니다.

저는 저희 아이들에게 어릴 때부터 해마다 고난주간의 금요일에는 아침과 점심, 두 끼 금식을 시켰습니다. 요즘은 철이 들어서 잘 이기지만 어릴 때는 세 아이가 방에 나란히 누워 눈물을 주르륵 흘리기도 했습니다. 눈물을 가장 많이 흘리는 아이는 막내였습니다. 처음에는 아들이 눈물 흘리는 것을 보고 '아이들이 수난절에 은혜를 받아서 그러는구나'라고 생각했습니다. 그래서 "아들아, 그렇게 은혜가 되니?"라고 하니 "아니, 배고파. 배고파"라고 했습니다.

그 아들이 군에서 훈련을 받을 때는 수난절이라도 훈련기간에는 금식을 하지 말라고 했습니다. 그리고 금식이 끝나자마자 배가 부르도록 불고기를 먹어서도 안 됩니다.

금식은 지혜롭게 해야 합니다. 하나님 앞에서 겸손하게 금식할 때 하나님께서 선하신 도움의 손으로 우리를 평탄한 길로 인도하십니다.

겸손한 사람을 도와주시는 하나님

에스라는 스스로 겸비했습니다. 에스라는 생각했습니다.

'하나님께서 특별히 복 주시려고 택하신 우리 조상들이 교만하다가 이렇게 쫓겨나 우리가 남의 땅에서 노예생활을 하게 되었으니 이제는 정말 겸손해야지. 그리고 우리가 겸손해야 우리가 가는 길도 하나님의 선하신 손으로 도와주시지.'

그래서 이스라엘 백성들에게 모두가 스스로 겸비하도록 교만을 회개하고 겸손하라고 했습니다.

우리는 교만할 것이 없는 사람들입니다. 그런데도 교만합니다. 때때로 돼지를 가득 실은 차가 우리 교회 앞으로 지나가는 것을 봅니다. 도살장으로 끌려가는 돼지들입니다. 그런데 그 차에 실려 있는 돼지들이 큰 돼지, 작은 돼지, 잘난 돼지, 못난 돼지들끼리 서로 밀고 당기며 꿀꿀거립니다. 죽으러 가는 그 돼지들을 보면 참 딱합니다. 그런데 돼지들은 그것도 모르고 서로 그렇게 으스대는 것입니다.

우리도 언제 죽음 앞에 설지 모릅니다. 내일 모레 죽음을 맞이할 수도 있습니다. 죽음의 선을 통과하면 다 끝나는데, 조금 더 가졌다고, 조금 잘났다고 으스댄다면 참 딱한 일입니다.

그리고 그것은 하나님을 두 손 놓고 팔짱 끼시게 하는 것이 됩니다. 우리가 잘난 체하고 교만하면 하나님께서 우리를 도우시지 않고 팔짱을 끼십니다.

목회나 사업이나 가정이나 우리가 겸손할 때 하나님께서 순적하게 해주십니다. 아내나 남편이 서로에게 겸손하면 더 큰 사랑과 존경을 받게 될 것입니다. 만일 아내가 "여보, 내 솜씨가 부족해서 당신 취향에 맞는 요리를 하지 못해 미안해요"라고 하면 남편이 그 아내를 더 사랑하게 될 것입니다. 엄마가 아이들에게도 "얘들아, 엄마가 더 지혜롭고 훌륭하면 좋은데 그렇지 못해 미안하다. 엄마를 이해해라"고 하면 아이들이 엄마를 더 존경하게 될 것입니다. 그럴 때 가정이 순적하게 되는 것입니다.

겸손할 때 세상만사가 순적하게 되어 있습니다. 하나님께서 겸손한 사람을 도와주시기 때문입니다.

"그러므로 일렀으되 하나님이 교만한 자를 물리치시고 겸손한 자에게 은혜를 주신다 하였느니라"(약 4:6).

우리 마음이 낮아지면 은혜가 밀물처럼 밀려오고, 우리 마음이 교만하면 축복이 썰물처럼 떠나갑니다.

우리나라에서 가장 겸손하신 목사님들 중 한 분이 한경직 목사님이십니다. 그런데 한 목사님께서 어떤 일로 마음이 한없이 상해서 심방을 다녀오신 후 가방을 던져 놓고 막 우셨답니다. 목회를 하다 보면 남몰래 눈물을 흘릴 때가 있습니다. 목사님께서 서러워 막 우시다가 잠이 들었는데, 비몽사몽간에 황막한 들판을 걸어가고 있더랍니다. 그렇게 걸어가다가 너무 지쳐서 앞으로 푹 쓰러지니 엄청나게 큰 손이 나타나 목사님을 받쳐 주었습니다. 그래서 일어나 다시 걸어가다가 또 지쳐서 왼쪽으로 쓰러지니 또 그 신비로운 손이 나타나 받쳐 주었습니다. 이쪽으로 넘어지면 이쪽에서, 저쪽으로 넘어지면 저쪽에서, 사방에서 큰 손이 받쳐 주어 쓰러지고 넘어질 때마다 다시 서게 되더랍니다.

목사님께서 그 환상에서 깨어나 성경을 읽고 싶어서 펴니 에스라 7장 9절 말씀이 나왔습니다.

"첫째 달 초하루에 바벨론에서 길을 떠났고 하나님의 선한 손의 도우심을 입어 다섯째 달 초하루에 예루살렘에 이르니라."

그때 목사님께서 '아하! 내가 목회하는 것이 이렇게 힘들고 어렵지만 천국에 갈 때까지 하나님의 선하신 손이 나를 도와주실 것이구나'라고 깨달으셨답니다. 그것이 힘이 되어 용기를 갖고 목회를 하셨다고 합니다. 겸손하면 하나님의 손이 도와주십니다.

평탄한 삶을 위한 기도

에스라는 하나님 앞에 간구했습니다.
"하나님이여! 대적들에게서, 매복한 적들에게서 구원해 주소서. 우리와 우리의 어린것들과 우리 소유를 구원하소서."

내게 환난이 없고 평탄한 길을 가더라도 내 아들딸이 잘못되면 편안하겠습니까? 나와 내 자녀가 평탄해도 내 소유를 빼앗기면 편안하겠습니까? 내 땅 2만 평을 팔려고 등기부를 여니 토지 사기단이 팔아먹어서 남의 땅이 되어 있습니다. 그럴 때 소송해서 그것을 다시 찾으려면 얼마나 힘듭니까? 3일간 여행을 다녀왔더니 집에 도둑이 들어와 다 가져갔습니다. 그러면 마음이 편하겠습니까? 사람이 평탄하게 살려면 자신과 자녀와 소유가 편안해야 하는 것입니다.

이 말씀을 현재의 우리에게 적용하면 소유는 우리의 직업이고 사업입니다. 아무리 가족이 다 편안하고 건강해도 사업이 꺾이고 직업이 잘못되면 편안할 수 없지 않습니까? 그래서 에스라는 평탄한 길을 위해 조목조목 "우리와 우리의 어린것들과 우리 소유를 구원해 주소서" 하고 기도한 것입니다.

에스라를 통해 우리가 배우게 되는 것은 평탄하게 살려면 기도해야 한다는 것입니다. 여러분이 평탄하게 살기를 원하면 하나님께 구하시기 바랍니다. 여러분의 자녀가 환난을 당하지 않고 평탄하게 살기를 원하면 자녀를 위해 날마다 기도하시기 바랍니다. 여러분의 재산이 도둑맞지 않기를, 강도나 도둑이 여러분의 집에 들어오지 않기를 원하면 기도하시기 바랍니다. 여러분의 직업, 사업이 형통하고 순적하기를 원하면 기도하시기 바랍니다.

환난 중에 구할 때 응답하시는 하나님

내게 환난이 오고 문제가 오고, 내 자녀에게, 내 소유에 '큰일 났다' 하는 일이 있어도 하나님께 기도하면 하나님께서 순적하게 해주시는 것입니다.

역대상 4장을 보면, 야베스가 환난을 많이 당했습니다. 그래서 하나님께 구했더니 하나님께서 응답해 주셨습니다.

"야베스가 이스라엘 하나님께 아뢰어 이르되 주께서 내게 복을 주시려거든 나의 지역을 넓히시고 주의 손으로 나를 도우사 나로 환난을 벗어나 내게 근심이 없게 하옵소서 하였더니 하나님이 그가 구하는 것을 허락하셨더라"(대상 4:10).

역대하 20장을 보면 여호사밧이 하나님을 섬겨 부강하게 되었지만 마온, 모압, 암몬, 아람 연합군이 쳐들어옵니다. 바다 저편에서 해변의 모래처럼 많은 사람들이 쳐들어옵니다. 여호사밧이 감당하지 못하니 하나님 앞에 금식하며 기도합니다.

"하나님이여! 아브라함과 그 후손들에게 영원히 주시겠다고 한 이 땅인데 저 아람 사람들이 우리를 치러 옵니다. 하나님이여! 저들을 대적할 힘이 우리에게는 없습니다. 우리가 어찌할 줄 몰라 하나님을 바라봅니다. 하나님이여! 어떻게 해야 합니까?"

그렇게 부르짖으니 하나님께서 감동을 주십니다.

"여호사밧! 두려워하지 말라. 저 큰 무리 때문에 염려하지 말라. 전쟁은 너희에게 속한 것이 아니라 내게 속했다. 내가 너희를 구원하는 것을 구경하라."

그래서 여호사밧이 군대 앞에 찬양대를 조직해서 하나님을 찬양합니다.

"여호와를 찬송하세. 그 자비하심이 영원하도다! 여호와를 찬송하세. 그 자비하심이 영원함이로다!"

그때 하나님께서 복병을 두어 유다를 치러 온 암몬과 모압과 마온 사람들을 치니 그들이 정신이 이상해져서 자기들끼리 서로 죽입니다. 성경에 보면 그들 중 한 사람도 피한 자가 없이 다 죽었다고 말씀하십니다.

"유다 사람들이 들 망대에 이르러 그 무리를 본즉 땅에 엎드러진 시체들뿐이요 한 사람도 피한 자가 없는지라"(대하 20:24).

그리고 여호사밧과 그의 백성이 전리품을 취하는데, 적군들이 보물을 얼마나 많이 가지고 왔는지 그것을 취하는 데 3일이 걸렸습니다. 그래서 그들이 소리쳐 하나님을 찬양했습니다. 그리고 여호사밧의 나라는 더 부강하게 되었습니다.

평탄할 때도 기도하면 계속 평탄하고, 환난이 다가와도 기도하면 하나님께서 그것을 해결해 주십니다. 어떤 경우에는 환난은 그냥 두고 그 환난을 이길 능력을 주십니다.

십자가를 앞에 두신 예수님께서 겟세마네 동산에서 땀이 땅에 떨어지는 핏방울이 되도록 기도하셨을 때 하나님께서 십자가를 옮겨 주지 않으시고 십자가를 능히 이길 능력을 예수님께 주셨습니다. 그러므로 어떤 일이 오든 기도하는 사람은 하나님의 선하신 손이 도와주셔서 평탄하게 살게 해주시는 것입니다.

우리 교회에 오셔서 연합집회를 인도하셨던 목사님께서 하신 말씀이 생각납니다. 원래 사업을 하시다가 은혜를 받고 40일 기도한

다음 신학 공부를 하시고 지금 미국에서 목회를 하시는 목사님의 이야기입니다.

서울의 한 교회에서 40일 특별기도회를 하고 있을 때, 하루는 한 신사분이 들어와 "하나님 장인어른! 살려 주세요. 하나님 장인어른! 살려 주세요"라고 계속 기도를 하더랍니다. 그래서 '아, 저분의 장인어른이 아주 중한 병에 걸렸구나' 하고 그분에게 가서 물었답니다.

"선생님, 기도하시는데 실례지만, 장인어른께서 아주 위중한 병이십니까?"

"아닙니다."

"그러면 왜 장인어른을 살려 달라고 하십니까?"

"어, 아닙니다. 저는 사업가입니다. 건축사업을 했는데 부도를 맞아 집과 자동차, 모든 것을 빼앗기고 알거지가 되었습니다. 제 아내가 파출부로 일해서 먹고 살았는데, 신장이 나빠 병원에 입원했습니다. 살길이 너무 막막해서, 저는 예수를 안 믿지만 제 아내가 이 교회 집사라 제가 와서 하나님께 기도하는 것입니다. 제 아내가 늘 하나님 아버지라고 하는 것을 들었습니다. 그러니 제게는 하나님이 장인어른이라…."

"아이고, 선생님! 그래도 하나님께는 장인어른이라고 하시면 안 됩니다. 아버지라 하세요."

"촌수가 그렇지 않습니까?"

"아, 땅의 촌수와 하늘의 촌수는 다릅니다."

목사님께서 그분에게 하나님은 장인어른이 아니라 아버지임을 가르쳐 드렸습니다. 그리고 그분이 교회에서 나가다가 입구에서 그분의 대학 동창생을 만났습니다. 그 동창생은 설계사인데 자기와 함께 일하던 건축하는 사람이 독립을 해 나가는 바람에 함께 일할 새로운 파트너를 찾아 나왔다고 했습니다. 그래서 그분이 동창생과 함께 일하기로 하고 그때부터 동창생이 설계하면 그분이 건물을 짓기 시작했습니다. 지금은 재벌이 되었고, 교회 장로님이 되었다고 합니다.

예수님도 모르고, 하나님이 장인어른인지 아버지인지도 모르는 사람이 하도 답답하니 아내가 믿는 하나님을 찾아와 "장인어른!" 하며 기도해도 응답해 주시는, 자비가 한이 없으신 하나님이십니다. 사위의 기도도 들어주시는 분이 자녀의 기도를 들어주지 않으시겠습니까?

우리는 하나님의 자녀입니다. 예수님을 영접한 사람은 하나님의 자녀가 되었습니다.

우리가 믿음이 없어 '기도한다고 되나?' 하며 기도하지 않으니 들어주지 않으시는 것입니다.

"너희가 기도할 때에 무엇이든지 믿고 구하는 것은 다 받으리라"(마 21:22).

"내가 너희에게 말하노니 무엇이든지 기도하고 구하는 것은 받은 줄로 믿으라 그리하면 너희에게 그대로 되리라"(막 11:24).

이 말씀을 붙잡고 믿음으로 기도하면 환난도 벗어나게 해주십니다. 풍랑도 잠재워 주십니다. 요나는 고기 뱃속에 들어갔으니 우리가 보기에는 끝났는데도 전능하신 하나님을 믿고 "내가 성전을 보리라" 하고 기도하니 다시 살아났습니다.

하나님께서는 전지전능하십니다. 능력이 한이 없으십니다. 하나님께서 도와주시지 못할 일은 하나도 없습니다. 그러므로 우리는 미래를 위해 염려하지 말아야 합니다. 우리의 길이 평탄하기를 원하면 '내가 환난을 당하면 어떡하나?' 하고 염려하지 말고 하나님 앞에 순수하게, 늘 겸손하게 기도하고 나아가야 합니다. 그러면 하나님께서 반드시 우리에게 평탄한 길을 열어 주실 것입니다.

17
그리스도인의 경제생활

(에스라 8:24-34)

그때에 내가 제사장의 우두머리들 중 열두 명 곧 세레뱌와 하사뱌와 그의 형제 열 명을 따로 세우고 그들에게 왕과 모사들과 방백들과 또 그곳에 있는 이스라엘 무리가 우리 하나님의 성전을 위하여 드린 은과 금과 그릇들을 달아서 주었으니 내가 달아서 그들 손에 준 것은 은이 육백오십 달란트요 은 그릇이 백 달란트요 금이 백 달란트며 또 금잔이 스무 개라 그 무게는 천 다릭이요 또 아름답고 빛나 금같이 보배로운 놋 그릇이 두 개라 내가 그들에게 이르되 너희는 여호와께 거룩한 자요 이 그릇들도 거룩하고 그 은과 금은 너희 조상들의 하나님 여호와께 즐거이 드린 예물이니 너희는 예루살렘 여호와의 성전 골방에 이르러 제사장들과 레위 사람의 우두머리들과 이스라엘의 족장들 앞에서 이 그릇을 달기까지 삼가 지키라 이에 제사장들과 레위 사람들이 은과 금과 그릇을 예루살렘 우리 하나님의 성전으로 가져가려 하여 그 무게대로 받으니라 첫째 달 십이 일에 우리가 아하와 강을 떠나 예루살렘으로 갈새 우리 하나님의 손이 우리를 도우사 대적과 길에 매복한 자의 손에서 건지신지라 이에 예루살렘에 이르러 거기서 삼 일 간 머물고 제사일에 우리 하나님의 성전에서 은과 금과 그릇을 달아서 제사장 우리아의 아들 므레못의 손에 넘기니 비느하스의 아들 엘르아살과 레위 사람 예수아의 아들 요사밧과 빈누이의 아들 노아댜가 함께 있어 모든 것을 다 세고 달아 보고 그 무게의 총량을 그때에 기록하였느니라

제 아들이 어제 중요한 일을 하기 위해 미국에 갔습니다. 제가 전화로 기도해 주었고, 또 일을 잘 마치고 돌아오도록 하루에 세 번씩 기도하고 있습니다.

여행은 집에 있는 것과 달라서 자동차의 위험, 비행기의 위험, 사람에 의한 위험 등 위험한 일이 많습니다. 그래서 여행하는 사람은 특별히 기도해야 합니다.

에스라와 이스라엘 백성이 가야 하는, 바벨론에서 예루살렘까지의 거리는 약 1,450km나 되는 장거리입니다. 4개월이 걸리는 길인데다가 많은 금, 은, 보배를 가지고 갑니다. 또 늘 다니는 길이 아니라 평생에 처음 가는 길입니다. 바벨론에서 태어나 살다가 이제 말로만 듣던 고국으로 가는 것입니다. 가는 길목에 위험한 일이 얼마나 많을지 모릅니다. 산적들이, 강도들이, 또 적들이 있습니다. 그 길을 가다가 어떤 일을 당할지 모릅니다.

17_ 그리스도인의 경제생활

아하와 강변에서 가진 특별집회

에스라가 아하와 강변에서 특별집회를 가집니다. 하나님 앞에서 금식하고, 또 스스로 겸비합니다. 여러분, 언제나 겸손하면 은혜가 밀물처럼 밀려옵니다. 그러나 교만하면 축복이 썰물처럼 빠져나가 버립니다. 에스라는 스스로 겸비합니다. 그리고 이스라엘 백성과 그들의 자녀와 모든 소유가 무사하도록 하나님 앞에서 간구합니다. 하나님의 특별한 은혜와 배려로 예루살렘에 가지만 그래도 하나님 앞에서 기도를 하는 것입니다. 하나님께서 축복의 길을 마련해 주셔도 우리가 해야 할 기도는 해야 합니다.

기도를 마친 에스라가 바로 가지 않고 제사장의 우두머리들 중 열두 명을 부릅니다. 그리고 그들에게 아닥사스다 왕과 많은 고위 관리들, 방백들, 모사들, 그리고 이스라엘 백성들이 하나님의 성전에 즐겁게 바친 은과 금과 그릇들을 달아서 주며 이렇게 말합니다.

"이 모든 것을 잘 관리하라. 그리고 예루살렘에 가서 레위인들과 제사장들과 족장들 앞에서 그것을 다시 계수하여 인수인계를 잘하라."

에스라가 달아서 준 것은 은이 육백오십 달란트(약 22톤), 은그릇이 백 달란트(3.4톤), 금이 백 달란트(3.4톤), 금잔이 스무 개, 그리고 금같이 빛나고 아름답고 보배로운 놋그릇이 두 개입니다. 이 모든 것을 정확하게 달아서 기장했습니다.

또 그들이 예루살렘에 도착해서 4일째 되는 날, 레위인들과 족장들이 모여 제사장 앞에서 인수인계를 하고 장부를 잘 정리합니다. 이것이 오늘 본문의 내용입니다.

그리스도인의 정확한 경제생활

오늘 본문을 통해 우리가 깨닫게 되는 교훈이 무엇입니까? 그리스도인인 우리는 경제생활을 대충 해서는 안 된다는 것입니다. 정확하게 해야 합니다.

에스라가 하나님의 감동으로 제사장의 우두머리, 대표자 열두 명에게 말했습니다.

"하나님께 바친 모든 물건을 정확하게 계수하고 달아서 정확하게 기장하라."

우리 교회는 모든 헌금을 몇십 원까지 정확하게 합니다. 교회 살림살이도 그렇지만 사업도 정확하게 해야 합니다.

'어림잡아 한 달 수입이 얼마쯤 되고, 직원 월급은 얼마가 나가고, 또 경비가 얼마 나가니 한 달 순수입이 얼마쯤 되겠구나.' 이렇게 대충 사업하는 사람은 언젠가 넘어질 수 있습니다. 수입이 얼마인지, 지출은 얼마인지, 경비는 얼마인지, 세금은 얼마인지, 몇십 원까지 정확하게 파악하고 계산하는 사람은 넘어지지 않습니다. 구멍가게를 해도 정확하게 해야 합니다. 가정 살림살이도 가계부를 기록해서 정확하게 해야 합니다. 그리스도인인 우리는 하나님의 아들딸이기 때문에 정확해야 하는 것입니다.

우리 예수님은 정확하신 분입니다.

마태복음 17장을 보면, 반 세겔의 성전세를 받는 사람들이 베드로에게 와서 "너의 선생은 세금을 내지 않느냐?"라고 합니다. 베드로가 예수님께 "예수님, 성전세를 받는 사람들이 세금을 내라고 합니다"라고 하니 예수님께서 "너는 어떻게 생각하느냐? 임금이 자기 아들에게 세를 받느냐, 타인에게 받느냐?"라고 물으십니다.

"타인에게 받습니다."

"그렇다면 나는 세를 내지 않아도 된다. 나는 하나님의 아들, 성전의 주인이지 않느냐? 그러나 말씨름하기 싫으니 바다에 가서 낚시를 해라. 처음에 잡히는 고기의 입을 열면 한 세겔의 돈이 있을 것이다. 그것으로 나와 너를 위하여 성전세를 내라."

이스라엘 백성들은 모두가 반 세겔씩 성전세를 냅니다. 주님께서는 주님의 반 세겔과 베드로의 반 세겔을 내도록 물고기 안에 한 세겔이 있다고 정확하게 찍어서 말씀하십니다.

떡 다섯 개와 물고기 두 마리로 5천 명을 먹이신 후에도 열두 바구니 남은 것을 버리는 것 없이 다 거두게 하십니다. 떡 일곱 개와 물고기 두 마리로 4천 명을 먹이신 후에도 일곱 광주리를 거두게 하십니다. 하나님께서는 우리의 머리카락까지 세십니다.

하나님께서 주시는 지혜로 이루어가는 경제생활

정확하게 하면 얻어지는 것이 많습니다. 한 달 수입이 얼마인가를 정확하게 알고 또 가계부를 기록하면 거기에 맞추어 살게 됩니다. 그러나 가계부를 기록하지 않고 신용카드를 사용하며 대충 살다 보면 몇 년 후에는 빚만 늘어나 있기 쉽습니다.

잠언 14장 1절에 "지혜로운 여인은 자기 집을 세우되 미련한 여인은 자기 손으로 그것을 허느니라"라고 하였습니다.

경제생활을 잘못하면 삶이 어렵게 됩니다. 가장이 경제적으로 성공하면 집안에서 힘이 있고 좋지만 경제적으로 실패하면 기가 죽고 자기 아내 앞에서도 고개를 숙이게 됩니다. 어느 모임에서든 경제적으로 성공한 사람은 빛이 나고 사람들이 그의 곁으로 모여듭니다. 그러나 경제적으로 실패한 사람은 자신도 거북해하고 사람들도 그의 곁에서 떠나갑니다. 대통령도 경제정책을 잘못 추진하면 인기가 하락합니다.

우리 모두 성공하기 바랍니다. 그러려면 경제생활을 정확하게 해야 합니다. 사업이든 가정의 살림이든 정확하게 할 때 세워지게 됩니다.

시장에 갈 때도 그냥 가면 쓸데없는 것을 사게 되는 경우가 많습니다. 시장에 가기 전에 하나님께 기도하면 하나님께서 "애야, 지금이 몇 시냐? 밥을 먹고 가라" 하실 것입니다. 그리고 메모지에 적어서 가라는 지혜를 주실 것입니다. 그래서 밥을 먹고, 사야 할 것을 메모지에 적어서 가면 필요한 것만 사게 됩니다. 그렇지 않고 그냥 가면 눈에 보이는 대로 사게 되고, 또 배가 고프면 나중에 먹지도 않을 것까지 이것저것 사게 됩니다. 그렇게 사놓고는 먹지도 않고 냉장고에 넣어 두었다가 썩으면 버리는 것입니다. 돈을 벌 때도 복을 받아야 하지만 돈을 쓸 때도 복을 받아야 합니다. 그러려면 지혜가 있어야 합니다. 정확하게 할 때 하나님께서 지혜를 주십니다.

경제생활을 정확하게 하면 우선 부끄러운 돈을 받지 않습니다. 가계부에 기록할 수 없는 돈은 받지 않는 것입니다. 고위 관직에 있던 많은 사람이 감옥에 있는데, 대부분 뇌물 때문에 감옥에 간 것입니다. 받아서는 안 될 것은 받지 않아야 합니다.

"뇌물을 받는 자의 장막은 불탈 것이라"(욥 15:34).

뇌물을 받으면 자기 집이 불타지 않아도 집에서 살지 못하고 감옥에 가는 것입니다. 뇌물은 복이 아닙니다. 아내들은 자기 남편이 수상한 수입을 갖고 오거든 돌려주라고 해야 합니다. 그래야 자손만대가 편안하고 집이 불타지 않습니다.

"의인은 종려나무같이 번성하며 레바논의 백향목같이 성장하리로다 이는 여호와의 집에 심겼음이여 우리 하나님의 뜰 안에서 번성하리로다"(시 92:12-13).

정직한 사람, 의인은 종려나무같이 번성하며 레바논의 백향목같이 성장하면서, 또 하나님의 전에서 번성하는 것처럼 번성한다는 것입니다. 뇌물을 받는다고 잘되는 것이 아닙니다. 부정한 것은 우리에게 복이 되지 않습니다.

게하시는 엘리사의 후계자가 될, 굉장한 사람입니다. 그런데 취하지 않아야 할 것을 취했다가 나병환자가 되고 말았습니다.

아람의 군대장관인 나아만이 엘리사의 말대로 요단강에서 일곱 번 목욕하니 나병이 깨끗하게 나았습니다. 하나님의 은혜로 깨끗함을 입은 나아만 장군이 자기 나라에서 바리바리 싣고 온 모든 선물을 엘리사에게 바쳤지만 엘리사가 받지 않았습니다. 하나님께서 아람에 복음의 문을 여는 거룩한 시간에 그런 물건을 받으면 '하나님의 사람들도 우리와 똑같구나'라고 할까 봐 받지 않고 그냥 돌려보낸 것입니다. 그러니 나아만 장군이 두 번 은혜를 받습니다. 자신이

병에서 나왔을 때 은혜를 받고, 또 물질에 깨끗한 하나님의 사람 때문에 은혜를 받는 것입니다.

나아만이 '이런 종교가 있고, 이런 하나님의 사람이 있구나!' 하고 마음이 뜨거워져서 그냥 가는데, 게하시가 쫓아가서 나아만에게 거짓말을 합니다.

"엘리사 목사님의 제자 중에 두 명이 목사님께 왔어요. 그래서 은 한 달란트와 옷 두 벌을 달라 하십니다."

나아만이 은 두 달란트와 옷 두 벌을 줍니다. 은 한 달란트는 한 사람이 져야 될 정도로 무겁습니다. 게하시가 그것을 받아 가지고 와서 집에 감추고 좋아합니다. 그리고 엘리사에게 갔습니다. 엘리사가 그 사실을 알았습니다.

"어디에 갔다 오느냐?"

"아무 데도 안 갔습니다."

"나아만 장군이 수레에서 내릴 때 네 가슴이 찔리지 않더냐? 지금이 어찌 은을 받으며 옷을 받으며 양을 받을 때냐? 하나님의 영광이 나타나고 아람에 하나님의 복음이 들어가는 시간에 어찌 그런 걸 받느냐? 나아만의 나병이 네게 발하리라."

바로 그때 게하시가 나병에 걸립니다. 게하시가 그것만 취하지 않았으면 엘리사의 후계자가 되었을 것입니다.

아간도 마찬가지입니다. 아간이 금, 은, 외투, 그것만 취하지 않았어도 무사히 살았을 텐데 그것을 취했다가 자기는 물론 자기 아내와 죄 없는 아이들까지 돌에 맞아 죽었습니다.

여러분! 가계부에 기록하기 어려운, 정직하지 않은 돈은 배척하시기 바랍니다. 그것이 저주를 갖고 옵니다. 그리고 가계부에 기록하지 못할 돈은 쓰지 않아야 합니다. 남편 몰래, 아내 몰래 쓰는 돈, 아이들 보기에 부끄러운 일에 쓰는 돈이 없어야 합니다. 가계부에 기록할 수 있는 떳떳한 일을 할 수 있기 바랍니다. 우리의 돈 쓰임이 가계부에 기록해도 떳떳한 일이 될 때 우리의 신앙과 생활이 지켜지게 될 줄 믿습니다.

돈을 바르게 쓰는 사람은 죄지을 기회가 없습니다. 돈을 떳떳하게 쓰는데 죄지을 일이 있겠습니까? 그런 사람은 나쁜 것을 받을 수도 없고, 그럴 때 그 집이 잘되는 것입니다. 자신이 사업을 하거나 직장생활을 할 때도 정직하게 해야 합니다.

야곱은 비록 라반의 집에서 머슴살이를 했지만 그 집의 복덩어리였습니다. 라반의 집이 야곱 때문에 일어났습니다. 그러니 야곱에게는 삯을 다른 머슴보다 다섯 배, 열 배는 더 주어야 합니다. 그런데 라반은 그것을 주지 않으려고 바들바들 떨었습니다. 그렇게 정직하지 않으니 결국 그 집이 무너졌습니다. 그러나 야곱은 부자가 되었습니다.

사업을 할 때에 사람에게도 귀한 대접을 해주는, 그런 정직한 경영을 할 수 있기 바랍니다. 이것이 얼마나 중요한지 모릅니다.

그리스도인의 경제생활의 축복

이렇게 정확하고 빈틈없이 살면 어떻게 됩니까? 살림이 자꾸 불어나게 됩니다. 생각 없이 그냥 살면 몇 달이나 몇 년 후에 빚이 늘어나기 쉽지만 정확하게 계산해서 살면 시간이 지날수록 살림이 불어나게 됩니다.

운전도 생각 없이 막 달리면 기름이 많이 닳고 차가 상합니다. 어제 제가 어디를 다녀오는데, 제 옆으로 어떤 차가 자동차 경주를 하는 것처럼 막 달리다가 카메라가 비추고 있는 것을 보았나 봅니다. 갑자기 팍 하고 서니 '끽' 소리가 났습니다. 그 광경을 보고 제가 속으로 '아이고, 저 사람 손해가 얼마나 많겠나? 놀라서 간 떨어질 뻔했지, 자동차 브레이크에서 탄 냄새가 나지, 기름도 많이 닳았지…'라고 생각했습니다. 저는 시속 95km로 달리니 카메라가 나타나도 아무 상관이 없습니다. 그리고 그렇게 달리면 기름도 30% 정도가 절약됩니다.

이렇게 정확하고 규모 있게 살면 살림이 불어나게 되어서 선한 일도 많이 하게 됩니다. 제 사촌동생이 사업이 잘되니 얼마나 효도를 잘하고 저의 어머니께도 잘하는지 모릅니다.

미국 최대의 재벌 록펠러는 어릴 때부터 정확했습니다. 그는 가난한 집에서 태어났습니다. 그런데 그가 여섯 살이 되었을 때 그의 어머니가 그에게 20센트를 주며 이렇게 말했습니다.

"아들아, 이제 네가 나이가 들었으니 용돈을 주겠다."

"엄마, 고마워요."

"아들아, 잠깐만! 이것을 네가 그냥 다 쓰면 안 된다. 20센트 중 2센트는 네 것이 아니라 하나님의 것이다. 그러니 2센트는 네 오른쪽 호주머니에 넣고, 18센트는 왼쪽 호주머니에 넣어라. 그리고 주일에 2센트를 하나님께 바쳐라. 네 평생 이것을 정확하게 해야 한다. 십일조를 드리는 것은 모든 것이 하나님께 있음을 인정하는 것이다. 일평생 하나님을 인정하고 살아야 한다."

그때부터 그는 용돈이 생기거나 돈을 벌면 오른쪽 호주머니에 십일조를 넣고 살았습니다. 그리고 모든 것을 정확하게 했습니다. 그런 그가 세계적인 재벌이 되었습니다.

그가 이렇게 말했습니다.

"십일조를 하다 보니 어느 날 사람들이 나를 재벌이라 부르더라."

그리고 사람들은 미래가 불확실하다고 말하고, 성공하는 사업가도 3, 4년밖에 내다보지 못하는데 자기는 30, 40년 앞을 내다보니 불안하지 않다고 했습니다. 왜냐하면 하나님께서 도우시니 자기는 망할 수 없다는 것입니다. "하나님께서 나를 도우시니 나는 흥왕하리라" 하는 믿음으로 산다고 했습니다.

시카고 대학교는 록펠러가 세운 대학인데, 미국 사람들이 자기 자녀를 보내고 싶어 하는 대학 중 하나입니다. 거기에 들어가면 200권의 고전을 읽어야 합니다. 그 대학교에서 노벨상 수상자가 52명이 나왔고, 그 대학 교수 중 26명이 노벨상 수상자입니다.

유엔 본부 땅을 그가 기증했습니다. 곳곳마다 교회를 세웠습니다. 지금도 록펠러 재단에서 뉴욕 시민의 수도세를 내고 있습니다. 정확하게 살고, 하나님 앞에서 바로 사니 그렇게 큰 일을 할 수 있었습니다.

일생 동안 내 식구나 양육하고 먹이는 하나님의 작은 사람이 되지 말고, 큰 일을 하는 하나님의 큰사람이 되시기 바랍니다. 그러려면 정확한 경제생활을 해야 합니다.

우리 모두 정확하게 경제생활을 해서 돈을 벌고 쓰는 데 하나님의 복을 받으시기 바랍니다. 이 시간에 하나님께서 우리 모두의 경제생활에 큰 지혜를 주셔서 록펠러처럼 하나님을 위해 큰일을 할 수 있기를 축원합니다.

18
예배와 예물

(에스라 8:35-36)

사로잡혔던 자의 자손 곧 이방에서 돌아온 자들이 이스라엘의 하나님께 번제를 드렸는데 이스라엘 전체를 위한 수송아지가 열두 마리요 또 숫양이 아흔여섯 마리요 어린 양이 일흔일곱 마리요 또 속죄제의 숫염소가 열두 마리니 모두 여호와께 드린 번제물이라 무리가 또 왕의 조서를 왕의 총독들과 유브라데 강 건너편 총독들에게 넘겨주매 그들이 백성과 하나님의 성전을 도왔느니라

이스라엘 백성들이 자유가 없는 포로생활을 하다가 하나님의 특별한 은혜로 4개월이 걸려 고국 예루살렘으로 돌아왔습니다. 강도를 만나지 않고 아무런 위험도 없이 무사히 도착했습

니다.

그들은 이 모든 것이 하나님께 특별히 기도해서 받은 응답임을 알았습니다. 그래서 하나님 앞에 큰 감사의 예배를 드렸습니다. 큰 예배를 드린 에스라와 귀환한 모든 사람들이 왕이 보낸 친서를 그 지방의 통치자들에게 전했습니다. 왕의 친서를 받아 본 통치자들이 이스라엘 백성을 도와주어서 그들은 한동안 태평한 세월을 보냈습니다.

여러분, 이스라엘 백성이 고국에 와서 가장 먼저 한 일이 무엇이었습니까? 바로 예배였습니다. 이것이 은혜 받은 사람, 축복 받은 사람의 특징입니다.

공부를 잘하는 학생의 특징이 있습니다. 그것은 공부에 몰두하는 것입니다. 농땡이를 치면 아무리 머리가 뛰어나도 공부를 못합니다. 그러나 머리가 어떻든 공부를 잘하는 학생은 공부에 몰두합니다. 그리고 야심이 있고, 그 야심이 변하지 않습니다. 보통 학생들은 새 학기에는 야심을 가지지만 며칠이 지나지 않아 그 마음을 잊어버립니다. 그러나 우등생은 그 야심을 끝까지 붙잡고 나아가는 것입니다.

세계적으로 성공한 기업가들도 특징이 있습니다. 먼저는 흔들리지 않는 경영철학이 있습니다. 세계적인 굴지의 기업들은 다 그 기업의 경영철학이 있습니다. 아름답고 도덕적이고 흠모할 만한 철학을 갖고 경영하는 기업은 세월이 흘러도 흔들리지 않습니다. 또 그런 기업의 경영자들은 사원들에게 신바람 나게 열심히 일하도록 동기를 부여하는 기술이 있습니다. 그리고 한 번 거래한 사람에게는 계속 거래하도록 이권을 줍니다.

자녀에게 존경받는 아버지도 특징이 있습니다.

어느 글에서 본 내용입니다. 자녀들은 자기 아버지가 자기 어머니를 귀히 여기고 사랑하며 사이좋게 살 때 가장 존경스럽고 최고로 훌륭한 아버지라고 생각한답니다. 또 그럴 때 자녀들이 마음의 안정을 얻어 편안하게 공부할 수 있다고 합니다. 아버지와 어머니가 다투면 불안해서 아무것도 할 수 없답니다. 그리고 요즘 사회에서 문제를 일으키는 아이들을 조사해 보니 그 부모에게 문제가 있었다고 합니다. 그래서 아이들의 문제이기보다 부모의 문제라는 것입니다. 자녀에게 안정감을 주는 훌륭한 부모가 될 수 있기 바랍니다. 그리고 한마디 말을 해도 격려가 되고, 희망이 되는 말을 하는 아버지가 존경스럽고, 또 일을 성실히 해서 자기 집을 경제적으로 잘 이끌어 나가는 아버지가 존경스럽답니다.

하나님의 축복을 받는 사람들의 특징

하나님의 축복을 받는 사람들에게도 특징이 있습니다. 하나님의 축복을 많이 받는 사람, 하나님의 사랑을 독차지하는 것처럼 복을 많이 받는 사람들은 대개 순진합니다. 마치 아기처럼 기쁠 때는 기뻐하고, 슬플 때는 눈물을 펑펑 쏟으며 슬퍼하는, 여리고 순진한 사람들이 하나님의 사랑을 많이 받습니다.

그리고 실력이 있고 힘이 있음에도 불구하고 하나님께서 도와주지 않으시면 아무것도 할 수 없고 자신이 아무것도 아님을 아는, 작은 일에나 큰 일에나 하나님을 의지하는 사람이 하나님의 사랑을 받습니다.

하지만 하나님의 축복을 많이 받는 사람, 교회의 우등생의 가장 두드러지는 특징은 예배를 드리는 데 정성을 다 쏟는 것입니다. 하나님께서 전 세계 만민을 홍수로 멸하실 때 노아의 가정, 한 가정만 살리셨습니다. 그 시대에 하나님의 사랑과 축복을 독차지한 가정이 노아의 가정입니다. 노아의 가정은 먼저 하나님께 예배를 드리는 데 정성을 쏟았습니다. 먼저 자기 집을 짓거나 샘을 파지 않고, 먼저 예배를 드렸습니다.

축복의 조상 아브라함도 어디를 가나 먼저 예배를 드렸습니다. 아브라함은 예배의 챔피언이었습니다. 하나님께서는 그를 특별히 사랑하셨습니다. 하지만 하나님의 축복을 받아 함께 출발한 아브라함의 조카 롯은 하나님을 믿었지만 예배에 게으르다가 나중에 비참하게 되었습니다.

다윗 왕은 예배에 정성을 다 쏟으니 빛나는 왕이 되고, 사울 왕은 예배를 게을리하니 초라한 왕이 되고 맙니다. 다 같이 하나님께서 세우신 왕이지만 예배에 정성을 쏟은 왕은 빛나게 되고, 예배를 게을리하는 왕은 비참한 왕이 되는 것입니다.

하나님의 축복은 예배 줄을 따라오는 것임을 항상 기억하시기 바랍니다.

오늘 본문의 이스라엘 백성이 다 함께 모여 하나님 앞에 예배를 드렸을 때 하나님께서 얼마나 기뻐하셨겠습니까? 그곳에 얼마나 큰 은총을 내려주셨겠습니까?

그러면 하나님께서는 왜 이렇게 예배를 기뻐하십니까?

창세기 1장 27절을 보면 하나님께서 사람을 하나님의 형상으로 만드셨다고 말씀합니다.

"하나님이 자기 형상 곧 하나님의 형상대로 사람을 창조하시되."

하나님께서 사자나 호랑이나 원숭이나 토끼를 하나님의 형상으로 만들지 않으셨습니다. 새나 물고기를 하나님의 형상으로 만들지 않으셨습니다. 오직 사람만 하나님의 형상으로 만드신 것은 사람과 대화하고, 사람의 예배를 받으시고, 사람의 찬송을 받으시기 위함입니다. 사람에게 기도를 받으시고 응답해 주시기 위함입니다. 하나님께서 사람을 지으실 때 사람에게 예배를 받으시고 축복해 주시며 사람과 더불어 살기를 원하셨습니다.

예수님께서도 우리와 더불어 살기를 원하십니다. 예수님께서 돼지나 호랑이나 원숭이에게 "내가 네 안에 들어가고, 너는 내 안에 들어오라"라고 말씀하신 적이 없습니다. 사람인 우리에게만 "나는 네 안에 들어가고, 너는 내 안에 들어온다"라고 말씀하셨습니다.

오직 사람만 존귀한 하나님의 형상입니다. 그래서 원숭이가 아무리 많이 모여 살아도 그곳에는 예배당이 없습니다. 산토끼가 자기 집은 지어도 예배당은 짓지 못합니다. 바다에 수많은 물고기가 살아도 예배당을 짓는 물고기는 없습니다. 오직 사람만 예배당을 짓고 하나님을 섬깁니다. 하나님께서 그렇게 지으셨기 때문입니다.

하나님께서 우리를 구원하신 목적도 예배를 받으시기 위함이라고 출애굽기 8장 1절, 9장 1절, 13절에 기록되어 있습니다.

"여호와의 말씀에 내 백성을 보내라 그들이 나를 섬길 것이니라"(출 8:1).

"하나님 여호와께서 말씀하시기를 내 백성을 보내라 그들이 나를 섬길 것이니라"(출 9:1).

하나님의 일, 하나님의 사업은 우리에게 예배를 받으시는 것입니다. 그래서 하나님께서는 예배하는 자를 찾으십니다.

"아버지께 참되게 예배하는 자들은 영과 진리로 예배할 때가 오나니 곧 이때라 아버지께서는 자기에게 이렇게 예배하는 자들을 찾으시느니라"(요 4:23).

하나님께서는 우리를 찾아오셨고, 우리는 찾은 바가 된 것입니다. 그래서 지금 우리가 예배를 드리고 있는 것입니다. 우리가 이렇게 예배를 드리면 하나님께서 시원해하십니다. 그래서 '내가 쟤에게 재앙을 내려야겠네' 하시다가도 우리가 하나님 앞에 나와서 예배를 드릴 때 하나님의 마음이 녹아지는 것입니다.

부모는 자기 생일에나 명절에 자식들이 오지 않으면 섭섭해합니다. 2년 동안 오지 않으면 괘씸한 생각이 듭니다. 그러나 3년째에 아들 며느리가 와서 엎드려 절하고 "죄송합니다. 사는 게 바빠서 작년에도 재작년에도 못 와서 죄송합니다. 용서하세요"라고 하면서 조기 한 마리라도 내밀면 그 괘씸하고 섭섭했던 마음이, 응어리진 마음이 봄 눈 녹듯이 녹습니다. 그래서 "그래, 그래도 내 아들 며느리구나!"라고 합니다.

우리가 하나님 앞에서 사는 생활이 좋지 않아 하나님께서 '좀 쳐야 되겠구나' 하시다가도 우리가 "하나님!" 하고 하나님을 찾으면 '아이구, 못나도 내 자식!' 하시며 안아 주시는 것입니다.

침례교회에서는 침례를 받을 때 물속에 들어갔다 나오는데 어느 침례교회에서 있었던 일이라고 합니다.

거짓말을 잘하고 평소 생활이 별로 좋지 않은 사람이 회개하고 예수님을 믿기로 했습니다. 그래서 침례를 받게 되었는데 침례식이 추운 겨울에 있었습니다. 목사님이 그 사람의 등에 손을 대고 몸을 물속에 넣었다가 꺼내는데 물이 아주 차가우니 미안해서 "형제여, 매우 추웠지요?"라고 했습니다. 그 사람이 목사님께 걱정을 끼치지 않으려고 "아니에요, 춥지 않았어요"라고 했습니다. 그러자 옆에 있던 사람이 "저것 보세요. 아직도 거짓말을 합니다"라고 했답니다. 평소에 거짓말을 잘하니 차가운 물속에 들어갔다 나왔는데도 춥지 않았다고 거짓말을 했다는 것입니다.

예수님을 믿어도 생활이 안 좋을 수 있습니다. 그래도 예배하면 하나님께서 재앙을 내리지 않으십니다. 사무엘하 24장을 보면, 하나님께서 진노하십니다. 다윗 왕이 하나님께서 주신 축복을 하나님보다 더 의지했기 때문입니다. 다윗에게 영웅들과 장수들이 모이고 군사들이 모여 굉장한 대군을 이루었을 때 다윗이 은근히 군대를 의지하다가 하나님께 혼나게 됩니다. 그때 갓 선지자가 와서 하나님의 말씀을 전합니다.

"왕이여, 하나님께서 이 셋 중에 하나를 택하라 하셨습니다. 7년간 흉년을 만날지, 3개월간 적군에게 쫓겨 도망 다닐지, 3일간 무서운 전염병이 있어 백성들이 쓰러질지, 이 셋 중에서 하나를 택하십시오."

다윗 왕이 고민하다가 그래도 사람의 손에 빠지는 것보다는 하나님의 손에 빠지는 것이 나을 것이라 생각해서 3일간의 전염병을 택했습니다. 삽시간에 7만 명이 쓰러져 죽습니다. 병에 걸린 사람이 계속 죽어 갈 때 갓 선지자가 "왕이여, 아라우나의 타작마당에 가서 예배를 드리소서"라고 합니다. 갓 선지자는 재앙의 천사가 타작마당에 있는 것을 알았기 때문입니다. 다윗 왕이 거기에 가서 예배를 드릴 때 재앙이 그쳤습니다.

우리가 교회에 와서 예배드릴 때 하나님께서 우리를 용서하시고 우리 죄를 사하시고 재앙을 그치게 하심을 믿으시기 바랍니다. 그리고 말씀을 주셔서 힘을 주시고 잃어버린 모든 것을 회복시켜 주시는 것입니다.

예배를 드리면 하나님께서 즐거워하시고 우리도 의무를 감당했으니 편하고 또 복을 받으니 얼마나 좋은지 모릅니다. 병역 비리로 나라가 시끄러운 적이 있었는데 군대 가는 것이 힘드니 그것을 피해 보려다가 구속이 되기도 하고, 다시 군대에 가기도 하니 얼마나 안됐습니까? 자기 의무를 감당하지 못하면 편하지 않습니다. 자기가 해야 할 일을 다하고 의무를 감당한 사람은 언제나 마음이 편하고 떳떳합니다.

어제 아침에 새벽기도를 마치고 아내와 함께 집으로 가는데 대로에서 자동차 한 대가 시속 120km 정도로 달려오더니 제 차 5m쯤 앞에서 갑자기 끼익 하며 섰습니다. 차에서 연기가 나고 차가 다 망가지는 것 같은 소리가 났습니다. 사람이 치인 줄 알고 보니 사람은 없었습니다. 신호등의 황색 불이 꺼지고 빨간 불이 들어오니 급브레이크를 밟은 것입니다. 그렇게 속력을 내며 가는 사람이라면 빨간 불이 들어와도 그냥 지나갈 텐데 '이상하다' 싶어 살펴보니 바로 앞에 경찰차가 있었습니다. 아마 그 사람은 간이 떨어졌다가 붙는 것 같았을 것입니다.

그러나 저는 교통법규를 잘 지키니 운전할 때도 편안합니다. 고속도로를 운전해 가는 차들이 무인카메라를 보면 '끼익' 하고 서는데 그때마다 얼마나 놀라겠습니까? 그러나 저는 겁날 것이 없고 편안합니다.

우리가 마땅히 해야 할 의무는 예배입니다. 그래서 주일 낮, 주일 밤 예배를 잘 드리면 마음이 떳떳하고 또 하나님의 축복을 받습니다. 축복의 우등생이 됩니다.

우리 모두가 아브라함처럼, 다윗처럼 예배의 챔피언이 되고, 우리 양곡교회가 세계 모든 교회 중에서 예배의 챔피언 교회가 될 수 있기를 축원합니다.

예물이 드려져야 하는 예배

그런데 바늘 가는 곳에 실이 따라가듯이 예배에는 헌금이 따라갑니다.

오늘 본문에도 보면, 수송아지 12마리, 숫양 96마리, 어린 양 77마리를 잡아서 예배를 드립니다. 또 속죄의 염소 12마리를 잡아서 예배를 드립니다. 합쳐서 약 200마리가 되는데 그것이 적은 것이 아닙니다. 포로로 있다가 돌아온 그들에게 그만큼의 짐승은 엄청난 것입니다. 그것을 하나님께 불태워 바칠 때 살점이 떨어지는 것 같았을지도 모릅니다. 그래도 예배에는 예물이 들어가야 하는 것입니다.

사무엘하 24장을 보면, 다윗 왕이 예배를 드리려고 아라우나의 타작마당에 갔을 때 아라우나가 왕 앞에서 얼굴을 땅에 대고 절합니다.

"폐하, 어쩐 일로 여기까지 왕림하셨습니까?"

"내가 이 타작마당을 사서 여기에서 예배를 드리려 하네."

"여기에 번제로 드릴 소도 있고, 또 땔감으로 쓸 농기구도 있습니다. 폐하께서 원하시는 대로 다 드릴 테니 거저 쓰소서. 하나님께서 폐하의 예배를 받으시기를 원하나이다."

"그렇지 아니하다. 내가 값을 주고 사서 예배를 드릴 것이다. 값없이는 내 하나님께 예배를 드리지 않을 것이다."

그래서 타작마당과 소 값으로 은 50세겔을 주는 것뿐 아니라 타작마당이 있던 밭의 터까지 값을 쳐서 다시 금 600세겔을 줍니다(대상 21:25). 그리고 거기서 하나님께 예배를 드립니다. 하나님께서 그 예배를 받으시고 재앙을 그치십니다.

헌금에 담긴 정성을 보시는 하나님

"네 보물이 있는 그곳에는 네 마음도 있느니라"(마 6:21).

여러분, 하나님께서 예배를 받으실 때, 헌금으로 평가하시는 것은 아니지만 그 헌금에 담긴 정성을 평가하십니다. 누가복음 21장을 보면, 예수님께서 헌금궤를 지켜보고 계십니다. 부자들이 와서 많은 헌금을 해도 그냥 계시다가 가난한 한 과부가 아주 작은 돈인 두 렙

돈을 헌금할 때 칭찬하십니다.

"내가 참으로 너희에게 말하노니 이 가난한 과부가 다른 모든 사람보다 많이 넣었도다. 저들은 풍족한 중에서 헌금을 하였거니와 이 과부는 그 가난한 중에서 자기의 생활비 전부를 넣었느니라."

우리의 정성을 보시는 주님께서 우리가 정성을 다할 때 감동을 받으시고 기뻐하시며 그 정성을 흠향하시는 것입니다.

아브라함은 소와 양뿐 아니라 하나님께서 원하시니 자기 아들까지 아끼지 않고 하나님께 바치려 했습니다. 그때 하나님께서 감동하셔서 "됐다! 됐어! 내가 이제 알았다. 네가 네 아들보다 나를 더 사랑하는 줄 내가 알았다" 하시면서 역사에 남는 복을 주셨습니다.

우리가 하나님 앞에 인색하면 하나님께서도 우리에게 주고 싶지 않으실 것입니다.

로마서 11장 35절에 "누가 주께 먼저 드려서 갚으심을 받겠느냐"라고 하였습니다. '갚으심'이 영어성경에는 'repay'라고 되어 있습니다. 하나님께서 받으신 다음에 갚아 주신다는 것입니다. 하나님께서 받으신 다음에 갚아 주시면 누가 수지맞겠습니까? 우리가 하나님께 바치는 것은 적어도 하나님께서 우리에게 갚아 주시는 것은 30배, 60배, 백 배, 때로는 천 배, 만 배가 됩니다.

예배 시간에 헌금을 하려고 지갑을 열었는데 만 원짜리가 나오면 반갑고, 5만 원짜리가 나오면 '왜 이게 나오지?' 하며 넣었다가 다시 꺼냅니다. 그래도 또 5만 원짜리가 나와서 할 수 없이 5만 원짜리를 넣었습니다. 그런데 집에 와서 '아이고, 내가 왜 돈을 정리하지 않았던가? 정리하지 않고 그냥 넣어 둔 바람에 5만 원짜리를 해서 손해가 많네'라고 한다면 하나님께서 기뻐하시겠습니까? 인색한 마음으로 바치는 것은 아무리 많은 돈이라도 하나님께서 받지 않으십니다. 그러나 그것이 얼마이든지 기쁨으로 바칠 때 하나님께서 기쁘게 받으실 것입니다.

제일 좋은 투자는 하나님께 하는 것

이런 이야기가 있습니다.

인도의 한 왕이 평복을 입고 신하들과 함께 백성들의 삶을 돌아보고 있었습니다. 한 곳을 지나다가 자루를 메고 오는 거지를 만나게 되었습니다. 왕이 평복을 입고 있으니 왕인 줄 모르는 그 거지가 구걸을 했습니다. 그때 왕이 거지에게 말했습니다.

"자네가 먼저 내게 무엇을 주면 나도 주겠네."

거지가 가지고 있는 것은 옥수수 한 자루가 전부였습니다. 그는 그것을 주기가 아까워 망설이다가 자루에서 옥수수 다섯 알을 꺼내어 왕에게 주었습니다. 왕이 뒤따라오는 신하에게 말했습니다.

"여보게, 저 황금자루에서 옥수수 알만 한 금덩어리 다섯 개만 꺼내어 이 사람에게 주게."

그것을 받은 거지가 후회했답니다.

"이 옥수수를 자루째 주었으면 황금을 자루째 받았을 걸…"

왕은 옥수수를 받고도 금으로 줄 수 있습니다. 우리 하나님은 만왕의 왕이십니다. 우리의 옥수수를 받으시고 다이아몬드를 주실 수 있습니다.

여러분에게 간곡히 부탁드립니다. 하나님 앞에서 인색하지 맙시다. 제일 좋은 투자는 하나님께 하는 것입니다.

제가 아는 한 고등학교 선생님은 17~18년간 애써 저축한 돈으로 아파트 하나를 사고 주식에 투자했다가 아파트까지 다 날렸습니다. 그래서 월셋방에 들어갔는데 가슴을 치며 삽니다. 투자를 잘못했다가 망하는 사람들이 많습니다.

그러나 부모님께 효도하고 가슴 치는 사람은 없을 것입니다. 부모님께 효도하는 데 바치고 후회하는 사람을 저는 보지 못했습니다. 왜입니까? 하나님께서 약속하신 대로 복을 주셨기 때문입니다.

더더구나 하나님께 바쳐서 후회하는 사람을 보지 못했습니다. 하나님께 바치는 것이 가장 복 있는 투자임을 기억하시기 바랍니다. 하나님께 바치는 예물을 투자한다고 하는 것은 잘못된 말입니다. 사실은 감사해서 바치는 것입니다. 그러나 때로는 우리가 바치는 데 인색하니 하는 말입니다.

우리 모두는 하나님께 풍성히 바쳐서 풍성히 받는, 하나님의 복된 사람들이 되기를 축원합니다. 바늘 가는 곳에 실이 가듯이 예배에는 헌금이 따르는데, 하나님께서 감동을 받으시고 기뻐하시며 만족해하시는, 그런 예배를 드려서 우리의 남은 생애가 아브라함같이, 다윗같이 되기 바랍니다.

19
결혼의 중요성

(에스라 9:1-7)

이 일 후에 방백들이 내게 나아와 이르되 이스라엘 백성과 제사장들과 레위 사람들이 이 땅 백성들에게서 떠나지 아니하고 가나안 사람들과 헷 사람들과 브리스 사람들과 여부스 사람들과 암몬 사람들과 모압 사람들과 애굽 사람들과 아모리 사람들의 가증한 일을 행하여 그들의 딸을 맞이하여 아내와 며느리로 삼아 거룩한 자손이 그 지방 사람들과 서로 섞이게 하는데 방백들과 고관들이 이 죄에 더욱 으뜸이 되었다 하는지라 내가 이 일을 듣고 속옷과 겉옷을 찢고 머리털과 수염을 뜯으며 기가 막혀 앉으니 이에 이스라엘의 하나님의 말씀으로 말미암아 떠는 자가 사로잡혔던 이 사람들의 죄 때문에 다 내게로 모여오더라 내가 저녁 제사 드릴 때까지 기가 막혀 앉았더니 저녁 제사를 드릴 때에 내가 근심 중에 일어나서 속옷과 겉옷을 찢은 채 무릎을 꿇고 나의 하나님 여호와를 향하여 손을 들고 말하기를 나의 하나님이여 내가 부끄럽고 낯이 뜨거워서 감히 나의 하나님을 향하여 얼굴을 들지 못하오니 이는 우리 죄악이 많아 정수리에 넘치고 우리 허물이 커서 하늘에 미침이니이다 우리 조상들의 때로부터 오늘까지 우리의 죄가 심하매 우리의 죄악으로 말미암아 우리와 우리 왕들과 우리 제사장들을 여러 나라 왕들의 손에 넘기사 칼에 죽으며 사로잡히며 노략을 당하며 얼굴을 부끄럽게 하심이 오늘날과 같으니이다

에스라가 이스라엘 백성을 바벨론에서 인도해 왔습니다. 예루살렘으로 돌아온 이스라엘 백성들은 하나님 앞에 큰 감사예배를 드리고 자기들의 집을 세웠습니다. 농장도 개척하고 양의 우리도 손질하며 새 생활을 하기에 바빴습니다. 에스라도 그 주변 국가와의 관계, 또 하나님께서 기뻐하시는 국가제도를 만드는 일에 진력을 쏟았습니다. 이럭저럭 4개월이 지났습니다.

그런데 어느 날, 이스라엘의 지도자들, 방백들이 에스라에게 몰려와서 충격적인 소식을 전합니다.

"이 나라의 백성들뿐 아니라 레위인들과 예배를 집례하는 제사장들까지 이 땅의 가나안 족속, 브리스 족속, 헷 족속, 애굽 족속, 암몬 족속, 모압 족속, 아모리 족속, 이런 이방 사람들의 딸들을 자기 아내로 삼고, 또 며느리로 삼아 피가 섞여서 살고 있습니다. 어떻게 합니까?"

에스라가 바벨론에서 인도해 온 사람들이 그렇게 사는 것이 아닙니다. 몇십 년 전에 1차 포로 귀환이 있었는데, 그때 왔던 사람들이 하나님의 은혜와 말씀을 저버리고 그렇게 살고 있는 것입니다. 그

들이 일부러 국경을 넘어가 이방인들의 딸을 데려온 것은 아닙니다. 여호수아 시대 때 하나님께서 가나안 지역의 이방인들을 다 쫓아내라고 말씀하셨는데, 그때 착하고 괜찮아 보이는 몇몇 작은 부족들은 인정상 그냥 머물러 살도록 두었습니다. 그들이 자꾸 퍼져 그때까지 예루살렘에 살고 있었습니다. 그 이방인의 딸들이 예쁘고 매력적이니 일반 백성들은 물론 제사장들과 레위인들까지도 자기 아내로 취하고 또 며느리로 삼았던 것입니다.

그 말을 들은 에스라가 충격을 받아 속옷과 겉옷을 찢고 머리털과 수염을 뜯습니다. 에스라처럼 점잖은 사람이 왜 그랬을까요? 이스라엘 사람들은 너무 기가 막힌 일이나 슬픈 일, 막연한 일을 당하면 그렇게 합니다.

욥기 1장을 보면, 욥이 하루아침에 재산을 다 잃어버립니다. 그런데 또 맏아들 집에서 생일잔치를 하던 일곱 아들과 세 딸이 무너진 벽에 깔려 죽었다는 소식을 듣습니다. 그때 욥이 옷을 찢고 머리를 다 밀고는 하나님 앞에 엎드려 기도를 합니다. 기가 막힌 일이나 슬픈 일을 당하면 옷을 찢고 머리와 수염을 뜯거나 미는 것이 그 나라의 문화이기 때문입니다. 우리나라 사람들은 기가 막힐 때 가슴을 치거나 주저앉거나 주먹으로 기둥이나 벽을 치는데 이스라엘 백성들은 그렇게 하는 것입니다. 그래서 점잖은 에스라가 옷을 찢고 머리를 뜯은 것입니다.

이방 여자들을 취하지 말라고 하신 이유

에스라가 왜 그렇게 충격을 받았습니까? 이스라엘 백성들이 사람을 죽인 것도 아니고 간음을 한 것도 아니고 도둑질을 한 것도 아닙니다. 예쁜 여자를 아내로 삼았는데 에스라가 왜 그렇게 난리법석을 떨었을까요?

에스라는 그 일을 살인죄나 간음죄, 도둑질하는 죄보다 더 크고 무서운 죄, 더 충격적인 사건으로 여겼기 때문입니다.

하나님께서 이스라엘 백성들에게 이방 사람과 혼인하는 것을 금하셨습니다. 그 이유가 출애굽기 34장 16절에 나와 있습니다.

"네가 그들의 딸들을 네 아들들의 아내로 삼음으로 그들의 딸들이 그들의 신들을 음란하게 섬기며 네 아들에게 그들의 신들을 음란하게 섬기게 할까 함이니라."

가나안 여자, 브리스 여자, 헷 여자, 암몬 여자, 아모리 여자, 애굽 여자, 이런 이방 여인들을 아내로 삼고, 또 아들들의 아내로 삼으면 그 이방의 딸들이 이스라엘 사람들의 아들들을 유혹해서 자기들이 섬기는 우상을 섬기게 하니 이방 사람과 혼인하지 말라고 하신 것입니다.

사람을 지으신 하나님이십니다. 하나님께서는 우리를 너무나 잘 아십니다. 남편이 아내의 말을 잘 듣는 것을 아시는 하나님께서 그렇게 명하신 것입니다. 선악과를 먹으면 죽는다는 것을 아담이 알았습니다. 그런데도 아내 하와가 먹으라고 하니까 먹습니다. 남자가 아무리 큰소리쳐도 집에 가서 아내의 말을 듣지 않는 사람이 거의 없습니다. 그래서 어떤 사람이 남편이 머리라면 아내는 목이라고 했습니다. 목이 가는 대로 머리가 간다는 것입니다.

수십만 명을 호령하는 한 장군이 집에 가면 아내의 말에 꼼짝 못 하는 자신을 생각하니 한심하고 부끄러웠습니다.

'참, 내가 생각해도 한심하구나. 이런 졸장부가 어디 있나?'

하루는 대군 앞에서 자기의 고민을 솔직하게 고백했습니다.

"나는 그대들의 대장이다. 그러나 나는 부끄럽게도 오늘까지 아내의 말을 다 듣고 살아왔다."

그리고 줄을 하나 쳐놓고 "그대들은 어떤가? 솔직히 말해 봐라. 나처럼 집에 가면 아내의 말을 듣는 사람은 이쪽으로 모이고, 아내의 말을 듣지 않는 사람은 저쪽으로 모여라" 했습니다. 모든 병사들이 이쪽으로 모였는데 한 사람만 저쪽에 서 있었습니다. 장군이 그 한 병사가 존경스러워 물었습니다.

"자네는 사나이 중에 사나이다. 어찌 아내의 말을 듣지 않을 수 있느냐?"

"장군님, 그게 아닙니다. 며칠 전 아내가 '여러 사람이 간다고 줏대 없이 따라가지 말고 줏대 있게 살아요'라고 해서 여기에 서 있습니다."

그 병사 역시 아내의 말 때문에 거기에 서 있었던 것입니다.

제가 전에는 남편과 아내는 다르다고 생각했는데, 요즘에는 결국 남편은 아내의 말대로 하기 때문에 겉으로 보기에는 달라도 남편과 아내는 다를 수 없다는 생각을 합니다. 남편은 아내를 따라가게 되어 있어서 하나님께서 이방 여자를 취하지 말라고 하신 것입니다.

한 사람으로 인하여 흥하고 망하는 가정과 나라

열왕기상 16장부터 보면, 아합이 시돈 사람의 왕 엣바알의 딸 이세벨을 아내로 얻고 나서부터 바알 신전과 아세라 상을 세우고, 하나님의 종들을 잡아 죽이거나 가두고 바알만 섬깁니다. 그러다가 자기 몸의 피를 개들이 핥아먹고 이세벨을 개들이 먹으리라는, 자기 집이 망할 것이라는 하나님의 말씀을 듣습니다. 그래도 아합이 그 길을 갑니다.

그런데 역대하 18장 1절을 보면 "여호사밧이 부귀와 영광을 크게 떨쳤고 아합 가문과 혼인함으로 인척 관계를 맺었더라"라고 하였습니다.

유다 왕 여호사밧이 평화를 위해서 아합과 이세벨의 딸 아달랴를 자기 며느리로 삼았습니다. 이스라엘의 왕 아합과 사돈 관계가 되면 두 나라 간에 전쟁이 없을 것으로 생각한 것입니다.

그리고 여호사밧이 세상을 떠날 때 모든 아들들에게 은금을 풍부히 주고 성읍을 맡겨 장관으로 잘살게 하고, 장자인 여호람에게는 왕위를 물려주었습니다. 그런데 역대하 21장 4절에서 6절을 보면 여호람이 아내 아달랴의 꾐에 빠져 자기의 아우들을 다 죽이고 아합의 길로 갑니다.

"그가 이스라엘 왕들의 길로 행하여 아합의 집과 같이 하였으니 이는 아합의 딸이 그의 아내가 되었음이라"(대하 21:6).

아들이 결혼해서 며느리가 들어올 때 '한 식구가 불었네'라며 좋아하는데, 아닙니다. 복이 없는 여자가 들어오면 집이 망합니다.

아달랴를 며느리로 맞은 유다의 왕 여호사밧을 보십시오. 그의 아들들이 다 죽임을 당합니다. 그의 장자 여호람은 자기 아내 아달랴의 말을 듣고 바알을 섬기면서 악한 일을 행하다가 중한 병에 걸려 창자가 빠져나와 죽습니다.

"이 모든 일 후에 여호와께서 여호람을 치사 능히 고치지 못할 병이 그 창자에 들게 하셨으므로 여러 날 후 이 년 만에 그의 창자가 그 병으로 말미암아 빠져나오매 그가 그 심한 병으로 죽으니 백성이 그들의 조상들에게 분향하던 것같이 그에게 분향하지 아니하였으며"(대하 21:18-19).

여호람이 죽으니 그의 아들 아하시야가 왕이 됩니다. 아하시야도 자기 어머니 아달랴의 영향을 받아 아합의 집 길로 갑니다.

"아하시야도 아합의 집 길로 행하였으니 이는 그의 어머니가 꾀어 악을 행하게 하였음이라"(대하 22:3).

한 악한 여자가 들어와서 남편과 남편의 형제들을 다 죽게 하고, 아들을 조종해서 우상을 숭배하게 만든 것입니다. 그러니 하나님께서 아하시야도 예후의 칼에 죽게 하십니다.

아달랴는 아들 아하시야가 죽자 유다 왕국의 씨를 멸합니다. 자기 손자들까지 다 죽이고 자기가 왕이 됩니다. 그런데 그때 여호람의 딸이요 아하시야의 누이인 여호사브앗이 아하시야의 막내아들 요아스를 몰래 빼내어 숨겼습니다. 그래서 고모의 손에서 몰래 자란 요아스가 나중에 왕이 되어 왕위가 이어집니다. 하지만 여호사밧이 며느리(아달랴)를 잘못 맞이했다가 왕가가 거의 전멸을 당한 것입니다.

여러분! 우리가 실제로 어떤 집은 며느리가 들어오니 집이 막 일어나는 것을 보지 않습니까? 우리 노 장로님 댁에는 박 권사님이 들어오고 나서 집이 저렇게 일어나고 있습니다. 저희 집에도 아내가 들어와서 집이 일어났습니다. 그래서 저의 아버님께서 며느리를 얼마나 좋아하셨는지 모릅니다. 그러나 며느리가 들어오고 나서 형제간에 불화하게 되고 집이 기울어지는 경우도 있습니다.

우리 모두는 복 있는 며느리를 맞이할 수 있기 바랍니다. 이것은 아주 중요한 일입니다. 한 가정의 일일 뿐 아니라 한 나라의 일입니다. 여호사밧은 복이 넘치는 왕이었는데 며느리를 잘못 보아서 그가 세상을 떠난 후 나라가 휘청휘청한 것입니다.

에스라와 백성들이 함께하는 회개

영국의 유명한 역사가인 에드워드 기번이 《로마제국 쇠망사》라는 역사책을 썼습니다. 그분의 강조점 중 하나가 가정의 중요성입니다. 로마가 망하게 된 중요한 원인 중 하나가 가정의 붕괴라는 것입니다.

가정이 얼마나 중요한지, 아무리 강조해도 지나치지 않습니다. 그리고 가정에서 아내의 역할은 참으로 중요합니다. 가정의 복이 아내에게 달려 있다 해도 과언이 아닙니다.

그래서 자기 백성들이 이방 사람들과 혼인한다는 소식을 들은 에스라가 충격을 받은 것입니다.

"큰일났네. 우리나라가 망하겠네. 이제 우리 백성이 우상을 섬기고 하나님의 벌을 받아 또 포로로 끌려가게 되겠네."

에스라가 기가 막혀 앉아 있는데, 저녁 예배 시간이 되었습니다. 에스라가 찢어진 옷 그대로, 헝클어진 머리 그대로, 피가 흐르는 수염 그대로 무릎을 꿇고 손을 들어 기도합니다.

"하나님이여! 우리 조상들이 죄가 많아서 우리 왕들과 우리 제사장들과 우리 선조들이 적들의 칼에 죽임 당하고 끌려가고 부끄럼을 당했는데, 이제 우리 백성이 또 같은 죄를 지어 그 죄가 정수리에 넘치고 부끄러운 허물이 하늘까지 높아졌습니다. 이 일을 어떻게 합니까?"

에스라가 그렇게 회개하며 기도할 때에 하나님을 두려워하고 경외하는 사람들이 모여와 함께 회개했습니다. 에스라 10장을 보면 어른들뿐 아니라 어린아이들까지도 모여서 함께 회개했습니다. 이방 여자들이 들어온 것은 나라가 망하는 것이기 때문에 결국 이방 여자들을 다 쫓아냅니다. 아이까지 낳았는데도 쫓아냅니다. 정든 아내를 내쫓는 것이 아픈 일이지만 나라의 장래를 위해 이방신을 섬기는 여자들을 다 쫓아내는 것입니다.

결혼과 가정생활을 위한 간절한 기도의 손

오늘 우리가 여기에서 깨닫게 되는 것은 결혼은 그냥 하는 것이 아니라는 것입니다.

내 집이 흥할 수도 있고 망할 수도 있고, 나라가 흥할 수도 있고 망할 수도 있는 것이 결혼입니다. 그래서 결혼을 앞둔 청년은 배필을 위해 하나님 앞에 기도해야 합니다. 또 며느리를 보고 사위를 보아야 할 사람도 하나님 앞에 기도해야 합니다.

복 있는 아내, 복 있는 며느리는 누구입니까? 잘생기고 매력이 흐르고, 좋은 대학을 나오고 가문이 좋은 것도 조건이 될 수 있지만 가장 우선순위는 하나님을 믿는 믿음입니다. 복 있는 아내, 복 있는 며느리로서 가장 중요한 것은 하나님을 믿는 믿음의 사람이어야 한다는 것입니다.

'성령으로 거듭난 사람인가? 하나님을 확실히 믿는가?'

이것이 가장 중요합니다. 왜입니까? 하나님은 우리의 생명이시요, 장수이시요, 약속의 땅이시기 때문입니다.

"네 하나님 여호와를 사랑하고 그의 말씀을 청종하며 또 그를 의지하라 그는 네 생명이시요 네 장수이시니 여호와께서 네 조상 아브라함과 이삭과 야곱에게 주리라고 맹세하신 땅에 네가 거주하리라"(신 30:20).

하나님을 섬기면 생명이 있고 장수하게 되고 아브라함과 이삭과 야곱에게 맹세하신 땅의 복이 옵니다. 그러나 이방신을 섬기면 저주와 재앙이 오는데, 이방신을 섬기는 여자가 들어오면 이방신을 섬기게 됩니다.

그래서 결혼할 사람은 손 들고 기도해야 합니다. 또 자녀의 결혼을 위해서도 간절히 기도해야 합니다.

어느 집의 어머니가 세상을 떠나 장례식을 하고 있었습니다. 결혼하지 않은 한 딸이 슬픔에 잠겨 있었습니다. 장례식을 진행하는 목사님께서 "메리는 좋은 신앙인이었는데…"라며 고인에 대해 이야기하기 시작했습니다. 그때 장례식장에 막 뛰어들어온 한 청년이 눈물을 흘리면서 옆에 있는 아가씨에게 "아니, 고인의 이름이 마가렛인데 왜 자꾸 메리라고 하지요?"라고 했습니다. 그때 그 아가씨가 "우리 어머니의 이름이 메리 맞아요"라고 했습니다.

"아니에요, 우리 이모 이름은 마가렛이에요."

"아니에요, 우리 어머니는 메리예요."

"아니, 마가렛인데…."

"아니에요, 메리예요."

"아니, 마가렛…."

"아, 그러면 장례식 하는 곳을 잘못 찾아왔나 봐요. 길 건너편 루터 교회에서도 지금 장례식을 하고 있는데, 그 장례식이 당신 이모님 장례식인가 보네요."

그 청년이 장례식 하는 교회를 잘못 찾아온 것입니다. 그런데 잘못 찾아온 것을 알고도 그 청년이 그 자리를 떠나지 않고 그곳에 그냥 있었습니다. 옆에 있는 아가씨의 모습이 너무 아름다웠기 때문입니다. 결국 두 사람이 함께 차를 마시고 나중에 결혼하게 되었습니다. 그 청년이 "우리의 중매자는 돌아가신 장모님과 내 이모님입니다"라고 했답니다. 실수로 장례식장에 와서 만난 사람이라도 배필이면 결혼이 성사되는 것입니다.

이삭의 아내는 그 집의 종이 결정해서 데리고 왔습니다. 이삭은 물론 그의 부모가 한 번도 보지 않은 아가씨였지만 하나님께서 짝

지어 주시니 복 있는 아내가 되고 복 있는 며느리가 되었습니다.

하나님께서 여러분의 자녀에게도 좋은 배필 주시기를 축원합니다. 그러기 위해서는 손 들고 기도해야 합니다.

이미 결혼한 부부들도 그냥 있으면 안 됩니다.

아내가 남편에게 얼마나 큰 영향을 미치는지 모릅니다. 살아가면서 계속 영향을 미칩니다. 그래서 남편은 자기에게 영향을 주는 아내가 나쁜 아내가 되지 않도록, 선하고 의롭고 귀한 아내가 되도록 기도해야 합니다.

그리고 아내도 남편이 나쁜 일을 하지 않도록 계속 기도해야 합니다. 세상에는 별의 별 사람이 다 있습니다. 또 사회 지도층에 있는 사람들 중에 좋지 않은 일이 드러나서 구속되는 사람도 많습니다. 그러니 하나님께서 남편을 지켜 주시도록 늘 깨어 기도해야 합니다.

부모가 잘못되면 자녀들이 파괴됩니다. 가출한 청소년들과 인터뷰를 하면 많은 청소년들이 부모님 때문에 화가 나서 집을 뛰쳐나왔다고 한답니다. 부모님이 싸울 때 자녀는 화가 나고, 부모님이 바람피울 때 부끄럽고 속이 상한답니다. 아버지와 어머니가 서로 사랑하며 사이좋게 지낼 때 자녀는 마음이 안정되고 신바람이 나는 것입니다. 그럴 때 아이들이 미래를 향해 전진하는 것입니다.

그래서 아내는 남편을 위해, 남편은 아내를 위해 기도해야 하는 것입니다.

그리고 기도만 할 뿐 아니라 애를 써야 합니다. 상대방이 내게 잘 맞는 짝이 되기를 바라지 말고 내가 아내에게 맞추어 주고, 남편에게 맞추어 주는 짝이 되도록 노력해야 합니다.

그리고 우리의 겉모습도 가꾸어야 합니다.

하나님께서는 우리의 중심을 보시지만 사람은 겉모습을 봅니다. 그래서 자기 몸을 가꾸어야 합니다. 특별히 아내들은 남편이 곁눈질을 하지 않도록 자기를 가꾸어야 하고, 남편들도 아내에게 실망을 주지 않도록 노력해야 합니다. 그리고 이웃집 아주머니나 아저씨에게 친절히 대하는 이상으로 아내에게, 남편에게 친절히 대해야 합니다. 그래서 정말 화목한 부부, 행복한 부부가 되기를 축원합니다.

부부가 행복해야 자녀가 잘됩니다. 이것이 얼마나 중요한지 모릅니다.

그런데 우리가 아무리 노력해도 남편의 마음을 다 맞추어 주지 못하고, 아무리 애써도 아내의 마음을 다 채워 주지 못합니다. 아무리 좋은 남편이라도 아내의 공허함을 다 채워 줄 수 없습니다.

그래서 우리가 노력한 다음에도 "하나님! 우리 집을 긍휼히 여겨 주세요. 우리 집을 행복한 집으로 세워 주세요" 하고 하나님께 기도해야 합니다.

"여호와께서 집을 세우지 아니하시면 세우는 자의 수고가 헛되며"
(시 127:1).

제가 한 환자를 방문했습니다. 일생 예수님을 믿지 않고 세상에서 막 살다가 몸에 병이 오니 예수님을 믿었답니다. 나이 47세에 후두암 수술을 두 번이나 받고 방사선 치료를 40번이나 받았답니다. 그래도 병원에서 안 된다고 하여 포기한 상태였습니다. 암세포가 밖에까지 퍼져 나와 있어서 그분의 모습이 보기에 얼마나 딱했는지 모릅니다. 제가 그분을 위해 기도하니 "아멘! 아멘!" 하셨습니다. 말씀을 전하니 "아멘! 아멘!" 하셨습니다. 병을 얻고서도 예수님을 믿으니 감사하지만, 건강할 때 예수님을 믿고 바로 살았으면 얼마나 좋았겠습니까?

제가 그분에게 예수님을 믿어서 구원을 받았으니 천국에 가지 못할까 걱정하지 말라고 했습니다. 바윗돌이나 모래알이나 다 물에 가라앉는 것처럼 큰 죄나 작은 죄나 다 지옥에 가지만 예수님의 십자가 피가 모든 죄를 깨끗이 씻어 주셨으니 염려하지 말라고 했습니다. 예수님을 믿으면 그 순간에 구원을 받으니 지금 죽어도 천국에 가니 염려하지 말라고 했습니다. 그리고 하나님께서 원하시면, 하나님께서 필요하시면 병을 낫게 해주실 것이니 희망을 가지라고 했습니다. 제가 그분에게 믿음을 심어 주고, 기도해 주고 왔습니다. 그러나 군에서 휴가 나온 아들이 그 아픈 아버지와 함께 사진 찍는 모습을 보니 마음이 참 아팠습니다.

여러분! 우리가 오늘 건강해도 내일 어떻게 될지 모릅니다. 어떤 병에 걸릴지, 어떤 사고를 당할지 모릅니다.

한 여인이 "아이구! 애들 때문에 미치겠어요. 집 꼴을 엉망진창으로 해놓고…. 내가 허리가 휘도록 저놈들을 먹여 살리려고 일하는데, 이 어미의 공은 모르고…. 애들 때문에 정말 미치겠어요"라고 했습니다. 그때 옆에 있던 한 부인이 말했습니다.

"감사하세요. 감사하세요."

"아니, 뭘 감사해요?"

"나는 교통사고로 두 아들을 한 날에 잃었어요. 나는 아이들이 없어요. 집을 엉망으로 해놓는 아들이 있으면 정말 좋겠어요. 집을 막 어지럽혀도 아들이 내 집에 살아 있으면 좋겠어요."

지금 자녀가 여러분의 마음에 맞지 않아도 감사하시기 바랍니다. 그리고 그 자녀도 하나님께서 바꾸시면 바꾸어집니다.

하나님께서는 지금도 우리를 바꾸고 계십니다.

하나님께서는 나를 바꾸십니다. 우리의 자녀를 바꾸십니다. 그래서 지금 우리 집에 부족함이 많아도 "하나님이여! 하나님이여!" 하고 집을 위해 기도하면 하나님께서 남편도, 아내도, 자녀도 바꾸어 주셔서 행복하게 세워 주실 것입니다.

가정이 중합니다. 아무리 사업이 잘되어도 가정이 실패하면 지옥을 맛봅니다. 우리는 지금 함께 사는 가족을 위해서도 기도해야 하지만 앞으로 들어올 며느릿감, 사윗감을 위해서도 기도해야 합니다. 이렇게 가족 전체를 위해 손 들고 기도하면 하나님께서 우리들의 집을 하나님의 은혜로 덮어 주시고 세워 주셔서 복 있는 가정이 될 줄 믿습니다.

20
하나님과 이스라엘

(에스라 9:8-15)

이제 우리 하나님 여호와께서 우리에게 잠시 동안 은혜를 베푸사 얼마를 남겨 두어 피하게 하신 우리를 그 거룩한 처소에 박힌 못과 같게 하시고 우리 하나님이 우리 눈을 밝히사 우리가 종 노릇 하는 중에서 조금 소생하게 하셨나이다 우리가 비록 노예가 되었사오나 우리 하나님이 우리를 그 종살이하는 중에 버려두지 아니하시고 바사 왕들 앞에서 우리가 불쌍히 여김을 입고 소생하여 우리 하나님의 성전을 세우게 하시며 그 무너진 것을 수리하게 하시며 유다와 예루살렘에서 우리에게 울타리를 주셨나이다 우리 하나님이여 이렇게 하신 후에도 우리가 주의 계명을 저버렸사오니 이제 무슨 말씀을 하오리이까 전에 주께서 주의 종 선지자들에게 명령하여 이르시되 너희가 가서 얻으려 하는 땅은 더러운 땅이니 이는 이방 백성들이 더럽고 가증한 일을 행하여 이 끝에서 저 끝까지 그 더러움으로 채웠음이라 그런즉 너희 여자들을 그들의 아들들에게 주지 말고 그들의 딸들을 너희 아들들을 위

하여 데려오지 말며 그들을 위하여 평화와 행복을 영원히 구하지 말라 그리하면 너희가 왕성하여 그 땅의 아름다운 것을 먹으며 그 땅을 자손에게 물려주어 영원한 유산으로 물려주게 되리라 하셨나이다 우리의 악한 행실과 큰 죄로 말미암아 이 모든 일을 당하였사오나 우리 하나님이 우리 죄악보다 형벌을 가볍게 하시고 이만큼 백성을 남겨 주셨사오니 우리가 어찌 다시 주의 계명을 거역하고 이 가증한 백성들과 통혼하오리이까 그리하면 주께서 어찌 우리를 멸하시고 남아 피할 자가 없도록 진노하시지 아니하시리이까 이스라엘의 하나님 여호와여 주는 의로우시니 우리가 남아 피한 것이 오늘날과 같사옵거늘 도리어 주께 범죄하였사오니 이로 말미암아 주 앞에 한 사람도 감히 서지 못하겠나이다 하니라

잠언 14장 1절에 "지혜로운 여인은 자기 집을 세우되 미련한 여인은 자기 손으로 그것을 허느니라"고 하였습니다.

지혜로운 여인은 남편을 세우고, 자녀를 세우고, 가정의 행복을 세웁니다. 또 가족의 건강을 세웁니다. 게으른 여인은 가족의 건강은 생각하지 않고 인스턴트 식품을 먹이지만 지혜로운 여인은 가족의 건강을 위해 영양가를 고려한 식단을 짜서 음식을 준비합니다.

그런데 하나님은 얼마나 지혜로우신지, 이 세상의 모든 지혜로운 여인의 지혜를 다 모아도 하나님의 지혜를 따라갈 수 없습니다. 이 세상의 모든 사람들의 지혜, 천사들의 지혜를 다 합해 놓아도 하나님의 지혜를 흉내도 내지 못합니다.

하나님은 지혜의 근본이십니다. 하나님께서는 그 지혜로 식단을

짜셔서 주일 낮과 밤 예배, 삼일 예배와 새벽 예배, 그리고 구역 예배 때 꼭 필요한 생명 양식을 주십니다. 그래서 주일 낮과 밤 예배, 삼일 예배, 새벽 예배, 구역 예배에 참석해서 꼬박꼬박 말씀을 그대로 받아먹으면 영혼에 윤기가 자르르 흐르는, 건강하고 행복한 믿음 생활을 하게 됩니다.

하나님의 지혜를 듣는 복된 사람들

하나님의 지혜로운 말씀은 우리 삶의 교훈입니다.

역대하 9장을 보면, 스바 여왕이 솔로몬 왕의 명성을 듣고 그 소문이 사실인지 알아보려고 많은 예물을 준비해서 찾아옵니다. 여러 가지 어려운 문제를 물어보아도 솔로몬 왕은 하나도 막힘없이 다 대답합니다. 스바 여왕이 충격을 받고 감탄을 합니다.

"내가 내 나라에서 당신의 소문을 들을 때는 믿지 못했지만 직접 와서 보니 당신에 대한 소문은 절반도 못 됩니다. 당신은 내가 들은 소문보다 더합니다."

그리고 솔로몬의 신하들을 복되다고 합니다.

"복되도다, 당신의 사람들이여! 복되도다, 당신의 신복들이여! 항상 당신의 지혜를 들음이로다."

저는 이 말씀을 읽을 때마다, 우리가 강단에서 듣는 말씀은 솔로몬의 지혜 정도가 아니라 하나님의 지혜를 들으니 우리는 더 복되다는 생각이 듭니다.

"복되고, 복되고, 복되고, 복되고, 또 복되도다. 양곡교회 성도들이

여! 항상 강단에서 하나님의 지혜를 들음이로다."

우리는 정말 행복한 사람들입니다.

꿈같은 일을 이루어주시는 하나님의 은혜

오늘 본문은 에스라의 회개 기도의 내용입니다.

저는 이 말씀을 읽고 또 읽다가 '아하! 이런 말씀이구나'라고 깨달았습니다. 제가 받은 은혜를 전할 때 여러분은 갑절의 은혜를 받으시기 바랍니다.

에스라가 속옷과 겉옷을 찢으며 머리와 수염을 뜯고 괴로워하다가 저녁 예배 시간이 되니 그 모습 그대로 무릎을 꿇은 채 손을 들고 회개 기도를 합니다. 그 내용을 보면 '아! 하나님은 이런 분이시구나. 이스라엘 백성은 이런 사람들이구나' 하는 것을 우리도 알게 됩니다.

그러면 하나님은 어떤 분이십니까? 진노 중에서도 은혜를 베푸셔서 거룩한 처소에 박힌 못처럼 심어 주시는 분이십니다.

이스라엘 백성이 하나님의 마음을 아프게 했습니다. 하나님의 말씀을 떠나 우상을 섬기고 음란하게 살았습니다. 하나님께서 진노하셔서 그들을 던져 바벨론의 전쟁포로가 되게 하셨습니다.

포로생활을 하는 그들이 악기를 버드나무에 걸어놓고 절망하고 있습니다. 하나님께서 그 모습을 보시고 마음이 아프셔서 다시 은혜를 주십니다. 꿈같은 일을 주십니다. 그 강대국 바벨론의 전쟁포로가 자유를 얻어 고국 이스라엘로 돌아가는 것은 꿈에나 가능한 일이지, 현실로는 도저히 불가능한 일입니다. 그런데 하나님께서 그 꿈같은 일을 현실로 이루어 주십니다. 1차와 2차로 두 번이나 은혜를 주셔서 바벨론의 포로들이 자유를 얻어 왕의 보호를 받으며 예루살렘으로 돌아오게 된 것입니다.

우리도 주님 앞에 있으면 꿈같은 일을 체험합니다.

제 고향 마을은 면 서기가 그 마을의 최고 유지라 할 정도로 초라한 마을이었습니다. 그런 곳에서 자란 제가 무엇을 하겠습니까? 지금의 저를 보면 꿈꾸는 것 같습니다. 하나님께서 은혜를 주시면 꿈꾸는 것 같은 일을 이루게 되는 것입니다.

하나님께서 주신 최고의 선물, 예수님

사랑하는 여러분! 하나님께서는 진노 중에서도 이런 은혜를 주십니다. 그러니 평소에 우리가 반듯하게 살면 얼마나 큰 은혜를 주시겠습니까? 마귀는 은혜를 빼앗아가지만 하나님은 늘 은혜를 계속해서 부어 주시는 분이십니다.

만일 이 신비로운 우주가 이렇게 규칙적으로 움직이지 않는다면 우주가 우연히 있었다고 말할 수 있을 것입니다. 우주의 많은 별들이 돌아가는데 부딪치지도 않습니다. 그리고 이 모든 별들 중에서 사람이 사는 곳은 지구뿐입니다. 이 우주가 우연히 생겼다면 사람 사는 별이 지구뿐 아니라 많아야 합니다. 그런데 어떻게 수많은 별들 중에서 물이 있고 나무가 있고 생명이 있는 곳은 지구 하나뿐입니까? 하나님께서 그렇게 지으셨기 때문입니다. 하나님께서는 이 모든 것을 지으신 다음에 우리에게 선물로 주셨습니다.

지금까지 하나님께서 만드신 동물과 식물의 종류를 헤아려 보면 약 200만 가지라고 합니다. 그중에 이름이 붙여진 것은 40만 가지밖에 안 되고, 160만 가지는 아직 이름도 가지지 못했다고 합니다. 그 엄청난 것들, 하늘의 새, 바다의 물고기, 꽃과 벌과 나비, 뭉게구름까지 우리를 위해 주셨습니다. 하나님께서 우리에게 선물로 주신 것입니다.

거기에 더하여 최고의 선물, 이 우주보다 더 큰 은혜의 선물인 예수님, 곧 하나님의 외아들 예수님을 우리에게 주셨습니다.

"하나님이 세상을 이처럼 사랑하사 독생자를 주셨으니 이는 그를 믿는 자마다 멸망하지 않고 영생을 얻게 하려 하심이라"(요 3:16).

또 그분의 영이신 성령님을 우리에게 주셨습니다.

"너희가 아들이므로 하나님이 그 아들의 영을 우리 마음 가운데 보내사 아빠 아버지라 부르게 하셨느니라"(갈 4:6).

또 하나님의 말씀을 우리에게 주셨습니다. 이 귀한 떡을 우리에게 주셨습니다.

또 주님의 몸 된 교회를 주셨습니다.

"교회는 그의 몸이니 만물 안에서 만물을 충만하게 하시는 이의 충만함이니라"(엡 1:23).

은혜 없이는 살 수 없는 존재

우리는 교회에서 늘 하나님의 은혜를 받습니다. 용서를 받습니다. 기적을 키웁니다. 얼마나 감사합니까?

제가 자랄 때 저희 마을에서는 미래가 보이지 않았습니다. 그런데 어린 제가 교회에 다니면서 천국까지 내다보고, 목사님 말씀을 통하여 세계를 바라보았습니다. 교회 때문에 세계를 바라보고 천국까지 내다보고 꿈을 가졌습니다. 저 같은 사람을 어떻게 대통령께서 알고 부르는 일이 있겠습니까? 그런데 그 꿈같은 일이 이루어져 대통령께서 저를 부르고 대통령의 방에서 말씀을 전하고 함께 식사를 하고 담소를 나누었습니다. 또 앞으로 어떤 일이 있을지 모릅니다.

사람들이 꿈같은 일이라 해도 하나님께서 은혜를 주시면 꿈같은 일이 현실이 되는 것입니다. 예수님 안에 있으면 꿈에서나 있을 일이 현실이 되는 것입니다. 이 얼마나 좋고 재미있는 일입니까?

제가 어릴 때 제 아내는 제게 하늘 같은 사람이었고 저는 땅 같은 사람이었습니다. 그런데 하나님께서 제 꿈에 용기를 주시면서 '김 김영숙과 결혼하라'고 하셨습니다. 그래서 제가 지금 제 아내와 이렇게 살고 있는 것입니다. 그때 제가 아내와 결혼한다는 것은 정말 꿈같은 일이었습니다.

하나님께서는 우리에게 이 지구를 주시고, 200만 가지 동식물을 주시고, 예수님을 주시고 성령님을 주시고 교회를 주시고 말씀을 주셨습니다. 예수님의 피로 우리를 용서해 주시고, 만 가지 은혜를 주십니다. 얼마나 감사합니까?

물고기는 물속에 있을 때 행복합니다. 물이 없으면 살지 못합니다. 날이 가물면 저수지가 마릅니다. 그러면 가물치, 잉어, 붕어 같은 것들을 쉽게 잡아낼 수 있는데, 물이 없으니 그것들이 나중에는 다 죽어 버립니다.

우리는 물고기와 같습니다. 하나님의 은혜가 없으면 죽습니다. 예수님을 믿지 않는 사람들에게는 술 마시는 재미도 있고, 죄를 짓는 아슬아슬한 재미도 있을지 모르지만 예수님을 믿는 우리는 하나님의 은혜가 없으면 사는 재미가 없습니다. 우리는 하나님의 은혜 없이는 살 수 없는 존재입니다. 은혜 속에 잠겨 살 수 있기 바랍니다.

그러면 은혜는 누가 받습니까?

"그러나 더욱 큰 은혜를 주시나니 그러므로 일렀으되 하나님이 교만한 자를 물리치시고 겸손한 자에게 은혜를 주신다 하였느니라" (약 4:6).

지난주에 일본에서 오신 한 장로님을 만났는데, 예배를 드릴 때 얼마나 큰 은혜를 받았는지 감격했다며 눈물을 흘리셨습니다. 미국에 살든 일본에 살든, 그 어디에서 살든 겸손한 사람은 은혜 속에서 사는 것입니다.

"그러므로 우리는 긍휼하심을 받고 때를 따라 돕는 은혜를 얻기 위하여 은혜의 보좌 앞에 담대히 나아갈 것이니라"(히 4:16).

은혜는 교회에 나오는 사람이 받습니다.

"교회는 그의 몸이니 만물 안에서 만물을 충만하게 하시는 이의 충만함이니라"(엡 1:23).

만물 안에서 만물을 충만하게 하시는 주님의 몸 된 교회에 오는 사람마다 은혜를 받는 것입니다. 여러분이 학교에서 공부하고 일터에서 일하고 여러 가지 일이 많아서 피곤하지만 피곤하다고 집에서 쉬면 이 은혜를 받지 못합니다. 교회에 담대히 나왔기 때문에 은혜를 받는 것입니다.

앞으로도 늘 겸손하기 바랍니다. 그리고 시간시간마다 교회에 나와서 은혜를 받아 은혜 속에 잠겨 살 수 있기를 축원합니다.

우리의 눈을 밝혀 주시는 하나님

"우리 하나님이 우리 눈을 밝히사 우리가 종 노릇 하는 중에서 조금 소생하게 하셨나이다"(스 9:8).

포로로 끌려가서 종 노릇 하던 이스라엘 백성들을 하나님께서 고국으로 돌아오게 하시고, 그들의 눈을 밝혀 주셔서 예루살렘 성전을 재건하고 수리하게 하시며 희망을 갖고 살 수 있도록 해주셨습니다.

하나님께서는 아무것도 모르고 종으로 일만 하고 있는 우리의 눈을 밝혀 주셔서 우리를 소생하게 하시는 분이십니다.

창세기 21장을 보면, 아브라함의 나이 100세, 사라의 나이 90세에 사라가 만삭이 되어 순산합니다. 사라가 아기에게 젖을 먹이며 "하나님께서 나를 웃게 하시니 듣는 자가 다 나와 함께 웃으리로다"라고 합니다. 나이 90세인 할머니가 어떻게 순산을 하고 아기 젖을 먹입니까?

며칠 전, 태어나서 처음 교회에 데리고 온 아기를 위해 기도해 준 다음 아기 엄마에게 모유를 먹이느냐고 물으니 젖이 나오지 않아 우유를 먹인다고 했습니다. 새댁도 젖이 나오지 않을 수 있는데 어떻게 할머니가 젖이 나옵니까? 하나님의 특별하신 은혜입니다.

사라는 아들 이삭에게 젖을 잘 먹였습니다. 젖 떼는 날, 큰 잔치를 벌였습니다. 큰 부잣집이니 마을의 귀빈들을 다 초청했습니다. 그런데 잔치 중에 사라가 보니 애굽 여인 하갈의 아들인 이스마엘이 이삭을 희롱합니다. 사람들이 이스마엘은 제쳐놓고 이삭에게만 관심을 가지니 이스마엘의 마음에 시기심이 생긴 것입니다.

영화에서 보면 이스마엘이 이삭을 엎어놓고 올라타서 마구 때립니다. 사라가 그것을 보고 깜짝 놀라 아브라함에게 가서 "여보! 저 애굽 여자와 이스마엘을 쫓아내요. 그들을 내 집에 두었다가는 우리 애가 무사하지 못하겠어요. 쫓아내요"라고 합니다.

여러분, 아내의 말이라고 무조건 다 들으면 안 됩니다. 들을 것은 들어야 하고 듣지 않을 것은 듣지 않아야 합니다. 아브라함이 그들을 쫓아내지 않고 그 일로 매우 근심합니다. 하나님께서 근심하는 아브라함에게 말씀하십니다.

"아브라함아, 고집부리지 말고 네 아내의 말을 들어라. 하갈과 이스마엘을 쫓아내라."

그래서 떡 한 덩이와 물 한 가죽부대를 주어서 하갈과 이스마엘을 쫓아냅니다. 하갈이 울면서 이스마엘을 데리고 나가 브엘세바 광야에서 방황하고 있는데 물이 다 떨어졌습니다. 이스마엘이 물을 마시지 못해 탈진했습니다. 하갈이 아들을 떨기나무 밑에 두고 사방팔방으로 샘물을 찾아다녔지만 물이 없습니다. 아들이 죽게 되자 하갈이 "내 아들이 목이 말라 죽는 꼴을 눈 뜨고 못 보겠네"라며 방성대곡합니다. 여러분과 저의 앞길에 아이들이 배고파 우는 일이 없기 바랍니다. 아이들을 공부시켜야 하는데 돈이 없어서 우는 일이 없기 바랍니다. 하나님께서 영육 간에 힘을 주시기 바랍니다.

하갈은 물이 없어 아들이 죽게 되니 방성대곡을 합니다. 그런데 그 눈물은 하나님 앞에서의 눈물이었습니다. "서당 개 삼 년에 풍월을 읊는다"고 아브라함의 집에 있었던 하갈이 하나님을 알고 하나님 앞에서 운 것입니다. 그때 하나님께서 하갈의 눈을 밝히시니 바로 옆에 있는 샘물이 보입니다. 그래서 이스마엘이 그 물을 마시고 삽니다.

하갈의 눈을 밝혀 주신 것은 살길을 열어 주신 것입니다. 사업을 시작하려는 사람들에게 우리 하나님께서 눈을 밝혀 주시기 바랍니다. 우리 교회의 한 가정이 직장을 잃어서 한 달 동안 작정기도를 했습니다. 하나님께서 그 가정에 직장의 문을 밝혀 주셨습니다. 먼저 우리가 구하고 찾아야 합니다. 우리가 구한 다음에는 찾고 문을 두드려야 합니다. 그럴 때 하나님께서 눈을 밝혀 주시는 것입니다.

영의 눈도 밝혀 주시는 하나님

요한복음 1장 29절을 보면, 세례 요한이 예수님께서 걸어오심을 보고 "보라, 세상 죄를 지고 가는 하나님의 어린양이로다"라고 합니다. 천사도 아닌 세례 요한이 그렇게 말한 것은 하나님께서 세례 요한의 눈을 밝혀 주셨기 때문입니다.

누가복음 2장을 보면, 성령의 사람인 시므온과 여선지자 안나가 영의 눈이 열려 예수님이 구세주이심을 압니다. 결례의식의 날이 차서 결례를 행하기 위하여 아기 예수님을 성전에 데리고 왔을 때 시므온이 아기 예수님을 보고 "내 하나님이여! 이제 저를 평안히 놓아 주시네요. 만인을 위해 예비하신 구세주, 이스라엘의 영광, 이방을 비추는 빛이신 분이 여기에 오셨네요"라며 찬양합니다. 여선지자 안나도 아기 예수님이 구세주이심을 알고 하나님께 감사를 드리며 아기 예수님에 대해 말합니다.

누가복음 24장에 나오는 엠마오로 내려가던 예수님의 두 제자는 예수님과 함께 걸어가면서도 그들의 눈이 가리어져서 예수님이심을 모릅니다. 그런데 식사 시간에 예수님께서 기도로 눈을 밝혀 주시니 예수님을 알아봅니다.

여러분과 저의 눈은 주님께서 이미 밝혀 주셨습니다. 그래서 우리의 영안이 열려 우리가 예수님을 믿습니다. 우리는 구원을 받았습니다. 감사하시기 바랍니다.

주님께서 영안을 밝혀 주시면 주님을 보게 되는 것입니다. 성경을 읽을 때 은혜를 받는 것은 주님께서 우리의 영안을 밝혀 주시기 때문입니다. 주님께서는 지금도 우리의 영안과 육신의 눈을 밝혀 주고 계십니다.

진노 중에도 버리지 아니하시는 하나님

제 막내아들이 어릴 때 장난감을 좋아해서 "아빠, 요요 사주세요. 요요만 사주시면 다시는 장난감 사달라 하지 않을게요"라고 했습니다. 그래서 요요를 사주었더니 며칠 후에 "아빠, 따발총 사주세요, 따발총" 하며 졸랐습니다.

"야! 요요만 사주면 다시는 장난감 사달라 하지 않는다고 약속했잖아!"

"따발총만 사주시면 다시는 사달라 안 할게요. 따발총만…."

그래서 따발총을 사주니 며칠 후에 또 "비행기 사주세요. 비행기 사주세요…"라고 했습니다.

"야! 너 장난감을 사지 않기로 약속했잖아! 또 약속 깰 거야?"

"아빠! 이번만, 이번만…."

부모는 평생 자식에게 속으며 사는 것입니다.

하나님께서도 우리에게 그러하십니다.

"하나님, 이번만 도와주시면, 이것만 해결해 주시면 죽도록 충성하겠습니다"라고 해서 응답을 받아 놓고는 입을 싹 닦는 우리입니다. 우리가 사는 것은 하나님의 사랑 때문입니다. 우리가 행한 대로 하나님께서 다 갚으시면 하나님 앞에 설 사람이 아무도 없습니다.

이스라엘 백성이 그렇게 죄를 짓고 또 지어도 하나님께서는 그들을 버리지 못하십니다. 그것이 하나님의 성품입니다.

미국의 한 도시에 있는 교회의 종탑이 15층입니다. 1950년대까지는 전기세 때문에 성탄절 앞 한 주간과 뒤 한 주간, 두 주 동안만 불을 켰지만 그 이후로는 계속 불을 켜 두는데, 거기에는 이유가 있다고 합니다.

1950년 성탄절 직전에 목사님이 설교 준비와 또 다른 여러 가지 일을 한 다음 서류를 정리하고 있는데 노크도 없이 문이 벌컥 열리더니 모피 코트를 입은 한 여성이 들어왔습니다. 우아해 보였지만 머리는 헝클어져 있고 얼굴은 창백했습니다. 그 여성이 목사님에게 걸어와서 물었습니다.

"이 교회 목사님이십니까?"

"그렇습니다."

"목사님은 자살하는 사람에게 무슨 이야기를 해주시겠습니까?"

"예?"

"자살할 사람에게 해주실 말씀이 있습니까?"

그 여성이 자기는 의사인데 어떤 일로 상처를 받아 자살을 결심했답니다. 죽기 전에 그 지역에 살고 있는 오빠를 만나려고 와서 호텔에 들어갔답니다. 호텔의 커튼을 닫으려는데 앞에 있는 높은 종탑에서 빛이 비쳤답니다. 그 빛을 보는 순간 '아! 저건 생명의 빛이다'라는 생각이 들었고, 그 빛에 이끌려 호텔 로비로 내려왔답니다. 그리고 종업원에게 그 빛이 무슨 빛이냐고 물으니 교회에서 밝힌 빛이라고 하더랍니다. 그래서 종업원의 안내를 받아 교회로 왔다고 했습니다.

목사님이 그 여성에게 책 두 권을 주고 좋은 말로 마음을 달래 준 다음 기도를 해주었습니다. 그때 그 여성이 다시 살 결심을 하게 되었고, 지금 의료 선교사로 활동하고 있다고 합니다.

하나님께서는 우리를 버리지 않으십니다. '아이고, 이러다가 하나님께 버림당하면 어떻게 할까?' 하는 염려는 하지 마십시오. 하나님께서는 우리를 버리지 않으십니다.

"여인이 어찌 그 젖 먹는 자식을 잊겠으며 자기 태에서 난 아들을 긍휼히 여기지 않겠느냐 그들은 혹시 잊을지라도 나는 너를 잊지 아니할 것이라"(사 49:15).

혹 부모는 우리를 버릴지라도 하나님께서는 우리를 버리지 않으십니다.

하나님께서는 절대 변함이 없으십니다. 어제나 오늘이나 영원토록 변함이 없으십니다. 변함없으신 하나님께서 영원토록 은혜를 주십니다. 영원토록 용서하십니다. 영원토록 눈을 밝혀 주십니다. 끝까지 우리를 버리지 않으시고 천국까지 책임지십니다.

그런데 우리는 어떠합니까? 은혜를 배반합니다. 하나님께서 진노 중에서도 우리에게 은혜를 주셔서 거룩한 처소에 박힌 못처럼 심어 주시고, 눈을 밝혀 주셨는데도 또 배반합니다.

구약성경을 보면 이스라엘 백성들이 얼마나 하나님을 쉽게 배반하는지 모릅니다. 어려움을 당하면 하나님께 "살려 주세요. 살려 주세요"라고 해서 살려 주시면 또 배반합니다. 먹고 살 만하면 배반하고, 하나님께서 복을 많이 주시면 그 복만 안고 하나님은 버립니다.

우리 집의 웅덩이나 물동이에 물을 아무리 가득 채워도 소용이 없습니다. 샘이 있어야 합니다. 샘을 버리면 안 됩니다. 웅덩이나 물동이가 중한 것이 아니라 물의 근원인 샘이 중합니다. 우리가 받은 복이 귀한 것이 아니라 복을 주신 하나님이 귀합니다. 물고기 몇 마리를 택하는 것이 아니라 물고기가 우글거리는 바다를 택해야 합니다. 샘을 택하고 바다를 택해야 합니다.

우리는 절대로 하나님을 배반하는 일이 없기를 바랍니다. 하나님께 감사만 하는 우리 모두가 되기를 바랍니다.

우리가 하나님께 드릴 것은 감사뿐

"감사로 제사를 드리는 자가 나를 영화롭게 하나니"(시 50:23).

"내 영혼아 여호와를 송축하며 그의 모든 은택을 잊지 말지어다"(시 103:2).

탈무드에 "누가 지혜로운 사람인가? 아무 때나 어디서나 누구를 만나든지 배울 줄 아는 사람이다. 누가 행복한 사람인가? 항상 감사하는 사람이다"라는 말이 있습니다. 우리는 감사만 할 수 있기 바랍니다. 그런데 감사는 뜨겁고 크게 해야 합니다.

얼마 전에 우리 교회의 한 청년이 기쁨이 넘치는 목소리로 제게 전화를 했습니다. 이 어려운 때에 시험을 친 좋은 회사마다 모두 합격하여 여러 회사 중에서 골라 들어갔답니다. 그런데 그 회사에서 연수 성적이 2등이라며 감격해서 제게 전화를 한 것입니다. 물론 열심히 공부한 그 청년을 생각해도 감사하지만 그 부모님을 생각하면 더 감사하게 됩니다. 우리 교회에서도 보면 감사하는 마음이 뜨거운 가정의 자녀를 하나님께서 잘되게 하신다는 생각이 듭니다. 우리 모두도 뜨겁게 감사할 수 있기 바랍니다.

아주 오래전, 저희 가족이 휴가를 맞이하여 송도 앞바다에 갔을 때의 일입니다. 해수욕도 하고 보트도 빌려서 타다가 배가 고파 보트를 돌려주고 왔습니다. 그리고 점심을 먹으려고 하는데 손에 흙이 묻어 있어서 아내에게 "바닷물에 손을 씻고 올 테니 아이들을 잘 보세요" 하고 바닷물에 손을 씻었습니다. 그런데 바로 앞에서 보트를 타는 젊은 남녀가 얼마나 노를 예쁘게 젓는지 한참 동안 멍하니 보다가 '아이고, 밥을 먹으러 가야지' 하고 가족들이 있던 곳으로 오니 아내도 그 광경을 정신없이 보고 있었습니다. 그런데 큰아들 성이가 없었습니다.

"여보! 성이는?"

"어? 금방 있었는데…."

"그러면 근처에 있겠지."

5미터, 10미터, 20미터, 50미터 반경을 찾아도 아들이 없었습니다. 그래서 제가 수영복을 입은 채로 정신없이 뛰어다니며 "성아! 성아!" 하고 불렀습니다. 나중에는 아들 또래의 아이만 보이면 다 제 아들 같아서 가까이 가보면 아니었습니다. 그렇게 찾아도 없으니 혹시 바다에 빠졌나 싶어 바다에 들어가 발을 저어 보기도 했습니다. 그때 자식이 얼마나 귀한지 깨달았습니다. 밉든 곱든 천지를 다 준다 해도 바꿀 수 없는 자녀입니다. 자녀를 잃어 본 분은 그 마음을 아실 것입니다. 자녀를 귀히 여기는 우리 모두가 되기 바랍니다.

30~40분 정도 그렇게 아들을 찾다가 "하나님! 왜 이런 풍랑이 있습니까? 하나님! 왜 이런 풍랑이 있습니까?" 하고 하나님께 기도했더니 하나님께서 바로 저를 책망하셨습니다.

"네가 부모를 공경하라고 가르쳤지? 그리고 사람들이 너를 효자라고 하는데 네가 효자냐? 네 아버지 어머니는 이 더운 날에 지금 뭐하는지 생각도 하지 않고 네 자식들하고 잘 놀고 있구나."

"하나님, 정말 그러네요. 아버지, 어머니는 생각도 하지 않고 우리끼리 나와서 놀고 있었네요. 용서해 주세요."

그때 사실은 아버지, 어머니를 모시고 나올 돈이 없어서 저희끼리 겨우 휴가를 왔었습니다. 그러나 어쨌든 저희는 못 오더라도 아버지, 어머니 휴가를 보내드려야 했다는 생각이 들자 눈에서 눈물이 나왔습니다. 제가 눈물을 흘리며 회개했습니다.

"하나님! 이번에 아들만 찾아 주시면 다시는 아버지, 어머니를 잊지 않겠습니다. 부모님께 정말 잘해드리겠습니다."

그때 저를 본 사람들이, 수영복 차림의 젊은 남자가 바닷가에서 막 울고 있으니 미친 사람인 줄 알고 돌아보고 또 돌아보았습니다.

그렇게 막 울고 있는데 '방송국에 가봐라. 방송국에' 하는 감동이 왔습니다. 바다 방송국으로 달려갔습니다.

"여기에 지성이라는 아이가 오지 않았습니까?"

"네? 누구요?"

"지성이요."

"어? 한 30분 전에 이름이 뭐냐고 하니 지성이라 하고 성은 모른다고 한 아이가 있었어요."

그래서 알아보니 한 곳에서 어떤 장교 부인이 제 아들을 안고 있었습니다. 아들이 저를 보자마자 "아빠!" 하며 제게 안기는데, 얼마나 울었던지 목이 꽉 잠겨 있었습니다. 잃었던 아들을 안으니 온 세상을 안은 것 같았습니다.

제가 "감사합니다. 감사합니다" 하며 꾸벅꾸벅, 몇 번이나 장교 부인에게 절을 했습니다. 그때 제가 집을 팔아서라도 감사를 드리고 싶었지만 그럴 수는 없고…. 그래서 지갑에 있는 돈을 다 드리려고 "제가 곧 인사드리러 오겠습니다" 하고 아들을 안고 그곳에서 나왔습니다. 아들을 데리고 아내가 있는 곳으로 가니 아내도 울고, 딸 경이도 울고 있었습니다. 지갑에서 돈을 꺼내어 장교 부인에게 감사를 드리러 가는 도중에 정신이 들었습니다.

'아, 이 돈을 다 주면 우리는 어떡하나?'

그래서 얼마만 주고 얼마는 도로 갖고 왔습니다.

그때 제가, 감격한 그때 바로 드려야 감사를 제대로 드릴 수 있다는 것을 깨달았습니다. 시간이 지나면 인색해집니다. 그래서 제대로 감사를 드리지 못합니다.

하나님께 드릴 때는 감격한 그때 바보처럼 계산하지 않고 드리는 것이 좋습니다. 하나님 앞에 인색하면 안 됩니다. 우리가 아낌없이 바칠 때 하나님께서도 아낌없이 주십니다. 우리 모두 하나님께서 감동받으실 정도로 충성하면서 예쁘게 살고 감사하며 살기를 축원합니다.

사람은 땅을 잘 더럽힙니다. 가나안 사람들이 그 땅을 더럽히니 하나님께서 그들을 그 땅에서 토해 버리시고 거룩한 백성이 와서 거룩하게 살기를 원하셨습니다. 그래서 이스라엘 백성을 그 땅으로 인도하셨습니다. 그런데 거룩한 백성이 하나님께서 토하신 백성의 딸들을 아내로 삼고 며느리로 삼아 또 그 땅을 더럽히니 에스라가 "하나님 앞에 설 수 없어요" 하며 우는 것입니다.

"모세야, 네가 선 곳은 거룩한 땅이니 네 발에서 신을 벗으라" 할 때 큰 역사가 나타납니다.

"여호수아야, 네 발에서 신을 벗으라. 네가 선 곳은 거룩하니라" 할 때 요단강이 갈라집니다.

우리가 거룩하면 우리 앞의 요단강이 갈라집니다. 홍해가 갈라집니다. 젖과 꿀이 흐릅니다. 우리가 침상을 더럽히고 땅을 더럽히면 하나님께서 토하십니다.

우리 모두 감사하며 거룩한 길로 달려갈 수 있기를 축원합니다.

21
그 백성의 회개

(에스라 10:1-17)

에스라가 하나님의 성전 앞에 엎드려 울며 기도하여 죄를 자복할 때에 많은 백성이 크게 통곡하매 이스라엘 중에서 백성의 남녀와 어린아이의 큰 무리가 그 앞에 모인지라 엘람 자손 중 여히엘의 아들 스가냐가 에스라에게 이르되 우리가 우리 하나님께 범죄하여 이 땅 이방 여자를 맞이하여 아내로 삼았으나 이스라엘에게 아직도 소망이 있나니 곧 내 주의 교훈을 따르며 우리 하나님의 명령을 떨며 준행하는 자의 가르침을 따라 이 모든 아내와 그들의 소생을 다 내보내기로 우리 하나님과 언약을 세우고 율법대로 행할 것이라 이는 당신이 주장할 일이니 일어나소서 우리가 도우리니 힘써 행하소서 하니라 이에 에스라가 일어나 제사장들과 레위 사람들과 온 이스라엘에게 이 말대로 행하기를 맹세하게 하매 무리가 맹세하는지라 이에 에스라가 하나님의 성전 앞에서 일어나 엘리아십의 아들 여호하난의 방으로 들어가니라 그가 들어가서 사로잡혔던 자들의 죄를 근심하여 음식도 먹지 아니하며 물도 마시지 아니하더니 유다와 예루살렘에 사로잡혔던 자들의 자손들에게 공포하기를 너희는 예루살렘으로 모이라 누구든지 방백들과 장로들의 훈시를 따라 삼일 내에 오지 아니하면 그의 재산을 적몰하고 사로잡혔던 자의 모임에서 쫓아내리라 하매 유다와 베냐민 모든 사람들이 삼 일 내에 예루살렘에 모이니 때는 아홉째 달 이십일이라 무리가 하나님의 성전 앞 광장에 앉아서 이 일과 큰 비 때문에 떨고 있더니 제사장 에스라가 일어나 그들에게 이르되 너희가 범죄하여 이방 여자를 아내로 삼아 이스라엘의 죄를 더하게 하였으니 이제 너희 조상들의 하나님 앞에서 죄를 자복하고 그의 뜻대로 행하여 그 지방 사람들과 이방 여인을 끊어 버리라 하니 모든 회중이 큰 소리로 대답하여 이르되 당신의 말씀대로 우리가 마땅히 행할 것이니이다 그러나 백성이 많고 또 큰 비가 내리는 때니 능히 밖에 서지 못할 것이요 우리가 이 일로 크게 범죄하였은즉 하루 이틀에 할 일이 아니오니 이제 온 회중을 위하여 우리의 방백들을 세우고 우리 모든 성읍에 이방 여자에게 장가든 자는 다 기한에 각 고을의 장로들과 재판장과 함께 오게 하여 이 일로 인한 우리 하나님의 진노가 우리에게서 떠나게 하소서 하나 오직 아사헬의 아들 요나단과 디과의 아들 야스야가 일어나 그 일을 반대하고 므술람과 레위 사람 삽브대가 그들을 돕더라 사로잡혔던 자들의 자손이 그대로 한지라 제사장 에스라가 그 종족을 따라 각각 지명된 족장들 몇 사람을 선임하고 열째 달 초하루에 앉아 그 일을 조사하여 첫째 달 초하루에 이르러 이방 여인을 아내로 맞이한 자의 일 조사하기를 마치니라

　　　　　서울에서 자란 아이가 아버지를 따라 휴가기간에 시골에 갔습니다. 서울에서 보지 못한 여러 가지 새로운 환경을

보자 신기해서 아버지에게 질문을 합니다.

"아빠! 저 나무 이름은 뭐예요?"

"모르겠는데…."

"저 나무는 몇 년간 살아요?"

"모르겠는데….

"아빠! 저건 젖소 맞아요?"

"그래, 맞다."

"젖소는 몇 년간 살다가 죽어요?"

"잘 모르겠는데…."

"이 새까만 열매는 뭐예요?"

"잘 모르겠는데…."

얼마 뒤에 아들이 "아빠, 또 하나 물어봐도 돼요?"라고 하니 아버지가 "그래, 물어도 된다. 물어야 배우고, 물어야 안다. 무엇이든지 물어라" 했습니다. 그러나 아들이 물어보아도 아버지가 모르는 것이 너무 많았습니다.

우리 아버지 하나님께서는 전지전능하십니다. 우리가 묻는 것도 가르쳐 주시고 묻지 않은 것도 가르쳐 주십니다. 제가 엎드려 기도하고 준비해서 이 말씀을 전하지만 이 말씀은 하나님께서 우리에게 주시는 답변입니다. 우리 한 사람 한 사람을 다 아시는 하나님께서 오늘도 우리에게 필요한 말씀을 주시는 것입니다.

상황에 맞게 지혜롭게 드리는 기도

에스라가 하나님의 은혜를 저버린 동족들의 소식, 이방 여인을 아내로 맞아 자식을 낳고 사는 동족들의 소식을 듣고 자기 속옷과 겉옷을 찢으며 머리털과 수염을 뜯습니다. 기가 막혀 그대로 앉아 있다가 저녁 예배드릴 시간에 손을 들고 하나님 앞에 자복하며 회개합니다. 나는 죄를 짓지 않았어도 죄지은 이웃과 동족을 위해서 대신 회개하는 기도가 아름다운 기도입니다.

에스라가 그렇게 기도할 때 성령님께서 역사하시니 하나님의 말씀으로 말미암아 떠는 자, 하나님을 두려운 마음으로 섬기는 자들이 많이 모여와서 함께 통곡하며 회개합니다.

에스라가 기도할 때, 에스라 9장 5절을 보면 무릎을 꿇고 손 들어 기도하고, 10장 1절을 보면 성전 앞에 엎드려서 기도합니다.

기도할 때 꼭 손 들고 기도해야 하는 것은 아닙니다. 다윗은 엎드려서 편안하게 기도했고, 솔로몬과 모세는 손 들고 기도했고, 에스라는 한 번은 손 들고 기도했고 한 번은 엎드려 기도했습니다. 기도 자세에 너무 매이면 안 됩니다.

우리가 기도할 때 상황에 맞추어서 지혜롭게 해야 합니다. 손을 들어야 할 때는 손 들고 기도하고, 부르짖어야 할 때는 부르짖어 기도해야 합니다. 그러나 비행기 안이나 택시 안에서는 손 들고 기도하거나 부르짖어 기도하면 안 됩니다. 우리가 하나님 앞에 기도하지만 우리의 품위가 손상되면 하나님의 영광이 가려질 수 있고, 전도의 문이 막힐 수 있는 것입니다.

그리고 '왜 저 사람은 손 들고 기도하지 않을까?' 하고 다른 사람의 기도하는 자세에 대해 비판하지 않아야 합니다. 우리는 다 부족한 사람들입니다. 비판할 수 있는 분은 예수님뿐이십니다. 사람들이 이렇게 살든 저렇게 살든 우리는 이런 말 저런 말 하지 말고 위해서 기도해 줄 수 있기 바랍니다.

이방 아내와 자녀를 몰아내기로 결정한 백성들

에스라가 기도하니 남녀노소가 또 성전 앞에 모여 회개하며 기도했습니다.

그러는 중에 스가냐라는 사람이 일어나서 이렇게 말합니다.

"에스라 제사장님, 우리가 이방 여자를 취하고 살아서 참 죄송합니다. 그러나 우리에게 소망이 있습니다. 우리가 이렇게 회개하고 이 아내들과 그들의 자녀들을 다 보내면 하나님께서 진노를 거두시지 않겠습니까? 그러나 이 일은 제사장님이 해야 할 것이니 일어나 행하십시오. 그러면 우리가 돕겠습니다."

그의 말에 에스라가 힘을 얻습니다. 한두 사람이 아니라 수많은 사람이 지은 죄를 정리하고 치리해야 하는데 스가냐가 그렇게 말했기 때문입니다. 한두 사람이 죄를 지었을 때는 그 죄를 정리하고 치리하기가 쉽습니다. 그런데 수많은 백성들이 이방 혼인을 했고, 더구나 일반 백성들만이 아니라 제사장들과 레위인들까지 이방 혼인을 했기 때문에 그들의 가족을 다 내보내려면 얼마나 힘들겠습니까? 그런데 스가냐가 먼저 그렇게 말하고 백성들과 함께 돕겠다고 한 것입니다.

그래서 에스라가 힘을 얻어 제사장들과 레위인들과 온 이스라엘 백성들에게 그렇게 하기를 맹세하게 하니 그들이 다 맹세합니다. 백성들에게 맹세를 받은 에스라가 하나님 전에 들어가 떡도 먹지 않고 물도 마시지 않으며 간절히 기도하고 나와서 백성들에게 공포합니다.

"유다와 예루살렘 사람들이 지금부터 3일 내에 예루살렘 성전 앞에 오지 않으면 그 재산을 몰수하고, 사로잡혔던 자의 거룩한 회에서 추방할 것이다."

재산을 몰수하는 권한은 아닥사스다 왕에게 받은 것입니다.

"에스라여 너는 네 손에 있는 네 하나님의 지혜를 따라 네 하나님의 율법을 아는 자를 법관과 재판관을 삼아 강 건너편 모든 백성을 재판하게 하고 그중 알지 못하는 자는 너희가 가르치라 무릇 네 하나님의 명령과 왕의 명령을 준행하지 아니하는 자는 속히 그 죄를 정하여 혹 죽이거나 귀양 보내거나 가산을 몰수하거나 옥에 가 둘지니라 하였더라"(스 7:25-26).

하나님의 지도자는 양같이 순해야 합니다. 하지만 리더십을 발휘하기 위해서는 때로는 사자처럼 강해야 합니다.

에스라가 백성들에게 3일 내에 오지 않으면 재산을 몰수하고 거룩한 회에서 추방한다고 강하게 공포했습니다. 에스라가 그렇게 공포할 때 하나님께서 역사하시니 모든 백성이 3일 내에 다 모였습니다. 그리고 그때 하늘에서 큰비가 내리니 모두가 무서워 떱니다. 그런 백성들에게 에스라가 말합니다.

"하나님께서 은혜를 베푸셔서 포로생활에서 우리를 돌아오게 하셨는데 어찌하여 하나님께서 금하신 이방 여인을 취했느냐? 어서 회개하고 그 아내를 끊어라. 자녀까지 다 끊어 버려라. 그래야 하나님께서 진노를 거두신다."

에스라의 말에 모두가 회개하고 떨면서 큰소리로 말합니다.

"에스라 제사장님! 우리가 마땅히 그렇게 하겠습니다. 그러나 너무 복잡한 일이라 하루 이틀에 할 일이 아닙니다. 책임자를 세워서 이 일을 구체적으로 정리하여 실천할 수 있게 해주십시오."

에스라가 그 말에 동의하여 책임자를 세우고 그 일을 조사하게 했습니다. 그날이 9월 20일이었는데, 10월 1일부터 1월 1일까지 3개월에 걸쳐 이방 여인을 아내로 삼은 자를 조사했습니다. 그리고 다행스럽게도 그들이 자기의 아내와 그 아내가 낳은 자녀들까지 다 끊어버렸습니다. 이렇게 하는 것은 아주 어려운 일입니다.

물론 이 일을 할 때 반대하는 사람도 있었습니다. 요나단과 야스야, 므술람, 삽브대가 반대했습니다. 삽브대는 레위인이었습니다. 하나님의 뜻을 행하는데도 이처럼 방해하는 사람들이 있습니다. 선한 일, 회개하는 일에도 마귀가 방해하는 것을 우리는 항상 기억하고 마귀를 이겨야 합니다.

회개할 때의 올바른 자세

오늘 본문은 하나님의 사람이 죄를 지었을 때 어떻게 해야 하는지를 잘 보여줍니다.

이스라엘 백성들이 그냥 회개한 것이 아닙니다. 겉옷과 속옷을 찢고, 머리카락과 수염을 뜯으며 회개했습니다.

우리도 이렇게 회개해야 합니다. 이것은 실제로 옷을 찢고 머리카락을 뽑으며 회개하라는 것이 아닙니다. 거룩한 성령님을 모신 우리, 믿음을 받아 하나님의 자녀가 된 우리가 하나님께서 싫어하시는 죄를 지었는데, 그냥 "하나님! 죄송합니다. 어쩌다가 제가 죄를 지었습니다. 회개합니다"라고만 하면 안 된다는 것입니다.

우리가 지은 죄에 대해서 진심으로 마음이 아파 가슴을 치며 금식기도도 하고 참 회개를 해야 합니다. 눈물을 흘리며 회개해야 합니다. 그리고 하나님께 자백해야 합니다.

"하나님! 제가 하나님의 자녀인데 이런 이런 잘못을 저질렀습니다. 용서해 주세요" 하고 다 아뢰어야 합니다. 우리가 하나님께 무엇을 달라고 하나하나 다 아뢰는 것처럼 회개할 때도 하나님께 다 자백해야 하는 것입니다.

"만일 우리가 우리 죄를 자백하면 그는 미쁘시고 의로우사 우리 죄를 사하시며 우리를 모든 불의에서 깨끗하게 하실 것이요"(요일 1:9).

하나님께는 모든 죄를 자백해야 하지만 사람에게 자백할 때는 조심해야 합니다.

아주 오래전, 한 청년이 예수님을 믿고 은혜를 받아 교회에서 간증을 하는데, "제가 예수 믿기 전에 우리 마을의 ○○○를 건드렸고, 또 ○○○를 건드렸고…"라며 아가씨들의 이름을 불렀습니다. 그래서 그 청년의 간증을 막았습니다. 유부남과 사귀던 사람이 예수님을 믿고 나서 회개한다고 그 부인을 찾아가서 "부인, 제가 부인의 남편과 사귀었는데 잘못을 회개합니다. 용서해 주세요"라고 하면 그 가정이 어떻게 되겠습니까?

사람에게 자백할 때는 지혜롭게 해야 합니다. 그 사람에게 용서받아야 할 일은 찾아가서 용서를 구해야 하지만 하나님께 영광이 되지 않을 일은 하나님께만 자백하고 가슴을 찢는 마음으로, 진심으로 회개해야 합니다.

회개는 완전히 돌아서는 것

이스라엘 백성들은 이방 여인인 그의 아내와 자녀들과의 관계를 다 끊어 버렸습니다. 죄를 회개한 다음에는 이렇게 다시 그 죄를 짓지 않도록 끊어 버려야 합니다.

여러분! 그들이 수십 년, 혹은 수년 동안 함께 살았던 아내입니다. 비록 이방 여인이지만 함께 살았던 아내입니다. 부부는 한 몸입니다. 나를 욕하는 것은 그래도 참을 수 있는데 아내를 욕하면 참을 수 없는 게 남편의 마음입니다. 더구나 자녀까지 낳고 함께 살았습니다. 그 자녀가 얼마나 사랑스러웠겠습니까? 그런 아내와 자녀들을 내보내는 것이 얼마나 어려운 일입니까? 그 아내와 자녀들이 쫓겨나면서 "여보!" "아빠!" 하며 얼마나 울부짖었겠습니까? 그래도 하나님 말씀대로 행하는 것입니다.

정말 회개하기 힘든 것이 있습니다. 그러나 그럴 때 회개하고 하나님 말씀대로 따를 때 하나님의 축복이 큽니다.

요한복음 8장 1-11절을 보면, 서기관들과 바리새인들이 간음하다가 현장에서 잡힌 여자를 끌고 와서 예수님께 묻습니다.

"선생이여, 이 여자를 어떻게 할까요?"

예수님께서 말씀하십니다.

"너희 중에 죄 없는 자가 먼저 돌로 치라."

거기에 있던 모든 사람들이 부끄러워서 다 가버렸습니다.

여러분! 별 사람 없습니다. 난 체하거나 거룩한 체하지 마시기 바랍니다. 남의 허물을 이야기하지 마시기 바랍니다.

이제 오직 예수님과 그 여자만 남았습니다.

"여인아! 너를 정죄하던 자들이 어디 있느냐?"

"없습니다."

"그래, 나도 너를 정죄하지 아니하노니 가서 다시는 죄를 범하지 말라."

예수님께서 그 여인을 용서해 주십니다. 그러나 다시는 죄를 범하지 말라고 하셨습니다.

개가 감기에 걸리면 먹은 것을 토하고 양지 바른 곳에서 엎드려 있습니다. 그러다가 조금 살 만하면 다시 가서 자기가 토한 것을 핥아먹습니다.

"제가 죄를 지었습니다. 잘못했습니다"라고 한 후 며칠 뒤에 또 그 죄를 짓고, "잘못했습니다"라고 한 후 또 몇 달 뒤에 그 죄를 짓고 "잘못했습니다"라고 하는 것은 회개가 아닙니다.

회개(repent)는 '완전히 돌아서는 것'입니다. 그 죄를 회개한 다음에는 다시는 그 죄를 짓지 않고 끊어 버리는 것이 회개입니다. 참 회개, 완전히 결단하는 회개를 할 수 있기 바랍니다. 그러면 하나님의 진노가 없어지고 하나님께서 복의 길을 열어 주실 것입니다.

죄를 이기는 길, 성령 충만

어떤 공주가 길을 가다가 어미 돼지의 젖을 먹고 있는 새끼 돼지들을 보았습니다. 하얗고 노란 털의 새끼 돼지들이 얼마나 예쁜지 한 마리를 얻어 가지고 궁궐로 돌아왔습니다. 그 돼지를 사육사에게 맡겨 예쁘게 잘 기르도록 했습니다. 궁궐 재단사를 불러 특수 재단을 해서 돼지에게 옷을 해 입히고, 매일 목욕을 시켜 주며 다듬어 주었습니다. 침대도 준비해서 잘 자게 해주었습니다. 돼지가 바비큐를 해 먹으면 좋을 만큼 잘 자랐습니다. 하루는 공주가 돼지를 데리고 산책을 나갔는데, 시궁창을 본 돼지가 그곳에 뛰어들더니 거기에서 뒹굴고 더러운 것을 마구 먹었습니다. 아무리 좋은 옷을 입히고 아름답게 꾸며 주어도 자기가 좋아하는 상황을 보면 자기 하고 싶은 대로 하는 것이 돼지의 근성입니다.

우리 사람에게도 육신의 소욕이 있습니다. 그래서 교육을 받고 깨끗한 옷을 입고 사람이 많은 곳, 밝은 곳에 있으면 품위가 있고 점잖지만, 사람이 없는 곳, 어두운 곳에 가면 달라집니다. 그래서 우리는 언제나 조심해야 합니다.

물론 우리는 예수님을 믿고 성령을 받아서 영원히 새사람이 되었습니다. 우리 안에 성령님께서 계십니다. 그러나 육신의 소욕도 같이 있습니다. 예수님을 믿지 않는 사람에게는 육신의 소욕만 있고, 우리에게는 육신의 소욕과 성령의 소욕이 같이 있습니다. 그래서 우리의 심령은 전쟁터입니다. 성령님께서는 늘 "경건하라, 거룩하라"고 하시는데, 육신의 소욕은 자꾸 돼지처럼 뒹굴게 하고 세상을 돌아보게 합니다. 그래서 사도 바울이 이렇게 고백했습니다.

"내가 한 법을 깨달았노니 곧 선을 행하기 원하는 나에게 악이 함께 있는 것이로다 내 속사람으로는 하나님의 법을 즐거워하되 내 지체 속에서 한 다른 법이 내 마음의 법과 싸워 내 지체 속에 있는 죄의 법으로 나를 사로잡는 것을 보는도다"(롬 7:21-23).

우리가 천국에 갈 때까지 이 싸움을 계속하는 것입니다. 이 싸움에서 이기는 길은 무엇입니까? 오직 성령을 재충만 받는 것입니다.

사도행전 1장을 보면 예수님께서 승천하시기 직전에 제자들이 예수님께 "주여! 이스라엘을 회복할 때가 이때입니까?"라고 묻습니다. 이 말은 '전지전능하신 주님께서 로마의 압박을 받고 있는 우리 이스라엘을 그냥 두고 올라가시겠습니까? 우리를 독립시켜 주지 않으시고 올라가시겠습니까? 그 능력을 어디에 쓰시려고 그냥 올라가시는 것입니까?'라는 말입니다.

우리가 일본의 압제를 받을 때 우리나라 독립투사들의 소원이 나라의 독립이었던 것처럼 로마의 치하에 있는 이스라엘 백성들의 소원도 독립이었던 것입니다.

그런데 예수님께서는 이렇게 말씀하십니다.

"때와 기한은 하나님께서 정하신 것이니 너희의 알 바가 아니다. 너희에게는 할 일이 따로 있다. 오직 성령이 너희에게 임하시면 너희가 권능을 받고 예루살렘과 온 유대와 사마리아와 땅 끝까지 이르러 내 증인이 되리라."

나라의 독립보다 더 귀하고 더 급한 것은 성령 충만이라는 말씀입니다.

우리가 좋은 사업이나 좋은 직장생활을 하기 원하고, 부부가 잘 살기를 원하고, 아들딸이 대학시험에 합격하기를 원하고, 병이 고침 받기를 원하지만 그보다 먼저 원할 것은 오직 성령의 충만함입니다. 성령 충만하면 마음도 회복되고, 거룩함도 회복되고, 도덕도 회복되고, 사업도 회복되고, 부부관계도 회복됩니다.

성령 충만하면 내 속의 죄성을 다 눌러 이길 수 있습니다.

사도 바울은 죄성을 이기기 위해 날마다 자신의 몸을 쳐서 복종시켰다고 했습니다. 죄가 꿈틀거리면 그 죄를 쳤다는 것입니다. 여러분과 저도 날마다 싸움에서 이길 수 있기 바랍니다. 죄를 쳐서 이길 수 있기 바랍니다.

하나님을 섬기는 재미

우리는 선한 일, 복음 전하는 일, 충성하는 일에 바빠야 합니다.

법무부에서 일하시다가 다시 신학을 공부해 목회하시는 목사님이 계십니다. 그분께 왜 목회를 하시게 되었는지 물으니 목회를 하면 죄를 지을 기회가 적기 때문이라고 하셨습니다. 교사로, 찬양대원으로 열심히 충성하면, 하나님의 일을 많이 하면 죄를 지을 기회가 적어지고 승리하게 됩니다. 그래서 그것이 다 우리에게 복이 됩니다.

폴란드 출신 해리 리버맨은 20대에 단돈 6불을 가지고 미국으로 갔습니다. 미국의 빈민촌에서 점원으로 일하면서 400불을 모아 과자 가게를 열었습니다. 과자 가게가 잘되어 돈을 많이 벌었습니다. 74세가 되었을 때 은퇴를 하고 노인글럽에 가서 매일 체스를 두었습니다. 그런데 하루는 함께 체스를 두는 파트너가 오지 않아 마냥 기다리고 있는데 직원이 와서 말했습니다.

"회장님, 파트너께서 연락을 주셨는데 몸이 불편해서 오늘은 나오실 수 없답니다."

"어허, 오늘 하루를 어떻게 보낼까?"

"회장님, 그러면 오늘은 미술실에 가셔서 그림을 그려 보시지요."

"내가 그림을? 붓을 잡을 줄도 모르는데…."

"그거야 배우면 되니 한번 그려 보세요."

그래서 그림을 그리기 시작했는데 새로운 기쁨과 즐거움이 있었습니다. 6주간 지도를 받았는데 놀라운 작품이 나왔습니다. 미술품 수집가들이 와서 그의 그림을 사갔습니다. 그는 101세에 22번째 전시회를 열었고, 세상을 떠날 때까지 수많은 작품을 남겼습니다. 무료하고 쓸쓸하게 지내던 해리 리버맨이 그림을 그리면서 삶의 재미를 다시 느끼게 되었고, 사람들로부터 존경받는 화가가 된 것입니다.

삶에 재미가 없으니 '재미있는 곳이 어디에 있나?' 하고 사람들이 경마장에도 가고 도박장에도 가는 것입니다. 우리가 선한 일을 하는 재미, 전도하는 재미, 충성하는 재미, 하나님을 섬기는 재미를 맛보면 세상의 일을 잊어버립니다. 그리고 우리가 선한 일, 교회에 충성하는 일을 열심히 하면 그것이 우리에게는 물론 자자손손에게 복이 됩니다.

심은 대로 거두게 하시는 하나님

하나님께서는 심은 대로 거두게 하십니다.

호박은 심으면 3개월 만에 따 먹습니다. 모소대나무는 심으면 4~5년간은 싹이 올라오지 않는다고 합니다. 그러나 5년째가 되면 싹이 올라오고 하루에 30cm 이상 자라 서너 달 만에 수십 미터가 된다고 합니다. 참나무는 심어 놓으면 30년 뒤에 재목이 됩니다. 우리가 교회에서 교사로서, 찬양대원으로서, 구역장으로서 심어 놓은 것을 어떤 것은 3개월 만에 따 먹고, 어떤 것은 5년 만에 따 먹고, 어떤 것은 30년 만에 따 먹고, 어떤 것은 자녀가 따 먹습니다. 그래서 우리는 축복의 씨앗을 심어야 합니다. 술집에, 경마장에, 도박장에, 세상에 심는 것은 우리를 찌르는 아픈 가시가 되어 우리와 우리 자녀에게 오지만, 하나님의 교회에 심은 것은 다 축복이 됩니다.

우리 모두 날마다 성령 충만하여 자기와의 싸움에서 이기시기 바랍니다. 선을 많이 행해서 앞으로 회개하는 일 없이 감격하는 승리의 생활을 하는 여러분과 제가 될 수 있기를 축원합니다.

22
명부의 교훈

(에스라 10:18-44)

제사장의 무리 중에 이방 여인을 아내로 맞이한 자는 예수아 자손 중 요사닥의 아들과 그의 형제 마아세야와 엘리에셀과 야립과 그달랴라 그들이 다 손을 잡아 맹세하여 그들의 아내를 내보내기로 하고 또 그 죄로 말미암아 숫양 한 마리를 속건제로 드렸으며 또 임멜 자손 중에서는 하나니와 스바댜요 하림 자손 중에서는 마아세야와 엘리야와 스마야와 여히엘과 웃시야요 바스훌 자손 중에서는 엘료에내와 마아세야와 이스마엘과 느다넬과 요사밧과 엘라사였더라 레위 사람 중에서는 요사밧과 시므이와 글라야라 하는 글리다와 브다히야와 유다와 엘리에셀이었더라 노래하는 자 중에서는 엘리아십이요 문지기 중에서는 살룸과 델렘과 우리였더라 이스라엘 중에서는 바로스 자손 중에서는 라먀와 잇시야와 말기야와 미야민과 엘르아살과 말기야와 브나야요 엘람 자손 중에서는 맛다냐와 스가랴와 여히엘과 압디와 여레못과 엘리야요 삿두 자손 중에서는 엘료에내와 엘리아십과 맛다냐와 여레못과 사밧과 아시사요 베배 자손 중에서는 여호하난과 하나냐와 삽배와 아들래요 바니 자손 중에서는 므술람과 말룩과 아다야와 야숩과 스알과 여레못이요 바핫모압 자손 중에서는 앗나와 글랄과 브나야와 마아세야와 맛다냐와 브살렐과 빈누이와 므낫세요 하림 자손 중에서는 엘리에셀과 잇시야와 말기야와 스마야와 시므온과 베냐민과 말룩과 스마랴요 하숨 자손 중에서는 맛드내와 맛닷다와 사밧과 엘리벨렛과 여레매와 므낫세와 시므이요 바니 자손 중에서는 마아대와 아므람과 우엘과 브나야와 베드야와 글루히와 와냐와 므레못과 에랴십과 맛다냐와 맛드내와 야아수와 바니와 빈누이와 시므이와 셀레먀와 나단과 아다야와 막나드배와 사새와 사래와 아사렐과 셀레먀와 스마랴와 살룸과 아마랴와 요셉이요 느보 자손 중에서는 여이엘과 맛디디야와 사밧과 스비내와 잇도와 요엘과 브나야더라 이상은 모두 이방 여인을 아내로 맞이한 자라 그중에는 자녀를 낳은 여인도 있었더라

하나님의 은혜로 오늘 에스라 강해의 막을 내리게 됩니다. 처음과 마지막 되시는 하나님께서 마지막 시간인 오늘도 귀한 말씀과 은혜를 친히 주시기 원합니다.

하나님 말씀에 순종하는 것이 참된 용기

오늘 본문은 하나님의 명부입니다. 상 받을 자의 명부가 아니라 죄인들의 명부입니다. 하나님께서 분명하게 금하신 혼인, 이방 여인

과 혼인한 자들의 명단입니다.

하나님께서 "이방 혼인을 하면 우상을 섬기게 되니 이방 혼인을 하지 말라"고 못 박아 말씀하셨습니다. 그런데 하나님 말씀을 어기고 겁도 없이 이방 여인을 취한 사람들이 많이 있었습니다.

참된 용기는 하나님의 말씀에 순종하는 용기입니다. 사드락, 메삭, 아벳느고처럼 하나님을 섬기는 것 때문에 풀무에도 들어가는 용기가 참된 용기입니다. 죄를 짓는 데 용기를 내는 것은 만용입니다. 그러나 어쨌든 하나님께서 금하신 것을 행하는 것도 나름대로 용기나 배짱이 있어야 합니다. 그런 용기는 사람을 망하게 합니다. 취하고 싶은 사람이 있으면 결혼하고 합법적으로 취해야 하는데 다윗의 아들 암논은 결혼도 하지 않고 용기 있게 이복누이 다말을 취했다가 칼에 죽습니다. 고라와 다단은 하나님 말씀을 제쳐놓고, 배짱을 갖고 모세에게 대들다가 하나님의 벌로 다 죽습니다.

그러나 하나님 말씀에 따라 용기 있게 한 일에는 복이 옵니다. 하나님께서 책임지시고 보장해 주시기 때문입니다. 하나님 말씀에 용기를 내어 우상 앞에 절하지 않은 사드락, 메삭, 아벳느고를 하나님께서 책임져 주셨습니다.

아내가 있는데도 애인을 하나둘씩 두는 남자들이 있는데, 용기 있는 사람들입니다. 그러나 그런 용기와 배짱은 망하는 용기, 망하는 배짱입니다. 본문에 이름이 나오는 사람들도 배짱이 있어서 그런 죄를 지은 것입니다.

에스라가 그것 때문에 괴로워서 머리와 수염을 뜯고 옷을 찢으며 기가 막혀 주저앉았습니다. 그리고 에스라가 하나님의 성전 앞에서 엎드려 울며 회개할 때 많은 백성들, 특히 아이들까지도 그 앞에 나와 통곡하며 회개했습니다. 큰비를 맞으며 회개하는, 그런 결과를 가져오는 죄를 지은 것입니다.

죄를 범한 제사장들과 레위인들의 명단

본문의 명단은 그렇게 죄를 지은, 이방 여인을 아내로 취한 사람들의 이름입니다.

18-19절에는 제사장들의 명단이 나옵니다. 제사장은 요즘의 목사님과는 다릅니다. 요즘의 목사님은 교회 지도자입니다. 그래서 교인들은 목사님을 귀히 여기지만 예수님을 믿지 않는 사람들은 자기 직장의 상사보다 별로라고 생각할 것입니다. 그러나 당시 제사장은 교회의 지도자인 동시에 민족의 지도자였습니다. 모든 민족을 하나님 말씀대로 이끌어가는 지도자로서 이방 혼인을 하지 않도록 막아야 합니다. 그런데 그런 제사장들이 오히려 그 죄를 지은 것입니다. 그러니 얼마나 부끄럽습니까? 더구나 본인은 물론 가족들의 이름까지 부끄러운 이름으로 역사책에 다 기록되었습니다. 그 이름이 이렇게 남아서 지금 우리까지 알게 될 줄 그들이 알았다면 그런 죄를 지었겠습니까?

그들의 죄가 다 알려지니 에스라도 기가 막혀 주저앉은 것입니다. 어떤 장로님이나 교인들이 실수해도 제 마음이 무척 아프지만 어떤 목사님이 실수했다는 말을 들으면 제가 실수한 것처럼 더 부끄럽고 마음이 아픕니다. 에스라도 제사장들이 이방 혼인을 했다고 하니 제사장인 자기가 그렇게 한 것처럼 얼굴 들기가 어려웠을 것입니다.

23절에는 레위인들의 명단이 나옵니다. 하나님께서 레위인에게는 열한 지파와 달리 기업을 주지 않으시고 하나님이 그들의 기업이라고 하셨습니다. 그래서 교인들이 드리는 헌금으로 살게 하셨습니다.

제가 처음 목회할 때 사례비를 받으면 '교인들이 애써서 드린 헌금을 어떻게 쓰나?' 하는 마음에 쓸 수가 없었습니다. 처음에는 사례비가 아주 적어서 쓸 돈도 별로 없었지만 사과 하나 사먹기가 부담스러웠습니다. 쉽게 번 돈이라면 편한 마음으로 쓸 수 있는데 교인들이 헌금한 돈이라 생각하니 그 돈을 쓸 때마다 마음이 편하지 않았습니다. 그러다 하루는 제가 받는 사례비는 하나님께서 제게 주신 것이라는 깨달음이 왔습니다. 교인들은 헌금을 하나님께 드렸고, 제 사례비는 하나님께서 주시는 것입니다. 하나님께서 하나님의 종에게 잘 먹고 살라고 하나님의 것을 주시는 것입니다. 그렇게 깨닫고 나니 그때부터 제 마음이 편해졌습니다.

어쨌든 레위인은 하나님이 그들의 기업입니다. 하나님께서 주시는 것으로 사는 사람들입니다. 그러면 다른 열한 지파보다 하나님을 더 바로 섬기고 결혼생활도 더 잘해야 하는데, 그들이 죄를 범한 것입니다.

24절에는 찬양대와 성전 문지기의 명단이 나오고, 25절부터는 레위 지파를 제외한 모든 이스라엘 지파의 명단이 나옵니다. 그런데 죄를 범한 그 사람의 명단만 나오는 것이 아니라 그 조상의 이름까지 나옵니다. 누구의 자손, 누구의 아들로 나옵니다.

여러분! 죄를 지으면 자기 개인만으로 끝나는 것이 아닙니다. 본문에 나오는 사람들을 보십시오. 자기로만 끝나지 않습니다. 자기 가정, 자기 지파, 그리고 이스라엘 전체에 영향을 미칩니다. 그래서 그들이 회개하고 하나님 앞에서 아내와 자녀들을 내보내기로 맹세합니다.

아내와 자녀들을 보낼 때 그 아픔이 얼마나 크겠습니까? 이방 여자이지만 마음에 들어서 아내로 맞아 함께 살았는데, 그리고 함께 사는 부부는 한 몸이라 죽어서 이별해도 마음이 아픈데 살아서 헤어지니 그 마음이 얼마나 아프겠습니까? 혹 아내는 미워지면 보낼 때 괜찮을 수도 있지만 자녀는 그렇지 않습니다. 미운 아내가 낳았어도 내 아들딸은 귀합니다. 그 아들딸을 보낼 때의 마음은 어떠하겠습니까?

죄를 지으면 아픈 일이 많아집니다. 하나님 말씀에 불순종하면 나중에 아픈 일이 많이 생깁니다. 그러나 순종하면 좋은 일이 생깁니다. 그들이 회개하고 마음이 아파도 잘못된 것을 다 정리해서 하나님의 진노의 채찍은 맞지 않았지만, 그들의 후회는 얼마나 크겠습니까? 그들의 잘못으로 그들의 이름이 성경에 기록되어 계속 내려오고 있습니다. 그만큼 그들이 역사적인 큰 실수를 한 것입니다.

천사가 대신 쓰는 우리의 일기

오늘 본문을 통해 우리가 받는 교훈이 무엇입니까?

여러분! 그들이 자기 이름이 이렇게 기록될 줄 알았습니까? 그 일로 끝날 줄 알았습니다. 그러나 이렇게 기록되었습니다. 오늘도 많은 사람들이 자기가 하는 그 일이 그것으로 끝나는 줄 알지만 그렇지 않습니다. 하나님의 명부에 다 기록됩니다.

우리는 피곤하고 바빠서 일기를 쓰지 않을 수 있습니다. 그러나 하

하나님의 천사는 우리 곁에서 우리의 일기를 다 씁니다. 또 내가 쓰는 일기에 숨기고 싶은 것은 숨길 수 있습니다. 그것을 기록했다가 나중에 다른 사람이 읽었을 때 하나님께 영광이 되지 않는다고 생각하면 쓰지 않으면 됩니다. 그러나 우리 대신 우리의 일기를 쓰는 천사는 아무것도 숨기지 않습니다. 천사의 일기에는 피하는 것이 없습니다.

한 성도가 비몽사몽간에 천국에 갔습니다. 책 한 권을 주길래 펴보니 글이 빽빽했습니다. 읽어보니 그것은 자기가 어릴 때부터 지은 평생의 죄였습니다. 또 다른 책 한 권을 주어서 펴보니 더 작은 글씨로 더 빽빽하게 쓰여 있습니다.

"이 책은 무슨 책입니까?"

"첫 번째 책에는 네가 행동으로 지은 죄가 기록되어 있고, 이 책에는 네가 말로 지은 죄가 기록되어 있다."

또 책 한 권을 주어서 이번에는 펴보지 않고 무슨 책이냐고 물으니 펴보라고 했습니다. 펴보니 너무 작은 글씨로 빽빽하게 쓰여 있어서 읽을 수가 없었습니다.

"이것은 무엇입니까?"

"그건 네가 생각으로 지은 죄다."

우리가 행동으로 짓는 죄, 말로 짓는 죄, 마음으로 품은 생각까지도 다 기록된다는 것을 알려주는 이야기입니다. 요즘에는 비디오가 있어서 우리의 모든 것이 책으로 기록될 뿐 아니라 녹화까지 된다고 합니다.

저는 무슨 일을 하든, 또 어디서든 언제나 천사가 저를 보고 있다는 생각으로 생활합니다. 제가 서재에서 혼자 제 설교를 비디오로 다시 보다가도 제 다리가 이렇게 꼬여 있으면 자세를 바로 합니다.

언제나 천사가 우리가 하는 일을 기록하고 비디오로 찍는다는 것을 생각하고 살면 우리의 자세가 달라질 것입니다.

여러분 중에 "아이고, 목사님! 그렇게 살면 답답해서 어떻게 삽니까?"라고 하는 분이 계실지 모르겠지만, 그렇지 않습니다. 아주 무더운 날, '날씨가 더워도 이렇게 힘든데 지옥은 얼마나 힘들겠는가?'라는 생각을 하니 감사가 나왔습니다. 그리고 그날 빗방울이 떨어지니 또 감사가 나왔습니다. 지옥에는 빗방울도 없습니다. 부자가 나사로의 손가락 끝에 물 한 방울만 찍어서 자기 혀를 적셔 달라고 한 곳이 지옥입니다. 그러니 우리는 아무리 더운 날씨라도 감사하며 살아야 하고, 우리의 모든 삶이 하나님의 명부에 기록되고 녹화되어도 부끄럽지 않도록 살아야 하는 것입니다.

아름답고 귀한 일이 기록되고 녹화되는 삶

요한복음 1장 45-50절을 보면, 나다나엘이 친구 빌립을 따라 예수님께 옵니다. 빌립이 "이 사람아, 모세가 기록했고, 선지자들이 기록한 메시아, 그분이 오셨어. 예수님이셔. 만나 봐"라고 할 때 나다나엘이 "이 사람아, 나사렛에서 무슨 선한 것이 나오겠어?"라고 했습니다. 나사렛에서 무슨 선한 것이 나오겠냐고 했는데, 나사렛에서 나오신 예수님께서 세계를 구원하셨습니다.

저는 이 말씀에 힘을 얻었습니다. 그래서 많은 사람들이 "창원 양곡교회에서 뭐가 나와?"라고 했지만 저는 "창원 양곡교회가 세계를 구원하게 하시옵소서"라고 기도했습니다. 그 기도 응답을 우리가 받고 있는 줄 믿습니다. 앞으로 깜짝 놀랄 일이 우리 교회에 있을 줄 믿습니다. 하나님께서는 못하실 일이 없습니다.

예수님께서는 나사렛 촌사람인데 세계를 정복하셨습니다. 우리 양곡교회가 복음으로 세계를 정복할 수 있습니다. 우리는 못해도 주님께서는 얼마든지 하십니다.

나다나엘이 "이 사람아, 나사렛에서 무슨 선한 것이 나오겠어?"라고 할 때 빌립이 "가 봐"라고 해서 나다나엘이 예수님께 갑니다. 예수님 앞에 선 나다나엘을 보신 예수님께서 "이는 참 이스라엘 사람이다. 그 속에 간사한 것이 없구나"라고 하십니다.

"아니, 선생님! 저를 처음 보시는데 어찌 그런 말씀을 하십니까?"

"내가 너를 처음 본다고? 빌립이 너를 만나기 전 네가 무화과나무 아래 있을 때에 내가 너를 보았다."

나다나엘이 아무도 없는 들판의 무화과나무 아래에서 "하나님! 메시아는 언제 오시는 거예요? 그리스도는 언제 오시는 거예요? 이스라엘의 왕은 언제 오시는 거예요?" 하고 혼자 기도했습니다. 아무도 없는 곳에서 혼자 기도하는 것을 보실 수 있는 분은 하나님뿐이십니다. 그런데 예수님께서 그것을 보았다 하시니 나다나엘이 '이분은 하나님의 아들이시구나'라고 깨닫습니다. 그래서 "오, 랍비여! 당신은 하나님의 아들이시요, 이스라엘의 임금입니다"라고 합니다.

그때 예수님께서 말씀하십니다. "내가 너를 무화과나무 아래에서 보았다 하므로 나를 믿느냐? 이보다 더 큰 일을 보리라."

여러분! 무화과나무 아래에서 죄를 짓는 것을 보았다고 예수님께서 말씀하셨다면 나다나엘이 얼마나 부끄러웠겠습니까? 그러나 나다나엘이 무화과나무 아래에서 기도한 것을 예수님께서 보셨으니 나다나엘이 얼마나 좋습니까?

아리마대 요셉이 예수님을 장사지낸 것이 성경에 기록되어 있습니다. 니고데모가 예수님께 향유 백 근을 아낌없이 쏟아부어 예수님의 시신을 씻고 세마포로 장례를 도운 것이 기록되어 있습니다. 우리도 모두 이렇게 아름답고 귀한 일이 기록되고 녹화되면 얼마나 좋겠습니까? 그래서 하루하루 역사적인 삶을 살아야 합니다.

우리의 모든 말을 듣고 행위를 보고 계신 하나님

우리에게 일 분 일 초가 얼마나 귀한지 모릅니다. 새벽은 하루에 한 번뿐입니다. 그날 새벽기도회에 나오지 못하면 그날은 영원히 새벽기도를 못하는 것입니다. 그날 오전도 한 번뿐이고 정오도 한 번뿐입니다. 그날 정오에 기도를 못하면 그날은 정오의 기도를 영원히 못하는 것입니다.

영원한 순간을 우리가 살고 있는 것입니다. 이 귀한 시간, 역사적인 순간이 기록되고 녹화될 때 부끄럽지 않은 일을 해야 합니다. 하나님께서 보실 때도 떳떳하고, 세상 사람들에게 알려져도 의로운 그런 삶을 살아야 하는 것입니다.

제가 아내와 함께 미국에 갈 때 미국 비행기를 탄 적이 있습니다. 미국 비행기라서 그런지 전후좌우를 살펴보아도 한국사람은 아내와 저 둘뿐이고 다 미국사람들이었습니다. 저의 옆자리에도 미국사람이 앉았습니다. 그래서 아내와 편하게 이런저런 이야기를 두 시간 정도 나누었습니다. 식사 시간이 되어 음식이 나왔습니다. 가장 안

쪽에 있던 미국사람이 먼저 음식을 받더니 기도를 했습니다. 속으로 '그리스도인이구나' 하고 반가워하며 저희도 감사기도를 했습니다. 그러자 먼저 기도를 마친 그분이 저희가 기도를 마치자 우리나라 말로 "아이고, 교인이십니까?"라고 해서 깜짝 놀랐습니다.

한국말을 어떻게 그렇게 잘하냐고 물으니 자기 어머니가 한국사람이라며, 어머니를 만나고 돌아가는 길이라고 했습니다. 그때 제가 아내에게 이제부터는 누가 들어도 좋은 말만 하자고 했습니다. 특별히 나쁜 말을 하지는 않았지만 미주알고주알 편하게 한 말을 그분이 다 들었다고 생각하니 부끄러웠습니다. 그런데 사실은 그분이 듣지 않았어도 하나님께서 다 들으셨습니다. 천사가 다 들었습니다. 우리의 말만 들으실 뿐 아니라 우리의 행위도 다 보고 계십니다.

뜻을 세우는 사람

그러므로 우리는 뜻을 정해야 합니다. 다니엘은 "나는 내 몸을 더럽히지 않을 거야. 죽을지언정 내 몸은 더럽히지 않아"라는 뜻을 세웠습니다. 그러니 아무 일에도, 공적인 일에도 사적인 일에도 그릇됨이 없었습니다(단 6:4). 우리도 "나는 하나님의 명부에 기록되거나 녹화되어도 괜찮은 일만 한다. 거룩하게 산다"라고 뜻을 정하면 되는 것입니다.

어느 책에 중국 당나라에서 활동한 고선지라는 대장군에 대한 글이 있었습니다. 저는 그분에 대해 몰랐는데, 고구려 유민인 그분이 당나라에서 고구려의 기상을 나타내고 명예를 높인 굉장한 인물이랍니다. 영국의 유명한 고고학자 오렐 스타인이 "알프스를 정복한 나폴레옹보다 더 크고 위대한 업적을 세운 장군이 고선지 장군이다"라고 했답니다.

그러면 고선지 장군이 어떻게 해서 그런 인물이 되었습니까? 고선지가 어릴 때 길을 가는데 당나라 아이들이 길을 막았습니다.

"왜 길을 막느냐?"

"너는 고구려 놈이 아니냐? 여기는 우리나라 땅이니 여기를 지나가려면 우리에게 엎드려 절하고 가야 한다."

"너희에게 절 못한다."

"절 못하면 못 간다."

"나는 간다."

"못 가!"

그때 당나라의 한 아이가 "너, 정말 절하지 않으려면 여기에 있는 씨름 선수와 씨름해라. 이기면 보내주겠다"라고 했습니다. 그는 절하기 싫어서 씨름을 했습니다. 몸집이 작았지만 큰 아이와 붙었는데 몸집이 큰 아이가 그를 자꾸 집어던져도 그는 바로 일어섰습니다. 그러다가 그가 큰 아이를 넘어뜨리게 되었습니다. 그러자 당나라 아이들이 우르르 모여와 그를 짓밟고 몰매를 때리고 가버렸습니다. 그가 울면서 집으로 들어서자 그의 아버지가 물었습니다.

"왜 그러느냐?"

"길을 가는데 당나라 아이들이…."

자초지종을 이야기하자 그의 아버지가 "이놈아! 고구려인이 왜 당나라 아이에게 맞느냐?" 하며 회초리로 종아리를 심하게 때렸습니다.

"이놈아! 왜 맞고 오느냐?"

"그러면 어떻게 해야 합니까?"

"힘을 길러라! 힘을 길러라!"

그래서 그가 어릴 때부터 열심히 공부하고 무술을 연마했습니다. 마침내 그가 대장군이 되었습니다. 그가 어릴 때 뜻을 세우니 대장군이 된 것입니다.

뜻이 있으면 길이 있습니다. '하나님의 명부에 기록되고 녹화되는 나의 모든 것이 하나님 앞에 자랑스러운 것만 되게 하리라'고 뜻을 세우면 그렇게 되는 것입니다. 그러면 성령님께서 우리를 도와주십니다.

이스라엘의 제사장, 레위인, 찬양대, 성전 문지기, 또 이스라엘 백성들이 매혹적인 이방 여자를 아내로 맞이한 것은 자기 육체로, 육신의 생각으로 살았기 때문입니다.

"육신을 따르는 자는 육신의 일을, 영을 따르는 자는 영의 일을 생각하나니 육신의 생각은 사망이요 영의 생각은 생명과 평안이니라"(롬 8:5-6).

"너희가 육신대로 살면 반드시 죽을 것이로되 영으로써 몸의 행실을 죽이면 살리니"(롬 8:13).

우리가 하나님을 믿어도 우리의 육체는 육체대로 있습니다. 그래서 욕심이 꿈틀거립니다. 그러나 우리가 뜻을 정하고 우리 안에 계시는 성령님께 맡기면 우리의 육체대로 살지 않고 뜻을 이루게 되는 것입니다.

마귀는 유혹할 때 "한 번만 해봐. 한 번만 해봐"라고 합니다. 그래서 한 번 하면 "한 번 해봤으니 한 번 더 해봐. 두 번 해봐"라고 합니다. 두 번 하면 "삼세 번인데 한 번만 더 해서 세 번 해봐"라고 합니다. 세 번 하면 "이제 너는 다 구겨졌어. 너는 이제 우리 편이야"라고 합니다. 그래서 자기의 노예로 만들어 버립니다.

처음에는 사람이 술을 마시지만 조금 후에는 술이 술을 먹고 나중에는 술이 사람을 먹듯이 정욕의 죄가 나중에는 그 사람을 정욕의 노예로 만들어 버리는 것입니다. 세상에는 정욕의 노예가 너무 많습니다. 정욕의 종, 정욕의 노예가 되면 빠져나올 수가 없습니다.

그러나 모든 것을 정욕에, 몸에 맡기지 않고 성령님께 맡기면 성령님의 인도를 따르게 됩니다. 그래서 우리 삶과 우리의 입의 말과 우리의 생각이 아름답고 거룩하게 되는 것입니다.

나 한 사람이 바로 설 때

이스라엘의 제사장들과 레위인들과 백성들이 하나님의 말씀대로 살지 않으니 본인들뿐 아니라 그 자녀들도 부끄럽게 되었고, 그 집안도 부끄럽게 되었습니다. 나라도 3개월 동안이나 그 일을 조사하며 정리한다고 힘을 소모했습니다. 그래서 그 일 때문에 나라가 주춤했습니다.

만일 그들이 하나님 말씀대로 이방 혼인을 하지 않고 선하게 살았다면 그들 자신이 얼마나 명예롭고, 그 자손들이 얼마나 잘되었겠습니까? 그들의 가문과 동료들이 얼마나 좋았겠습니까? 또 나라가 얼마나 복되었겠습니까?

나 한 사람의 문제로 끝나지 않습니다. 나 한 사람이 반듯하게 살면 내 아내가 좋아지고, 내 아들딸이 흐뭇하고, 집안이 복을 받고, 교회가 복을 받고, 나라가 복을 받습니다.

그렇다면 이제 우리의 과거는 어떻게 합니까? 과거에 하나님의 명부에 기록되고, 비디오에 녹화된 것은 어떻게 해야 합니까? 따라 해 보시기 바랍니다.

"하나님께는 지우개가 있으시다."

그 지우개가 무엇입니까? 예수님의 피입니다. 예수님의 보배 피입니다. 하나님의 명부에 아무리 새까맣게 기록된 죄라도 우리가 회개하면 예수님의 피가 떨어져 흰 눈보다 더 하얗게 됩니다. 아무리 부끄러운 죄라도 과거의 모든 죄는 예수님의 피로 없어집니다.

너희 죄 사해 주사 기억 아니하시네
너희 죄 사해 주사 기억 아니하시네(찬송가 255장)

아무리 뜻을 세우고 성령님의 도움을 받아도 우리가 육체를 입고 있는 한 하나님 앞에 실수할 수 있습니다. 그래서 우리에게는 날마다 예수님의 지우개가 필요합니다. 날마다 예수님의 피로 씻을 필요가 있습니다.

그러나 뜻을 정하고 보혜사 성령님의 인도를 따라 살면 점점 좋아집니다. 갈수록 선해지고, 갈수록 부끄러운 일이 적어집니다. 주님을 닮아가게 됩니다. 사람은 아무리 애써도 하나님처럼은 될 수 없지만 우리가 노력할 때 하나님께서 기뻐하셔서 우리에게 능력을 주시고 우리를 축복하십니다.

하나님께서 보시고 기뻐하시는 일생

세상일도 노력하는 자가 발전합니다. 세계적인 발레리나 강수진의 기사를 본 적이 있습니다. 발레를 얼마나 기가 막히게 잘하는지, 아직도 그를 따라갈 사람이 없습니다. 그런데 그가 왜 그렇게 잘합니까? 그의 인터뷰를 보니 그의 나이가 적지 않은데도 매일 10시간씩 온몸이 땀에 젖도록 연습을 한답니다. 그러니 세계적인 발레리나가 되는 것입니다.

우리의 신앙생활도 열심히 할 때 발전합니다. 허락하신 새 땅에 들어가려면 가만히 있어서는 안 됩니다. 힘써 일해야 합니다. 열심히 기도하고, 열심히 예배드리고, 열심히 성경을 읽고, 열심히 선한 일을 하고, 열심히 전도하며 하나님 앞에서 살다 보면 언젠가 꿈같은 일이 일어나는 것입니다. 하나님께서 보배롭게 해주시는 것입니다.

하나님의 마음에 들면 복이 오는 것입니다. 우리는 실력을 쌓기 위해서도 노력해야 하고, 전문가가 되기 위해서도 노력해야 합니다. 하지만 그보다 하나님의 눈에 들도록 더 노력해야 합니다. 그래서 우리의 일생이 다 기록되어도 하나님께서 보시고 기뻐하시도록 살아야 합니다. 그러면 하늘의 상과 땅의 복이 다 우리의 것입니다.

우리 모두 성령님의 인도를 따라 하나님을 기쁘시게 해드리기를 바랍니다. 그리하여 우리가 빛나게 되고, 우리 때문에 나라가 복을 받는 귀한 삶을 살게 되기를 축원합니다.

에스라 강해

하나님 백성의 기쁨

1판 1쇄 인쇄 _ 2018년 10월 25일
1판 1쇄 발행 _ 2018년 10월 30일

지은이 _ 지용수
펴낸이 _ 이형규
펴낸곳 _ 쿰란출판사

주소 _ 서울특별시 종로구 이화장길 6
편집부 _ 745-1007, 745-1301~2, 747-1212, 743-1300
영업부 _ 747-1004, FAX 745-8490
본사평생전화번호 _ 0502-756-1004
홈페이지 _ http://www.qumran.co.kr
E-mail _ qrbooks@gmail.com / qrbooks@daum.net
한글인터넷주소 _ 쿰란, 쿰란출판사
등록 _ 제1-670호(1988.2.27)
책임교열 _ 김영미·박은아

© 지용수 2018 ISBN 979-11-6143-193-2 93230

책값은 뒤표지에 있습니다.
이 출판물은 저작권법에 의해 보호를 받는 저작물이므로 무단 복제할 수 없습니다.
파본(破本)은 구입처에서 교환해 드립니다.